天下无病

——筋骨复心法

刘兴明　著

山东大学出版社
SHANDONG UNIVERSITY PRESS
·济南·

图书在版编目(CIP)数据

天下无病：筋骨复心法 / 刘兴明著. --济南：山东大学出版社，2024. 7. -- ISBN 978-7-5607-8358-1

Ⅰ. B221.5

中国国家版本馆 CIP 数据核字第 2024AW7134 号

策划编辑　徐　翔　毕玉璇
责任编辑　蒋新政
封面题字　刘大钧
封面设计　蒋　芊

天下无病：筋骨复心法

TIANXIA WUBING JINGU FUXINFA

出版发行　山东大学出版社
社　　址　山东省济南市山大南路 20 号
邮政编码　250100
发行热线　(0531)88363008
经　　销　新华书店
印　　刷　济南巨丰印刷有限公司
规　　格　720 毫米×1000 毫米　1/16
　　　　　17.25 印张　256 千字
版　　次　2024 年 7 月第 1 版
印　　次　2024 年 7 月第 1 次印刷
定　　价　99.00 元

谨和五味,骨正筋柔,气血以流,腠理以密,如是则骨气以精,谨道如法,长有天命。

——《黄帝内经·生气通天论》

复,亨,刚反,动而以顺行,是以出入无疾,朋来无咎。反复其道,七日来复,天行也。利有攸往,刚长也。复,其见天地之心乎。

——《周易·彖·复》

序　一

生老病死是人无法抗拒的自然规律，健身祛病、延年益寿、身心健康、快乐生活，是每一个人发自内心的追求与殷切的期盼。因此，健康长寿是一个不分地域、不分民族、不分时间的永恒又普遍的话题。中国为之付出了艰辛的探索，形成了形态各异、五彩缤纷、独具特色的养生健身理论。我国有"法于阴阳、和于数术"的中医，有内外双修丹道、长生不老的道教，有以空假为心、超凡脱俗的佛学，也有正心诚意、安身立命的儒学。其中，作为儒家经典的《周易》虽然不是养生健身之书，却对儒、道、释、医等文化的形成和发展起到了重大作用。

早期易医同源，我国古代，巫既预测吉凶，又为人治病，亦巫亦医，被称为巫医。古代"医"字写作"毉"，是其证，在相当长一段时间，二者合而为一。当易学和医学分离后，二者互动，推动了易学与医学发展。本为卜筮书的《周易》包含了中医理论萌芽，如：无妄九五"无妄之疾，勿药有喜"，是记载女子怀孕之事，咸卦有自下而上推拿人体相关的文辞。而《周易》之用于医，最早见于《左传》，春秋时医和为晋侯诊病，用《周易》蛊卦的卦名和卦象解释晋侯的发病原因和病情。经过孔子整理与解释而成书的《易传》，丰富和发展了《周易》学说，其中阴阳学说、整体原则、象数模式、比类取象思维等为中医经典《黄帝内经》的形成奠定了理论基础。东汉张仲景在《伤寒杂病论》提出六经辨证学说，总结了外感热病的发展规律和临床诊治方法，其基本原理是阴阳气化、三阴三阳学说和观物取象原则，本之易学。王叔和在《伤寒例》中采用卦气说论述人体生理阴阳变化。唐代孙思邈《千金要方》以易学三才观和阴阳平衡观点解释病因医理和房中，提出了“不知易，不足以言太医”。明代张介宾提出了易医同源，并以坎离卦象说明藏象。唐宗海在《易医通说》中借八卦之象解释人体，还以坎离卦象说明肾和心的关系及与此相关的生命机理。当然，易学在发展过程中也吸收了道学的思想。例如，三国虞翻取《参同契》月体纳甲解释《周易》，汉代《易纬》以中医人体十二脉与十二月及二十四节气对应关系解释卦气说。易学与医学互动，共同发展。

因《易传》包含道家思想，故《周易》为历代道学所推崇和援引。如汉初道家《淮南子》多次引《周易》文辞解说之，严君平的《道德经指归》诠释《老子》之作，其论述事理多引《周易》经传之义，严氏弟子扬雄模仿《周易》作《太玄》，融会黄老和《周易》，即“观大易之损益，览老氏之倚伏”。东汉魏伯阳所作《周易参同契》借用《周易》的概念、理论阐发丹道。魏晋王弼等人注《周易》，融合儒道两家思想，建立了玄学体系。宋初陈抟道士曾改造《周易》图式用于炼丹术，其图式和思想成为宋代易学重要资料。也就是说，宋代易学兴起于道家。宋以后，出现了拥有儒者、道者双重身份的学者。如有俞琰、雷思齐先学儒，后归道。俞琰撰《周易集说》《易外别传》等著作，其《易外别传》把宋以来各种易学图式改造成为炼丹图。雷思齐作《易图通变》《易筮通变》《老子本义》《庄子旨义》等著作。这些学者既精通易学，又精通老庄。道家炼丹理论和图式建立以易学语言理论为基础，所谓援易入道；而易学家又通过改造道家炼丹图式将道家理论还原为易学图式，所谓援道入易。易学与道学趋向合一。

佛教发源于印度，于东汉时期传入中国。因为佛教是外来文化，自身有独特的语言、思想内涵和理论思维，与中国文化相差甚远，故与包括易学文化在内的中华文化的相互影响有一个过程。魏晋时期，佛学刚刚传入中国不久，佛学家为了与儒道争夺在中国生存的空间，积极寻找易佛契合点，尝试以易学理论解释佛教，佛教的因果报应论就是易佛结合的产物。如佛学家糅合了佛教轮回说和易学的善恶说，形成了中国特色的因果报应论。“开物成务”本为易学的概念，被佛学吸收后成为佛教修炼的境界的命题。南北朝时期统治者在大力褒奖经学的同时，又推崇佛学，如南朝梁武帝萧衍，既通佛典，又精于儒典，他著有许多易学著作和佛学著作，反映易佛融合的倾向。唐代佛学大兴，佛学家开始以易学理论解说佛学教义，如密宗的《原人论》以汉易理论解释佛学理论，华严宗李通玄以《周易》解说华严宗教义。著名禅师希迁以坎离二象讲解禅宗明暗之理，再传之徒昙晟作《宝镜三昧歌》，通过解释坎离与禅理的联系，形成了曹洞宗的五位禅学理论。宋代以后，儒道释思想融为一体。宋代思想家口头上极力排佛，但实质上已经把佛教思想融入了自己的思想之中，如张载、二程、朱熹、陆九渊等人的易学思想吸收了佛教的思想，程氏提出的“体用一源、显微无间”的易学思想受启佛学，二程、朱熹等人的“理”和陆九渊“心”的概念内涵皆与佛学“真如”“佛”有着千丝万缕的联系。明代的智旭等人明确地用《周易》证佛和用佛正易，他们用对比方法，探寻易学和佛教相同的概念和理论，并以此为切入点，诠释易学和佛学经典。总之，儒、道、释、医皆与《周易》有千丝万缕的联系，共同构成了渊源流长的以生命为旨归的中华文化与内涵丰赡的健身养生之道。

中医理论和道家道教理论偏于形心兼修、外治内养，佛学、儒学则偏于治心。以现代观之，无论是中医、道教，还是儒学、佛学，皆有一套以顺从人体自然规律去“调养”“治疗”的“无毒”的方法。这种自然治疗的方法，现代称为“自然医学”。所谓“自然医学”，是以预防为主、运用人体运行规律为基础的医学。其理论核心是遵从生命规律，采用简单的生物物理方法，提高免疫力，激发人体的自愈能力，恢复生命状态，使人体保持正常运转。人体在正常状态下，自身的免疫系统能够顺利抵御和清除来自外部和内部诸种病毒的侵袭，无需外力仍然可以修复机体损伤，保证其正常运行。但是当各种病毒侵害超出了身体的免疫力防御和抵抗的承受能力时，身体各个器官会遭受伤害而患病。此时，若借用人体外力作用（包括意识平衡、饮食调整、自身外形锻炼和外在力量导引等)，仍然可以恢复机体正常健康状态。中国的佛学禅坐、道家“坐忘”、道教“内丹”、儒家养心、中医的“导引”等，在自然医学中独具特色。尤其是中医提出的“刮痧”、“按跷”(推拿)、“针灸”等调理脏腑、疏通经络、行气活血的方法，是其他方法无法取代的最为有效的方法，在自然疗法中占据重要地位。

刘兴明副教授是山东大学易学哲学博士，拜易学大家刘大钧教授门下，刻苦研读易学经典，旁及儒释道诸家之说；又遍访国内中医之名师，汲取百家之精华，以“大道至简”为理念，重新诠释了古代中医提出的“治未病”和“天下无病”观点，以此为出发点，出入中医基本理论，并将其阴阳、五行、经络、脏象学说等落实到临床实践之中，运用按跷、刮痧、正骨等手法，糅合中国古今诸家自然疗法之长，发明了新的自然疗法——筋骨复心法。所谓“筋骨”是指疗理筋骨来疏通经络、行气活血；所谓“复心”是指消除心中私欲杂念，使心归于平静，从根本上灭病患之因，即刘兴明副教授所谓“筋骨以消五脏之病，复心以灭疾病之因，以成修行之道，此之谓筋骨复心之大法也”。在这个意义上说，养心等于养命。这种“养心等于养命”的“筋骨复心法”，独辟蹊径，为无数的“未病者”和“已病者”实现梦寐以求的愿望。每一次调理伴随着谈笑声完成，许多疑难杂病皆可缓解或治愈。当今世界，人类面临诸多挑战，生态恶化、环境污染、病毒流行、食品隐患及工作压力和生活压力繁重，人身心受到了严重的威胁，各种疾病不期而至。此法尊重生命，顺从自然，物理环保，无毒无害，助“天下无病”，是生命健康和延年益寿之神，是当今自然医学疗法中最好的选择之一。本人愿意推荐之，让更多人受益。然本人毕竟是外行，应兴明博士之嘱，略述数言为序，不当之处，还请方家指正。

林忠军于山东大学

2023年12月

序　二

求善是人类的普遍追求,而中华文明不仅求善而且求至善。在社会治理中能够让人遵守法纪,在案件诉讼中能够公正审判,在战争中能够战胜敌人,在医疗中能够治愈疾病,这在一般人看来就是"善",就是"好"了。但在中国传统文化看来,这还不是"最好","最好"的善是"至善"。在社会治理领域,儒家以礼乐教化追求无讼之大同世界;在军事领域,兵家以谋攻追求不战而屈人之兵的善之善者;在医学领域,医家以不治已病治未病的养生之道追求无病的真人境界。这才是至善。中国文化追求的是极高明而道中庸。天下无病,跻斯民于仁寿就是要达到的目标之一。天下无病不仅是古圣先哲之所期,也是今之学人之所望。刘兴明博士新作《天下无病——筋骨复心法》以"天下无病"为冠首即其心愿之袒露。正如老中医的对联所云:"但愿世间人无病,宁可架上药生尘。"

刘博士是山东财经大学马克思主义学院副教授,从其工作单位看,刘博士主要从事的应该是马克思主义理论和思想政治教育方面的教学与研究工作,属于社会科学的范畴,与属于自然科学范畴的医学似乎无关。刘博士能够出版中医学方面的著作与其生命中的特殊机缘有关。

刘博士事亲至孝,其言 2013 年秋冬,已年届八旬老母诸病缠身,心神不安。刘博士就以网上学习的中医理念和手法调理。经月余,各项病症竟得好转。晋皇甫谧玄晏先生云:"夫受先人之体,有八尺之躯，而不知医事，此所谓游魂耳！若不精通于医道，虽有忠孝之心，仁慈之性，君父危困，赤子涂地，无以济之。此固圣贤所以精思极论尽其理也。”古来无数的伟大医家都是因为父母亲族患病而研习医道，首如医圣张仲景，其后如金元之李东垣、朱丹溪，明代之孙一奎，清代之徐大椿诸人。若刘博士，可谓近之矣。

古人云：“事亲者，不可不知医。”孝心是刘博士由一位文科教授而转习医道的初始动力，也可谓“儒医”在今天的体现。之后其不畏艰辛，在筋骨复心法方面的创发则是其仁心发用的结果。

刘博士自学中医为母调理身体悟入中医养生保健领域并未浅尝辄止，而是不断精进追求，多方拜师求教，其所学益博而所思益深矣。其间得耿建刚老师赐教，读《黄帝内经》白文而不看注解；听周嘉荣老师“宗筋疗法”讲座，有知己之感；赴南京习吴石华老师正骨术，将其正骨理念及手法融入筋骨复心法；赴武当山跟随祝玄冲道长学习祝氏武当道医。除以上亲炙者外，又研习“性理调病”之说，遂有“筋骨复心法”的问世。

刘博士之成就实是比踪古贤、慧心独悟之结果。明代医家孙一奎自决意岐黄，无间寒暑，三年左右，口诵心惟，乃悟曰：“索居而窥观，孰与广询而远览。”于是自新都游彭蠡，历庐浮沅江，探冥秦淮，钓奇于越。卒之，迹淹三吴焉。金元四大家的集大成者朱丹溪也有类似经历。他在明了“操古方以治今病，其势不能以尽合”之后，遂治装出游，乃渡浙河，走吴中，出宛陵，抵南徐，达建业。可见欲成就事业，必须广览博学之功。但仅此尚不足，还需要超悟之哲，慧心独悟而析微阐奥。这方面刘博士得益于耿建刚老师赐教，读《黄帝内经》白文而不看注解之教。

中国文化经典由于成书年代久远，文辞古奥，无传注则后人难以读懂。中国文化之传承实有赖于历代注疏家之传注，其功莫大焉。然凡事有利必有弊，传注会限制读者的思路，无法形成发散思维而产生新的理解和思想。某些时候抛开注释，直契经文，虽暂时不解，然深心求之，加以某种机缘，可能就会有超然独悟之解。此即《黄帝内经》所谓“神解”。《素问·八正神明论》：“神乎神，耳不闻，目明心开而志先，慧然独悟，口弗能言，俱视独见，适若昏，昭然独明，若风吹云，故曰神。”

刘博士自述：

2017年6月19日的晚上8点左右，翻看无注解版《黄帝内经》，一下翻到第七十五篇《著至教论》，很快看到“子若受传，不知合至道以惑师教，语子至道之要。病伤五脏，筋骨以消，子言不明不别，是世主学尽矣”。豁然开朗，明白标点弄错了，应该是“子若受传，不知合至道以惑师教，语子至道之要：病伤五脏，筋骨以消。子言不明不别，是世主学尽矣”。当时感动得热泪盈眶，汗毛竖起，心跳加速，击节赞叹，满地转圈，彻底佩服老祖宗的伟大。相信各家注解应该是不到位的，后详查各种版本《黄帝内经》的注解，的确如此。这就是《〈黄帝内经〉“至道之要”辩义》这篇文章的来历。“病伤五脏，筋骨以消”，这应该是砭、针、灸、按摩（按跷）、导引等非药物疗法的总原则，所以《黄帝内经》定之为“至道之要”。

刘博士对“病伤五脏，筋骨以消”的理解的确是《黄帝内经》成书以来之孤明先发。历代注家对此解释虽各有差异，但大致相同，即疾病损伤了五脏，接着筋骨也萎废消缩了。刘博士由于没有读有关注家的注解，没有受到注家前见的影响，加之自己正在以按跷之术调理疾病，因此，在读到这一段经文时，天机迅发，而萌生新见。新见生成后，又查阅资料，进行逻辑论证，益信其新见之正确性、合理性矣。

刘博士对“病伤五脏，筋骨以消”的理解一反传统上以“病伤五脏”为因，“筋骨以消”为果的发病学理解，而做出了调治筋骨可以治疗五脏病的治疗学阐释。筋骨在体表，可以触及；五脏在体内，不可触及。如果用按摩手法治病只能由外而治内。由外部的筋骨何以能治内部五脏之病呢？因为人体是内外统一联通的整体，其联通的中介主要是气血，而且疾病也主要是气血失调所致。中医理论认为，筋属气，骨属血，通过调治筋骨就可以畅通气血，畅通气血就可以恢复五脏的机能而达到治疗的目的，这在《黄帝内经》中有明确的理论说明。《素问·生气通天论》云：“是故谨和五味，骨正筋柔，气血以流，腠理以密，如是则骨气以精，谨道如法，长有天命。”

刘博士对“病伤五脏，筋骨以消”的新解，虽然与传统注家相左，但从《黄帝内经》文本内容看，是讲得通的，似乎更合乎“至道之要”的内涵，更合逻辑。即便不符合《黄帝内经》文本原意，但其创新意义和临床实用价值不容小觑。依据诠释学，文本原意是无法完全达到的，只要不是过度的或恶意的诠释，对于思想文化的发展都具有积极意义。传统的理解只阐释了中医学的一般性发病机理，并没有特别的理论意义和实践价值。刘博士的新解则打开了中医学养生治病的广阔领域，具有重大的理论和实践价值。

在一般人看来，一说到中医，无非是喝汤药、针灸等，特别是喝汤药。其实，《黄帝内经》治病养生的方法是非常多的，刘博士总结了砭、针、灸、药、按跷、导引六法。传统中医学到了张仲景的《伤寒杂病论》才具备完备的药物治疗体系，而《黄帝内经》仅有十三个治病的小方，所以很多人认为《黄帝内经》时代的中医治法还不发达。实际上，在古代医家看来，上古之人，道德淳朴，患病轻微，只用祝由就可以；中古时代道德渐衰，此时可用汤液醪醴，服之万全；到了当今的暮世，邪气深入，治疗才需要针刺治其外，汤液治其内。因此，理想之治是人们道德淳朴，邪气不入，即便生病也非常轻微，使用外治法就可以解决问题。因此，在《黄帝内经》作者看来，汤药是可以不用或少用的，提倡以按跷、导引以及针灸等外治法解决问题。这样，刘博士把“病伤五脏，筋骨以消”理解为以按摩筋骨（即按跷）的方法治疗五脏受伤之病是完全符合《黄帝内经》精神的。

清乾隆进士、礼部尚书汪廷珍为温病学家吴鞠通《温病条辨》作的叙中说：“吾友鞠通吴子，怀救世之心，秉超悟之哲，嗜学不厌，研理务精，抗志以希古人，虚心而师百氏。”这也是刘博士的写照。刘博士打通中西医学理论，以为从西医的角度看，中西医的区别是结构与功能之异；从中医的角度看，中西医的区别是有无之异。此论一语中的，由此而倡中西互补的新新医学模式。刘博士对未来医学模式发展之预见是符合实际的，对医学的发展具有指引意义。

刘博士站在传统与现代、东方与西方交融的立场上，贯通易、道、释、医，融合《周易》阴阳学说、《黄帝内经》经脉经筋学、儒释道心性学说为一体，创立了调理阴阳、健康身心、和谐天人的筋骨复心法。此法注重从形而上的心性角度和形而下的筋骨方面调理人体健康，完全符合《黄帝内经》的医学理想和人体生命的本性。正如刘博士所言："人人都分身心两个层面，就身病而言，我们可以通过筋骨之术来调理；就心病而言，我们可以通过复心之法进行调理。而人是身心合一的，所以在真正调理的过程中，筋骨与复心是同时进行的，调心必调身，调身必调心。"《黄帝内经》治病以养神为首要，养神亦即调心、复心，复其初心即真人境界。真人寿敝天地，为健康长寿之极致。在治疗学上，《黄帝内经》重视砭、针、灸、按摩（按跷）、导引等非药物疗法，其中的按跷即刘博士所使用的揉筋正骨术。显然，筋骨复心法是《黄帝内经》医学精神和理想在当今的发扬光大，是传统文化创造性转化和创新性发展的典范。

我因同门之介绍而与刘博士结缘。在与刘博士交流中，曾以《素问·生气通天论》的"骨正筋柔，气血以流，腠理以密，如是则骨气以精，谨道如法，长有天命"一段经文，确证刘博士关于"病伤五脏，筋骨以消"新解的正确性而被刘博士视为知己。刘博士新著《天下无病——筋骨复心法》即将剞劂问世，嘱余作一小序。余诚无此资格与水平，然盛情难却，略述刘博士"筋骨复心法"及其新著之形成于上，至于其书中之珍品宝藏，还请读者诸君自行品鉴欣赏吧。

黄海不孤儒姚春鹏于曲阜师范大学日照校区固穷致远斋

2023年1月

前　言

所谓“天下无病”，含三义焉：一者中医之真谛也，二者筋骨复心法之功用也，三者创始者之祈愿也。

一、中医之真谛：天下无病

真正的中医思维，不着眼于人得的是什么病，而是关注气血是否充足、畅通，“人之所有者，血与气耳”（《黄帝内经·调经论》）。只要气血充足畅通，则任何疾病全能自愈或者说治愈。在现在大众的视野中，传统的中医解决之道就是针、灸、汤药，可以说，这三者是保证气血充足、畅通的手段。但是，在更专业人士眼中，中医有六法来解决病症，即《黄帝内经·异法方宜论》记载砭、针、灸、药、按跷、导引六法。汤药只是一种方法，在其他疗法不太见效的情况下，以药攻之。现在，人们吃药成为“习以为常”的首选，习惯地认为有病吃药是“自然之道”，实在不该。也有食疗之说，《伊尹汤液经》从某种意义上说就是食谱大全。甚至还有祝由之术，但是《黄帝内经》也基本否定了。

《素问·移精变气论》云：

> 黄帝问曰：余闻古之治病，惟其移精变气，可祝由而已。今世治病，毒药治其内，针石治其外，或愈或不愈，何也？岐伯对曰：往古人居禽兽之间，动作以避寒，阴居以避暑，内无眷慕之累，外无伸宦之形，此恬淡之世，邪不能深入也。故毒药不能治其内，针石不能治其外，故可移精祝由而已。当今之世不然，忧患缘其内，苦形伤其外，又失四时之从，逆寒暑之宜，贼风数至，

虚邪朝夕，内至五藏骨髓，外伤空窍肌肤，所以小病必甚，大病必死，故祝由不能已也。

可见，上古之人处恬淡之世，可移精变气祝由而愈。《黄帝内经》著成时代，已经内患外苦、阴阳不和，祝由已不能已，何况两三千年之后的现代社会。祝由之术，据说现在还能散见于民间，只是不知有多少真义而已。而按蹻导引之术，实在是更高级的诊疗手段，然后世难得其真义久矣。砭、针、灸，尚得其传，亦各有门户之别。

新出版的有道教传承的《玄隐遗密》认为：

夫针，先去恶血，次疏其络，刺其经，调其溪谷。伤为实，实以泻之，折为虚，虚以补之。痛为实，实以利之，木为虚，虚以秘之。凡案蹻导引，皆可以功者，其果一矣。

《上经·五治》曰：忘物无我，宴神息志，服气啬精，致元气和，天之道也。导引案蹻，引领至和，煅炼精神，以致平秘，地之道也。衰乃知卫，病方知医，好闻异说，从乎喜恶，人之道也。

可见，在《玄隐遗密》看来，按蹻导引有针刺之功，诸法皆可用之，有“天之道”“地之道”“人之道”三种养生之境界，可以和《黄帝内经》之真人、至人、圣人、贤人、平人等人格相对待。

可见，以上六种方法，非药物疗法为多，而我们现在所能常见的就是“一针二灸三汤药”了。但是，无论是药物疗法还是非药物疗法，都注重气血的通畅丰盈，而不是所谓的各种病症。

这应该是“天下无病”的第一层含义。

二、筋骨复心法：天下无病

筋骨复心法是著者于2017年6月经过多年的研究创立的，是融合《周易》阴阳学说、《黄帝内经》经脉经筋学、儒释道心性学说为一体的调理阴阳、健康身心、和谐天人的调理妙法。人人都分身心两个层面，就身病而言，我们可以通过筋骨之术来调理；就心病而言，我们可以通过复心之法进行调理。而人是身心合一的，所以在真正调理的过程中，筋骨与复心是同时进行的，调心必调身，调身必调心，因人因时因地而异。

筋骨复心法主张的理念，是传统的中医理论，一切疾病皆可归于五脏，“病伤五脏，筋骨以消”。通过“骨正筋柔”，达到“气血以流”，百病皆消，通过调病而调心，“去习性，化禀性，圆满天性”，从而达到真正的身心康泰。

大道至简，其用至妙。筋骨复心法简单易学，便于流通。我们的理念是“学好筋骨复心法，家家都有保健医”。中医的高妙之处，在于“不治已病治未病”。想法高妙，但如何落实，普通人能够做到吗？筋骨复心法诊疗合一的简单奇效的调理方法，能帮助我们轻松实现这个理想。果真如此，人人健康长寿不是梦想。从而，可以让我们这个社会走向更良性的发展，为中华民族的伟大复兴贡献力量。

这应该是“天下无病”的第二层含义。

三、祈愿：天下无病

当今之世，科技发达，物产丰富，但是众生依然受“生老病死”苦之煎熬。生、老、死，乃自然之规律，不能抗拒，但是可以减少疾病带来的痛苦。对“病”来说，我们希望不用药物就能解决，真正实现绿色治疗。而且医不如防，防不如养，我们提倡“养、防、医”相结合的祛病养生保健理念，可以让我们无病无灾尽天年。中国素有“上医治国、中医治人、下医治病”的古训，近代以来，也有如孙中山弃医从政、鲁迅弃医从文的志士仁人。道路决定命运，制度决定成败，现在我们有中国特色社会主义制度作为保障，我们有谐和天下的文化基础，必定能够国治天下安。要想真正做到天下无病，必须达到“三和”，即“天和”“人和”“心和”。“三和”成，则这个社会必定是和谐的世界（平和，以平为期，平人不病；心平气和，气和心平，平安一生）。

国泰才能民安，天下和平才是众生健康快乐的自然前提。我们处在和平的年代，是因为我们有强盛的国家作为保障，是因为我们有人民军队作为钢铁长城形成的空间保障，是空间保障了时间。而同时世界的其他地方，并不太平。我们祈愿世界和平、国家昌盛、人民幸福，当然，人民的健康长寿是其中的应有之义。

这应该是“天下无病”的第三层含义。

作者
2024 年 3 月

目　录

第一章　道心仁术：筋骨复心法总论

大医邓铁涛老先生认为，“仁心仁术”是未来医学的最高精神境界。[①]“仁心”，是指医生要有大爱之心，慈悲之心，悲天悯人的救世之心；“仁术”，是指医生要有高超的医术，将病人的身体当作自己的身体，将病人的生命当作自己的生命来看待，治好病后尽量不要有后遗症。其实，仁心仁术，是我国传统医学的基本精神，过去是，现在是，将来也是。《玄隐遗密》认为：“医之为道，以治为天。弗以喜恶，弗以贵贱，弗以难易，弗以轻视。故曰知人心，投喜恶，和法度，天之治也。故知人心，则顺其理；顺其理，则其心合于治矣。投喜恶，则气合；其气合，则针石不逆而致矣。和法度，则不伤；不伤，则无亢卑；无亢卑，则愈不危也。”孙思邈之《大医精诚》云：“凡大医治病，必当安神定志，无欲无求，先发大慈恻隐之心，誓愿普救含灵之苦。若有疾厄来求救者，不得问其贵贱贫富，长幼妍媸，怨亲善友，华夷愚智，普同一等，皆如至亲之想，亦不得瞻前顾后，自虑吉凶，护惜身命。见彼苦恼，若己有之，深心凄怆，勿避险巇、昼夜寒暑、饥渴疲劳，一心赴救，无作功夫形迹之心。如此可为苍生大医，反此则是含灵巨贼。自古名贤治病，多用生命以济危急，虽曰贱畜贵人，至于爱命，人畜一也。损彼益己，物情同患，况于人乎！夫杀生求生、去生更远。吾今此方，所以不用生命为药者，良由此也。其虻虫、水蛭之属，市有先死者，则市而用之，不在此例。只如鸡卵一物，以其混沌未分，必有大段要急之处，不得已隐忍而

① 邓铁涛：《中医与未来医学》，《中医药通报》2005 年第 2 期。

用之。能不用者，斯为大哲，亦所不及也。其有患疮痍、下痢，臭秽不可瞻视，人所恶见者，但发惭愧凄怜忧恤之意，不得起一念蒂芥之心，是吾之志也。”可见，杏林中人，须是慈悲大爱之人。

我们提倡道心仁术，因为仁心往往涉及情感，而道心是对仁心的超越，我们要合道而行，循道而行。医道医道，由医入道，医者不仅仅是救死扶伤、解危济困的拯救者，更是由医悟道、入道、德化世间的圣者。真正的行医者，更多的是教化者。不以物喜、不以己悲，因为有时候是治得了病却救不了命的。既要有“治大国如烹小鲜”的道术、医术，也要有“相濡以沫，不若相忘于江湖”的旷达，医者与患者各得自在，同登极乐。

有的人认为传统医学是哲学的，西医是科学的，中医要比西医高一个境界。其实，“科学”是舶来的词汇，“哲学”也是舶来品。在西方的学术系统中，古希腊哲学是自然哲学，科学是由自然哲学演化而来的，他们有着基本的相同的精神。理念论是自然哲学的高峰，数是世界的本源，数理逻辑与实验成为近代科学的主要特征和研究方法。西医也是如此，要实验模型，要实验数据，要双盲实验，将人进行数学化表达、实验化处理。显然，中医研究走的不是这样的路径，中医也有实验，但是“内证”实验；中医也有逻辑推理，但是阴阳五行推理；中医也有量化，但是模糊的量化、模糊的精确。

“人”是相同的，只是中西医因为历史文化的背景不同，而走向了不同的认知角度，而且各自取得了不同的辉煌。现代西医是日新月异的，传统中医则是亘古弥新的。“人”是一个神秘的巨系统，我们的认知还差得太远。科技的发展，尤其是生物科技的发展，应该对医学有巨大的推动作用，无论是对中医还是西医。西医建立在现当代生物科学技术的基础之上，中医则因其独特的解释系统并不与现当代生物科技有太多联系，但是未来生物科技的发展能突破“炁”的层面时，应该对传统中医与现代西医的结合有指导和借鉴意义。当下对于“人”的理解，需要中西医各自勇猛精进，希望生长出新时代的大医学，能够吸收中西医各方的长处，成就一个圆融的、至真的解释系统。毕竟，“人”是一，只是认知、解释的视角不同；“道”也是一，只是认知、解释、表达的视角不同。

第一节　各美其美，美美与共：中西医不同的认知视角

苏轼有诗云："横看成岭侧成峰，远近高低各不同。"面对同一座山，观看的视角不一样，就有不同的风景；对人体生命的解读也是如此。中西医采取了不同的径路，自然有看似不同的答案，其实都是对"人"的解读。

中西医关系问题，历来争论颇多。许嘉璐先生认为："西医重分析性，相对精确；中医重综合性，相对模糊。西医重求共性，更有重复性；中医重个性，更有变化性。西医依病定，相对标准；中医因人异，相对灵活。西医针对病灶，更有直观性；中医针对全身，更有经验性。"[①]笔者也不揣冒昧，综合各方看法，提出笔者现阶段的陋知浅见，供读者参考。

一、结构与功能：西医话语下的中西医之别

可以说，现代西医是建立在人体解剖的基础上，对人体的"手术刀式"或叫作"切割式"的认知已经达到了分子级别甚至更小的级别，对生命的起源乃至生命的构成有充分的认知，对生命的遗传基因物质进行了深度的解读，这在传统中医和传统西医都是不可能完成的，这就是现代科技的力量。

按照现在高校的西医学教程对医学的解读，医学的发展经历了三种模式：神灵主义医学模式、生物医学模式、生物-心理-社会医学模式。神灵主义医学模式，是古代民智未开的时候对人的生命的"神话解读"，可以不必考虑。生物医学模式是现在我国正在使用的一种医学模式，而生物-心理-社会医学模式是将来发展的方向。

（一）生物医学模式简介

生物医学模式是指建立在经典的西方医学基础之上（尤其是细菌

① 《中国医学与中国哲学——许嘉璐先生在爱尔兰都柏林大学孔子学院的演讲》，《孔子学院》2017年第3期。

论基础之上)的医学模式。由于其重视疾病的生物学因素,并用该理论来解释、诊断、治疗和预防疾病以及制定健康保健制度,故被称为生物医学模式。生物医学模式以生物学过程解释健康和疾病,将生物学手段当作保健、预防和治疗疾病的主要手段,甚至是唯一手段。其基本特征是把人看作单纯的生物或是一种生物机器,即只注重人的生物学指标的测量,忽视人的心理、行为和社会性,它认为任何疾病(包括精神病)都能用生物机制的紊乱来解释,都可以在器官、组织和生物大分子上找到形态、结构和生物指标的特定变化。

无疑,生物医学模式对现代西方医学的发展和人类健康事业产生过巨大的推动作用,特别是在急慢性传染病和寄生虫病的防治方面,使这些疾病的发病率、病死率大幅度下降;在临床医学方面,可借助细胞病理学手段对一些器质性疾病做出定性诊断,无菌操作、麻醉剂和抗菌药物的联合应用,减轻了病人在手术中的痛苦,有效地降低了伤口感染率,提高了治愈率。

19世纪以来,人们偏重于从人的生物学属性角度去研究和认识疾病,认为疾病可以用偏离了正常的、可测定的生物学变量来说明,每一种疾病都有着其生物或理化的特定原因,可以找到特异的治疗手段,其主要特点包括:①心身二元论,把躯体和精神割裂开来,把生命比拟为纯生物学过程;②生物还原论,把生命过程分解、还原为简单的元素,认为复杂的生命活动最终可以用最简单的物理、化学语言来解释。单因单果的因果模式忽视健康与疾病过程的复杂性,过分强调人的自然属性和生物学特点,其在很大程度上提高了人类健康水平,促进了生物医学学科的发展。

(二)生物医学模式的缺陷

生物医学模式只注重生物医学方面的诊治,在其结构内没有给心理和社会行为方面留下诊治、思维空间,这是主要缺陷。人是生物学的,也是社会学的,更是心理学的,甚至是神学的,不同的学科维度,对人的解读不同,对疾病的理解不同,因而有不同的调理治疗方法。

生物医学模式对精神病和心因性、功能性疾病以及原因明确、病理变化清楚的躯体器质性疾病不能予以科学的解释。因为,在现代工业化社会中，传染病、寄生虫病、营养缺乏症等已经不再是人类健康的主要威胁，而心理、社会因素起很大作用的心血管病、脑血管病、癌症、公害病、事故和自杀、吸毒和酗酒、饮食过度、心因性疾病等已成为人类健康的主要挑战者，只用生物医学模式对这些疾病进行诊断、治疗和预防，并不能完全解决问题。

1.思维定式难以改变

已形成的思维定式难以改变。风俗习惯对人的影响甚巨，个人的习惯(生活习惯、学习习惯、工作习惯、思维习惯)也就是他的人生。一旦医务人员形成思维定式，也难以改变。在近三百年的熏习中，生物医学模式已经深入医务人员的思维习惯中，在医疗实践活动中，医务人员总是从人的自然属性——生物学特性上进行思考、认识健康、认识疾病、进行防治，习惯地、不自觉地撇开心理及社会因素。老师这样教，学生也这样学，世代相承；另外，加上自己的医疗实践，久而久之，便成了一种相对固定的模式。如果一个医务工作者的头脑里"生物医学模式"概念根深蒂固，在诊治疾病时，便总是试图在器官、细胞或生物大分子上寻找形态上、生物化学上的变化，以确定疾病诊断，用手术、药物、理疗等方法改变病理变化。

这种习惯一旦养成，往往不能"自拔"，使医务人员思考范围总是局限在这个领域中，养成了孤立地、片面地考虑问题的习惯。临床思维、医学科学研究材料的总结、卫生管理决策等都是只在生物医学模式的框架内兜圈子，不能按照事物本身的辩证法，全面地把握事物的辩证发展过程。

所以早在1955年4月15日，毛泽东主席针对中医就讲了这样一段话："针灸是中医里面的精华之精华，要好好地推广、研究，它将来的前途很广。有些同志坚持努力，是有成绩的，也证实了中医政策的提出是正确的。中国医学的经验是很丰富的，它有几千年的历史了，要有同志去整理它。这项工作是难做的，首先是卫生部行政领导上不支持，去年七月以后可能好一些，但还没有具体行动。我是支持的，我可以当卫生部长，也可以把这项工作做起来。不要以为我不懂医就不能做，这不是懂不懂医的问题，而是思想问题。”[1]

我们会发现，到现在为止，毛主席批评的问题依然存在。对中医，显然不仅仅是态度问题、思想问题，更应该是制度建设不完善。就是说卫生部门要改革，不要盲目推崇西医。

2.用静态的观点考察人体

生物医学模式用静态的观点考察人体，把人体看成一架精密的“机器”。近代医学采用分门别类的研究方法，使近代医学积累了许多新的事实，分化出比较生理学、病理生理学、病理解剖学、微生物学、免疫学等学科，这种研究方法促进了医学科学朝更深更广的方向发展。但是这种形而上学的认识方式，使近代医学“看到它们的存在，忘记它们的生成和消逝；看到它们的静止，忘记它们的运动”[2]。这就妨碍了对实际过程中多因素综合变化的全面认识。

例如，微生物学的发展，揭示了传染病的原因，但某些微生物学家常常只看到外因对机体的损害，却不注意内、外因相互作用，以及环境因素对微生物和机体的影响，甚至对免疫的理解，也只限于外因。由于这种外因论的影响，在临床工作中往往只依赖于药物和手术消除病灶，不能辩证地对待内因和外因、局部和整体、平衡和运动等关系，因而在科学实验和临床实践中遇到许多问题，出现一系列矛盾，这就促使人们突破形而上学的束缚，向着辩证思维的现代医学模式前进。

3.导致医患关系疏远

生物医学模式容易导致医患关系疏远。生物医学模式只从生物学的角度和还原方法分析研究人，就必然把人的心理、社会因素抛弃了；关心病人、了解病人的伦理观念也淡漠了，医患关系不如从前，在某种程度上倒退了。为了探求发病因素，找出病原体及关键的生物学变量材料，往往把病人的排泄物、病理组织标本拿来，孤立地进行检验，作为整体的活生生的人的形象完全消失了，看到的只是体液和细胞，而病人的社会、心理因素却完全被忽略或遗忘了。这样，病人与疾

---

① 中共中央文献研究室编：《毛泽东年谱（一九四九—一九七六）第二卷》，中央文献出版社2013年版，第364～365页。

② ［德］弗里德里希·恩格斯：《反杜林论》，中共中央马克思恩格斯列宁斯大林著作编译局译，人民出版社1999年版，第20页。

病就被分割了。自然的人与社会的人,生理的人与有头脑、有理想的人被割裂了。现代西医院的流水线处理方式,只见病症不见人,病人只是一个器官的组合,而不是一个活生生的有着喜怒哀乐的人。

(三)生物-心理-社会医学模式

医学是研究人的健康和疾病的科学。人既是自然的人,又是社会的人。病人,不单是一种生物学状态,也是一种社会状态。研究人患病的原因时,不仅要考虑其生物学变量,还要考虑心理、社会状态的变量,这就要求在更广泛的联系上研究健康和疾病问题。1948 年世界卫生组织(WHO)成立时,在其宪章中曾提出:"健康是一种身体上、精神上和社会生活上的圆满适宜的状态,而不仅是没有疾病和虚弱。"1990 年,世界卫生组织对健康又做出了新定义:"一个人在躯体健康、心理健康、社会适应良好和道德健康四个方面皆健全才算健康。"可见,只有具备这四个方面的健康,才算是真正全面健康的人。这标志着以健康与疾病为研究中心的医学科学进入一个崭新的发展时期,而生物医学模式却不能适应这个要求。

生物医学模式始于文艺复兴之后,是经验医学转向实验医学的产物。这一时期,医学家和生物学家们认为每种疾病都是由一种确定的生物或理化因素引起,并在此基础上提出了病因、宿主、环境三者的动态平衡概念,对现代医学的影响最大。但其过分强调了人类的自然属性和生物学特点,"在它的框架内没有给病患的社会、心理和行为方面留下余地"[①]。作为对生物医学模式的扬弃,生物-心理-社会医学模式自然应运而生,但是当下中国的医学体系主要还是生物医学模式。

生物-心理-社会医学模式是以从整体、系统的角度认识人类健康和疾病为主要特点的医学模式,是美国医学和精神病学教授恩格尔于 1977 年首次提出来的。其主要内容包括生物因素、环境因素、行为和生活方式及卫生服务四大因素,深刻地揭示了医学的本质和发展规律,从单纯的生物因素扩大到人的社会和心理因素,并从医学整体出发,对疾病从生物、心理、社会三方面的情况进行考虑,做出诊断,为医

① [美]G.L.恩格尔:《需要新的医学模型:对生物医学的挑战》,黎风摘译,《医学与哲学》1980 年第 3 期。

学发展指出了更明确的方向，是人们对高质量医疗卫生服务需求的客观反映。生物-心理-社会医学模式从理论上实现了从“以疾病为中心”到“以病人为中心”的质的转变。

（四）生物医学模式下的西医对中医的普遍认知

从西医的角度看，西医是实验医学，有强大的数据支持，易于普及，相同的病症、相同的药方、相同的治疗方案，基本上中国的医生、外国的医生得到的答案是一致的；中医是经验医学，有强大的个人特色，对于相同的病症，不同大夫采用不一样的药方、不一样的治疗方案，高明的中医大夫药到病除，一般的大夫可能就没有多大效果。从西医的角度看，西医是科学的，是建立在解剖基础上的对人的生物学还原，结构与功能清晰明确，治病重视数据量化。而中医不是科学的，至少不是近现代科学的，只是经验积累，更像是功能医学，其司外揣内的藏象理论基本上是黑箱理论，最多算“灰箱理论”；中医的理论基础阴阳五行是模棱两可的分析系统，属于过时的古代医学，对于人体的基本结构都不了解，也不知道病毒学说，就算治好了病，也不知道治病的具体机理；中药不能进行分子式的化学表达。总之，中医缺少现代医学该具有的科学特质。

二、无与有：中医视域下的中西医之别

“中医”又称“国医”，西医传入中国之前无所谓中医、西医，医生都叫大夫，习岐黄之术。可以说，中医一般指以中国汉族劳动人民创造的传统医学为主的医学，所以也称汉医，是研究人体生理、病理以及疾病的诊断和防治等的一门学科。

（一）何谓中医

从词源学上讲，《汉书·艺文志》有记载“有病不治，常得中医”，就是说得中，阴阳平衡了，就治好病了。我们当下认为的中医，在西医进入中国之前，就叫医，或者称岐黄之术，另有青囊、杏林之说。可以说，中医诞生于远古时期，古有所谓“神农尝百草”的传说，到春秋战国时期，中医理论已基本形成，之后历代均有总结发展。除此之外，中医对汉字文化圈国家影响深远，如日本汉方医学、韩国韩医学、朝鲜高丽医

学、越南东医学等都是以中医为基础发展起来的。

中医是道，中医学以阴阳五行作为理论基础，将人体看成是形、气、神的统一体，通过“望闻问切”四诊合参的方法，探求病因、病性、病位，分析病机及人体内五脏六腑、经络关节、气血津液的变化，判断邪正消长，进而得出病名，归纳出证型，以辨证论治原则，制定“汗、吐、下、和、温、清、补、消”等治法，使用中药、针灸、推拿、按摩、拔罐、气功、食疗等多种治疗手段，使人体达到阴阳调和而康复。

中医理论来源于医疗经验总结及中国古代的阴阳五行思想。其内容包括精气学说、阴阳五行学说、气血津液、藏象、经络、体质、病因、发病、病机、治则、养生等。早在约两千年前，中医专著《黄帝内经》问世，奠定了中医学的基础。时至今日，中国传统医学相关的理论、诊断法、治疗方法等，均可在此书中找到根源。

中医学理论体系是经过长期的临床实践，在唯物论和辩证法思想指导下逐步形成的，它来源于实践，反过来又指导实践。通过对现象的分析，以探求其内在机理。因此，中医学这一独特的理论体系有两个基本特点，一是整体观念，二是辨证论治。中医的基础理论是对人体生命活动和疾病变化规律的理论概括，它主要包括阴阳、五行、气血津液、藏象、经络、运气等学说，以及病因、病机、诊法、辨证、治则治法、预防、养生等内容。

现在世界卫生组织对中医也有越来越积极的认知。国际疾病分类（international classification of diseases，ICD）是 WHO 制定的国际统一的疾病分类方法，它根据疾病的病因、病理、临床表现和解剖位置等特性，将疾病分门别类，使其成为一个有序的组合，并用编码的方法来表示。2018 年10 月1 日，世界卫生组织首次将中医纳入其具有全球影响力的医学纲要。2019 年 5 月，第 72 届世界卫生大会审议通过了《国际疾病分类第十一次修订本（ICD-11）》，首次纳入了起源于中医药的传统医学章节。《国际疾病分类第十一次修订本（ICD-11）》首次把中医医学纳入其中。新纳入的中医相关信息在 2022 年世界卫生组织成员国实施，这就意味着中医在全球范围成为主流疗法，而不再仅仅是作为手术、放疗等补充替代疗法。2022 年2 月 11 日，WHO 官方网站发布消息：国际疾病分类第十一次修订本（ICD-11）正式生效。ICD-11的最新版本同日线上发布。

（二）中医对中西医解读

中医学是以气一元论和阴阳五行学说为哲学基础，以整体观念为指导思想，以脏腑经络的生理和病理为核心，以辨证论治为诊疗特点的独特的医学理论体系。中医最核心的内容是藏象理论和经络理论，都是为解释"气"（亦作炁、氣）的运行流转而形成的理论。庄子认为"通天下一气耳"。精气神是中医对人的另一种解读，可以说是物质、能量、信息的中医表达，更着重于气在此结构中的主导地位。

如果从中医的视角思考中西医关系，用"无"与"有"来解读比较到位。中医强调一个人形神兼备，形神合一，主张精气神合一。中医最重要的一个核心理念是"气"，气是无的状态，一切都是从气的层面解释问题、解决问题。而西医主张"有"，认为看得见、摸得着才是真。放大镜、显微镜、电子显微镜……现在已经发展到纳米级的显微镜，对人进行器官、组织、细胞层面的分析。在这两种思想下，逐渐就发展出自成体系的两套完全不同的医学模式。

中医治人，中医尊重人本身，认为人本身就具有强大的自愈能力，可以说是人的一种本能。身为大药，启动、强化人的自愈能力，是中医的特质，平衡阴阳就是其治病的手段。西医治病，在西医的理论框架下，其研究对象是病，是病毒，不是人，身体只是药物与病毒作战的战场。因此，就出现每一种合成的西药都有知道或者不知道的"不良反应"，其实就是对人身体的戕害。通算下来，不知道西药更多的是"治病"还是"致病"。如果再加上资本或利润的因素，小病大治，小病治大，终生服药，就成为常态；而真正的中医中药疗效好，费用低。

三、道与科学：中西医不同的理论前提

如果我们从哲学、科学的视野看中西医之别，可以说，中西医是道与科学两套体系的不同延展。

（一）何谓道

《周易·系辞》提到"一阴一阳之谓道，继之者善也，成之者性也"，

“生生之谓易”。可以说，道就是生生不息的自然大道。《道德经》讲天地万物追源于自然大道，所谓“道生一，一生二，二生三，三生万物”。在《周易》看来，“一阴一阳之谓道”，阴阳平衡，阴阳和谐，阴阳合而生生不息，就是道。“道，不可言也，实有之色象一者也，虚无之神妙无极也；幽呵冥呵，惚兮恍兮，玄之又玄，众妙之门；恒也，自然也，是谓道也。”[①]《道德经》云：“人法地，地法天，天法道，道法自然。”《周易》将道细分为天地人三才之道，所谓“立天之道曰阴与阳，立地之道曰柔与刚，立人之道曰仁与义（上与下）”。此后，中国传统文化就在这三才系统中辉光万千，生生不息。

（二）中医是道

中医是合道的医学，可以由医悟道。中医合道，是在完整的中国传统文化的背景下生发出来的医学，也可以说，中医是中国传统文化的重要体现。中医是法地、法天、法道、法自然的学问，是向自然大道开放的学问，是和谐天地人三才的学问，故深得其精髓者，上可治国，中可治人，下可治病，拔苦与乐，造福世人。1958 年 10 月，毛泽东主席说：“中国医药学是一个伟大的宝库，应当努力发掘，加以提高。”[②]习近平总书记指出：“中医药学凝聚着深邃的哲学智慧和中华民族几千年的健康养生理念及其实践经验，是中国古代科学的瑰宝，也是打开中华文明宝库的钥匙。”[③]

古有明训：“上医治国，中医治人，下医治病。”中医药学以天地一体、天人合一、天地人和、和而不同思想为基础，以人为本，深刻体现了中华民族的认知方式和价值取向，蕴含着丰富的中华民族文化精髓，是我国文化软实力的重要体现。天人合一的“整体观”、燮理调平的“中和观”、养生防病的“未病观”、因时因人因地制订治疗方案的“制宜观”等中医观，既可用于临床，以“中国式办法”利于救死扶伤；亦可用于施政，以“中国式办法”利于民富国强。

---

① 姬英明译注：《姬氏道德经》，朝华出版社 2017 年版，第 7 页。

② 中共中央文献研究室编：《毛泽东年谱（一九四九—一九七六）第三卷》，中央文献出版社 2013 年版，第 462 页。

③ 国家中医药管理局编：《中医药抗疫纪实》，人民出版社 2021 年版，第 3 页。

中医药学既是中国的主流医学科学，又是古老而前沿的生命科学。作为中国独有的医学科学，中医学具有丰富的原创内涵。历代医家通过不断深入观察和反复的临床实践（不是动物实验），以独特的视角和思维方式，创造性总结了对人体健康与疾病的规律性认识，形成了系统的理论与技术方法。诚然，中医学、西医学，都是人类防治疾病、维护健康的医学科学，目的一致，但又是不同的医学体系：西医学属于自然科学，中医学既属于自然科学，也属于社会科学；西医学属于生物医学模式，未来发展是生物-社会-心理医学模式，中医学是整体医学模式；西医学在还原论指导下，基于解剖学发展而来，诊疗思维着重于寻求致病因子和精确病变定位，然后采用对抗式思维，定点清除致病因子，使机体恢复健康，中医学是在整体观指导下，基于天人合一、形神合一的中国哲学发展起来，诊疗思维着重于寻求致病因素（内因、外因、不内外因）和正气、邪气的消长定位，然后采用包容式思维，并非定点清除致病因子，而是通过扶正祛邪、补偏救弊使机体恢复健康。因此，中医治病的最大特点不是定点清除致病因子，而是调理、矫正致病环境，使致病因子难以生存和发展，使之“正气存内，邪不可干”。

人类的生命科学至今还是一个尚未完全解开的谜题，而中医药学关于天人关系、形气神关系、脏腑关系、经络关系、表里关系、“生长壮老已”关系等的理论与实践经验，都涉及医学和生命科学之“钥”。因此，深入研究和科学总结中医药学，必将凸显中医药学的鲜活生命力和广阔的发展前景，对丰富世界医学事业、推进生命科学研究具有积极意义。

防病治病、维护人民健康是各个国家和地区生存与发展的永恒主题。中医药作为中国独特的卫生资源、潜力巨大的经济资源、具有原创优势的科技资源、优秀的文化资源和重要的生态资源，与人民的生命健康和生活幸福息息相关，在经济社会发展全局中有着重要意义。澳大利亚的中医孔子学院把中医药学同汉语教学相融合，把中医药作为中华文明“走出去”的重要载体，充分体现我国文化软实力，契合国际文化交流、养生保健的双重需要。2010年6月20日，时任国家副主席的习近平在墨尔本出席皇家墨尔本理工大学中医孔子学院授牌仪式时说:"中医孔子学院把传统和现代中医药科学同汉语教学相融合,必将为澳大利亚民众开启一扇了解中国文化新的窗口,为加强两国人民心灵沟通、增进传统友好搭起一座新的桥梁。"①

(三)何谓科学

"科学"一词源于拉丁文"scientia"(知识),不但汉语中没有这个词汇,希腊文中也没有。1830 年前后,法国实证主义哲学家奥古斯特·孔德(Auguste Comte,1798—1857 年)在将学科分类时才用"science"这个词来代表将研究对象分为众多学科(如物理学、化学)去研究的学问,与众学科统辖的学问(philosophy)相对应。日本学者西周(1829—1897 年,曾在荷兰留学)于 1874 年(明治七年)将这两个词译成了科学和哲学。康有为是将"科学"一词引入我国的第一人。但"科学"一词被广泛采用,严复有很大的功绩。严复在翻译英国古典政治经济学家亚当·斯密(Adam Smith,1723—1790 年)的名著《原富》(《国富论》)时,频繁使用"科学"一词。

从存在论角度看,所谓的科学,就是指导人与外部事物之间打交道的理论知识,通常首先是指导人与自然界之间打交道的理论知识。从历史上看,有三种科学类型,第一种是博物学,第二种是希腊独创的理性科学,第三种是近现代欧洲人开创的数理实验科学。

科学最原始的形态是博物学。博物学知识首先不是功利的,而是要领悟自然,沟通自然,这是人类对待外部世界最原始的动机。这样的知识无论哪种文明都有,西方文明、中国文明、非洲文明、美洲文明都有。博物学在今天被极大地边缘化了,被有意无意地遗忘了,人们一提起"科学",通常不太会想到它。

今天占支配地位的是近现代西方的科学(也叫数理实验科学),既讲数学,又讲实验,但并不是简单地相加,而有着内在的关联。在这种科学背后起支配作用的存在论是世界的无限化、时间的线性化、自然的数学化以及人的主体化和意志化。控制的、支配的动机,要求数学化、还原论的纲领,这是近现代数理实验科学的基本特征。

---

① 肖磊涛:《习近平:中医孔子学院将有助于澳民众了解中国文化》,2010 年 6 月 20 日,https://www.gov.cn/ldhd/2010-06/20/content_1631961.htm。

以这个“科学”标准来看，中国古代是没有科学的，西方古代也没有科学，但西方近现代科学确实有它自己的来源和先驱者，那就是希腊人所开创的“理性科学”。近现代科学中的“数理”成分直接来自希腊人的这个“理性科学”传统。理性科学就是那种单纯通过头脑中的思维和思辨，构造出一套逻辑严密的推理体系，它认为“理”是这个世界的本质，“讲理”“推理”是与这个世界打交道的恰当方式。这样一套理性科学是独属于希腊人的，所以称之为希腊理性科学。

(四)现代西医是近现代科学的分支

西方传统医学的基本理念和中国传统医学的基本理念还是有相似性的。只是西方传统医学已经成为过去式，而中国传统医学历久弥新。希波克拉底(公元前460—前370年)为古希腊伯里克利时代的医师，被西方尊为“医学之父”，西方医学奠基人。他建立了一种健康和疾病的平衡学说。希波克拉底提出“体液学说”，他认为，人类正如宇宙中的其他部分一样，是由四种元素——土、气、水、火组成的，这四种元素和人体中的四种体液相对应，认为人体由血液、黏液、黄胆和黑胆四种体液组成，这四种体液的不同配合使人们有不同的体质。这四种液体处于平衡时，人就是健康的；失衡时，人就会得病。这种理论几乎一直延续到19世纪。他的医学观点对以后西方医学的发展有巨大影响。

现代医学遵循的是数理实验科学的径路，是对西方传统医学的否定。我们现在的西方医学是按照数理实验科学的径路前行的，讲求数据测量，药品研发要不停地实验。而且多数药品都是化工产品，遵循生物化学的规律。借助于现代科技的发展，医学研究已经进入纳米级的实验与开发。同时，现代医学对人进行不同层级的解剖与实验。

四、新新医学：中西医关系及其未来走向

(一)从中西医结合论到中西医互补论

党和政府对医药卫生事业高度重视，对中西医关系也进行了实际的努力与探索，并且在不同时期提出了高屋建瓴的指导方针与建设意见。

毛泽东同志早在1913年就对中西医有独到看法，他在《讲堂录》中写道："医道中西各有所长，中言气脉，西言实验。然言气脉者理太微妙，常人难识，故常失之虚；言实验者专求质而气则离矣，故常失其本，则二者又各有所偏矣。"[①]这是迄今为止所发现的毛泽东同志对中西医学方面的最早论述，而且此论断到现在为止也是较为中肯的看法。

新中国成立后，毛泽东主席多次指导医疗卫生事业，并对中西医关系做出多次论述，并要求西医向中医学习。1956年8月24日，毛泽东主席在一次谈话中更准确地阐述了他关于中西医结合的思想："就医学来说，要以西方的近代科学来研究中国的传统医学的规律，发展中国的新医学。"[②]"要把外国的好东西都学到。比如学医，细菌学、生物化学、解剖学、病理学，这些都要学。也要把中国的好东西都学到。要重视中国的东西，否则很多研究就没有对象了。"[③]"中国的和外国的要有机地结合，而不是套用外国的东西。学外国织帽子的方法，要织中国的帽子。外国有用的东西，都要学到，用来改进和发扬中国的东西，创造中国独特的新东西。搬要搬一些，但要以自己的东西为主。"[④]毛泽东主席的上述思想，在中共八大上得到了充分肯定。《中国共产党第八次全国代表大会关于政治报告的决议》认为："对于我国过去的和外国的一切有益的文化，必须加以继承和吸收，并且必须利用现代的科学文化来整理我国优秀的文化遗产，努力创造社会主义的民族的新文化。"1958年10月，毛泽东主席对几千年来为保障人民生命健康做出巨大贡献的中医药学给予充分肯定，指出："中国医药学是一个伟大的宝库，应当努力发掘，加以提高。"[⑤]

但是，历史的演进总是让人大跌眼镜。毛泽东主席希望用西方近现代医学来研究中国传统医学，而且让西医向中医学习，创造出新医

---

① 中共中央文献研究室，中共湖南省委《毛泽东早期文稿》编辑组编：《毛泽东早期文稿(1912.6—1920.11)》，湖南人民出版社1990年版，第597页。

② 中共中央文献研究室编：《毛泽东文集(第七卷)》，人民出版社1999年版，第81页。

③ 中共中央文献研究室编：《毛泽东文集(第七卷)》，人民出版社1999年版，第81页。

④ 中共中央文献研究室编：《毛泽东文集(第七卷)》，人民出版社1999年版，第82页。

⑤ 中共中央文献研究室编：《毛泽东文集(第七卷)》，人民出版社1999年版，第423页。

学。但是中西医核心精神不具有同构性、不具有融通性，中医药院校的教材是按西医的逻辑框架进行编著的，这样从根本上就把传统中医的真精神给阉割了。《黄帝内经》在中医药大学竟然成了选修课课程用书！教材出问题，院校教育又缺少师承这一重要环节。民间中医被“中医师证”排挤在外，有证的正规院校的毕业生又不能用纯正的中医药给大家治病，甚至现在中医院都是西医化的“中医”们在主持工作。现在是西医和西化中医药占主导，真正纯正的传统中医药如何发展乃至生存，都是需要思考的问题。

可能有些人认为屠呦呦先生 2015 年荣获诺贝尔生理学或医学奖，能够说明中医药的伟大、中西医结合的伟大，若实事求是地分析，结论其实恰恰相反。屠呦呦的获奖是西医西药的胜利，和中医中药的精神实质没有多少关系。屠呦呦从事中药和中西药结合研究工作多年，突出贡献是创制新型抗疟药青蒿素和双氢青蒿素，1972 年，屠呦呦团队成功提取分子式为 $C_{15}H_{22}O_5$ 的无色结晶体，命名为青蒿素。由于发现了青蒿素，该药品可以有效降低疟疾患者的死亡率，屠呦呦于 2015 年 10 月获得诺贝尔生理学或医学奖，她也成为第一位获诺贝尔科学奖项的中国本土科学家。如果实事求是地讨论问题，屠呦呦的获奖更加表明了中西医结合的破产。如果我们冷静思考这个问题，会发现青蒿素是西药，它的发现与提纯工艺都是西医的理念、西医的实验手段，和中医没有多少关系，只是相关中医文献给屠先生一些启迪。因此，诺贝尔奖的颁奖词也没有谈到所谓中医的问题，因为这是西医西药的胜利。虽然我们情感上难以接受，但是事实就是如此，中药方剂浩如烟海，以此研究模式进行研究的话，应该发现更多的药品，但其实是不可能的。中药和西药的治病理念与方法完全是两套系统，没有共通性。中药因人开方，辨证施治，讲药性，讲药物归经，讲“君臣佐使”，其背后的理论支持是藏象系统和经络系统。西药对病不对人，是对病毒进行战斗，认为人体是化学反应系统，其理论基础是生物化学理论、病理学。

我们的观点是初期阶段或者说现阶段的中西医结合是失败的，不等于这条路永远走不通，而是等待科学技术的进一步发展，待其能够很好地解释中医藏象和经络理论了，中西医自然就结合了。眼下，我们只能够面对当下科技水平的现实，既然中西医药是完全不同的体系，而且不具有融通性，那么我们就让两者并行不悖，互相补充。所以，中西医互补论自然就进入人们的视野。

2015 年中国中医科学院成立 60 周年，习近平总书记指出："中医药学凝聚着深邃的哲学智慧和中华民族几千年的健康养生理念及其实践经验，是中国古代科学的瑰宝，也是打开中华文明宝库的钥匙。"①

2019 年，习近平总书记对中医药工作作出重要指示指出："中医药学包含着中华民族几千年的健康养生理念及其实践经验，是中华文明的一个瑰宝，凝聚着中国人民和中华民族的博大智慧。新中国成立以来，我国中医药事业取得显著成就，为增进人民健康作出了重要贡献。"习近平总书记强调："要遵循中医药发展规律，传承精华，守正创新，加快推进中医药现代化、产业化，坚持中西医并重，推动中医药和西医药相互补充、协调发展，推动中医药事业和产业高质量发展，推动中医药走向世界，充分发挥中医药防病治病的独特优势和作用，为建设健康中国、实现中华民族伟大复兴的中国梦贡献力量。"②

（二）新新医学的诞生

现在医科院校讲述医学，多数是按下面的理论框架（见图 1-1）进行的，但不符合事实真相。

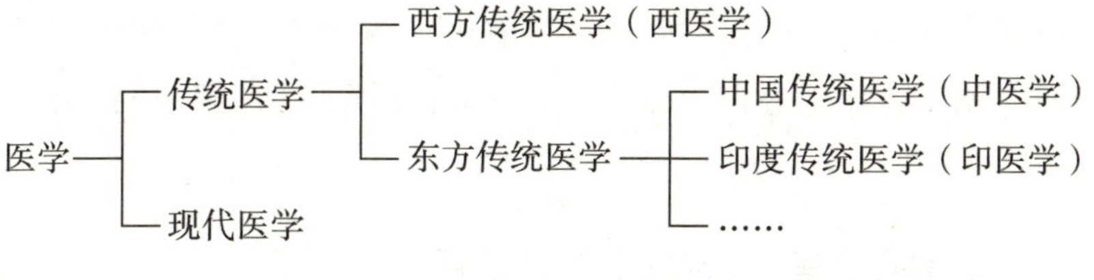

图 1-1　医科院校中医学的理论框架

在此框架内，西方传统医学已经成为历史，存在于博物馆之中。把中国传统医学与西方传统医学并列而和现代医学区分开，会让人觉

① 国家中医药管理局编：《中医药抗疫纪实》，人民出版社 2021 年版，第 3 页。
② 本书编写组编：《习近平的小康情怀》，人民出版社 2022 年版，第 321～322 页。

得中国传统医学是落后的，应该或者已经归入历史陈列馆。但是，中国传统医学依然是充满生命力的，未来也必然充满活力，因为传统中医是未来医学，具有超时代性。因此，比较符合历史的对医学的认知框架应该如图 1-2 所示。

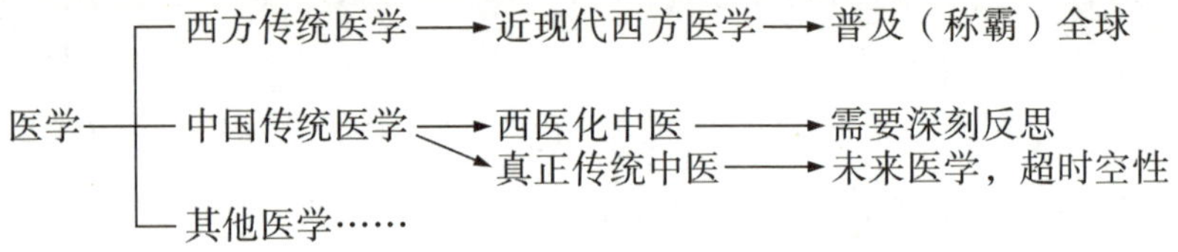

图 1-2　比较符合历史的对医学的认知框架

所谓的“新新医学”，是指“面向未来”的未来医学，我们期望有更好的理论框架能够融通中西医，因为我们面对的是同一个生命，应该有相对终极的真理。也就是说，中医中药的核心理论在科学技术的帮助下得到证实。刘力红先生曾经用内证与外证之别来区别中西医不同的实验方式[①]，但是，我们还是寄希望于未来的科技能够泯灭内外之别。生命依然是宇宙间最大的谜团，我们依然走在解开这个谜团的路上。

第二节　大道至简，其术至妙：筋骨复心法简介

筋骨复心法是融合《周易》阴阳理论、《黄帝内经》脏腑经络学、吴氏石华正骨、儒释道心性之学等为一体的平衡阴阳、健康身心的调理大法。

一、尽孝而学医：筋骨复心法之缘起

缘起之说，本应秘而不宣，因有不谦之嫌；然，任何事情都有始终，且大家都知道，万事开头难，也是为世间人做人做事提供一个案例。

因双亲生病求医无门或求医无效，而自己走入医道的古代医家非常多，如金元四大家之朱丹溪、温病宗师吴鞠通等。筋骨复心法的缘

① 刘力红：《思考中医》，广西师范大学出版社 2006 年版，第 14 页。

起也是如此。2013年秋冬，已经79岁的母亲诸病缠身，心神不安，笔者将老人家从老家接至济南，就开始给她用网上学习的中医调理手法进行调理。2015年秋冬，了解到耿建刚老师可以通过按摩推拿调理好多疑难杂症。2016年，得耿老师赐教：一则通读《黄帝内经》原文，不看任何一家注解；二则认为，气血瘀堵似暖气片中间有气，通开即好。对研读《黄帝内经》之法，我严格执行，而得大益。2017年得《黄帝内经》"至道之要"之真义，实赖于不读注解之方法。其间，学习"性理调病"之说，深有感触，也颇多效验。遂有2017年"筋骨复心法"的问世。2020年7月，又得"宗筋疗法"之资料，听周嘉荣老师之讲座，有知己之感，"筋骨复心法"益见成熟周全。2020年8月，赴南京参加正骨大家吴石华老师的跟诊班，将吴老中西医结合的正骨理念及手法融入筋骨复心法。2021年赴武当山跟祝玄冲道长学习祝氏武当道医（"黄帝内经十二经脉揭秘应用"、"道解伤寒论"）。学习至此，"筋骨复心法"得以相对完善，今后我们面临的任务就是继续积累案例，并进行全力推广。

回首近几年的发展，"无知者无畏"是我们的开始；"知者不惑，仁者不忧，勇者不惧"是我们的追求；"智仁勇三达德"需要我们人人具备，方能合道而行。

二、继承即创新：筋骨复心法之主要内容

筋骨复心法的真正创立是2017年6月。虽然实践操作层面已经基本具备，但是理论上的贯通尚需要时机。2017年6月19日晚上8点左右，笔者在翻看无注解版《黄帝内经》，一下翻到第七十五篇《著至教论》，很快看到"子若受传，不知合至道以惑师教，语子至道之要。病伤五脏，筋骨以消，子言不明不别，是世主学尽矣"，豁然开朗，明白标点弄错了。应该是"子若受传，不知合至道以惑师教，语子至道之要：病伤五脏，筋骨以消。子言不明不别，是世主学尽矣"。当时感动得热泪盈眶，汗毛竖起，心跳加速，击节赞叹，满地转圈，彻底佩服老祖宗的伟大。笔者认为各家注解应该是不到位的，后详查各种版本《黄帝内经》的注解，的确如此。这就是《〈黄帝内经〉"至道之要"辩义》这篇

文章的来历。“病伤五脏，筋骨以消”，这应该是砭、针、灸、按摩（按跷）、导引等非药物疗法的总原则，所以《黄帝内经》定之为“至道之要”。

后来考虑到以后推广此利国利民之事是否可行，占得复卦。其卦辞云：“复，亨。出入无疾，朋来无咎。反复其道，七日来复。利有攸往。”其《彖辞》云：“复，亨，刚反，动而以顺行，是以出入无疾，朋来无咎。反复其道，七日来复，天行也。利有攸往，刚长也。复，其见天地之心乎。”读易见天心，易以象显，因事而成确义。一元复始，复元气也，此疗法必定能够让人恢复元气。“出入无疾”，只要来往我处就能够消除疾患；“朋来无咎”，朋友来了就能去除过错；七日来复，七天（或者七次）就能效果显著，此天道也（以后在调理过程中，的确是不会超过七次就有显著改善，我们也就以七次为一个疗程）。复见天地之心，天地本无心，无私心即公心，无心即顺道而行。象乃心显，病因心生，复心为正，何其重要啊！

如何复心？性理调病以为：病即过，改过即好。笔者认为人由性、心、身三界组成，其对身体的影响比例约为 100：10：1。性由天性、习性、禀性组成，所有的修行都是去习性、化禀性、圆满天性。心分公私：公心做主，一片清明祥和；私心做主，阴霾浓雾漫天。善人劝我们认不是、找好处、拨阴返阳、出其病气、健康身心、圆成大道。复心，即由私心复公心，由人心复道心，即复其天地之心也。其心复，则身心康泰、万事顺意。所谓“人逢喜事精神爽，精神爽时逢喜事”。

总曰：筋骨以消五脏之病，复心以灭疾病之因，以成修行之道，此之谓筋骨复心之大法也。其可贵之处，在于不用任何药物即能健康身心。此法推至天下，实家国之幸事也。

第三节　觉觉前行：筋骨复心法在路上

自从 2017 年筋骨复心法诞生以来，我们开启调理模式、推广模式、学习提升模式。我们一步一个脚印，在实践中学习，在学习中提升。因篇章结构限制，我们将此节以“筋骨复心法大事记”放在附录一中。

第二章　性心身三合：筋骨复心法的生命观

《周易》以阴阳看宇宙人生，将之细分为天地人三才之道，《周易·系辞》云："立天之道曰阴与阳，立地之道曰柔与刚，立人之道曰仁与义。"人生在天地之间，天地是人的自然本源。古人认为父天母地，对天地充满敬畏，敬天法祖是我们华夏民族传统的本然信仰。古人总是从天时、地利、人和三个角度对问题进行全方位系统化论述，对人的解读也要从这三个方面进行，不仅要看到一个人的独立存在。从发生学意义上讲，"有天地然后有万物，有万物然后有男女，有男女然后有夫妇，有夫妇然后有父子"(《易传》)，这是一个自然的演化过程。就是说我们人类是宇宙的精灵，是宇宙演化过程中的最精致的成果。从这个意义上说，父天母地是一个天然、自然、本然的结论。从生存论意义上讲，天地不仅是人生存的自然环境、自然背景，而且人类时时刻刻都在和天地进行物质、能量、信息的交换。更准确地说，人类是从天地那里取得物质、能量、信息，然后才能够生存，所谓"人，万物之盗也"(《阴符经》)。简单讲，人离开天地是无法存在的。《道德经》讲天地万物追源于自然大道，所谓"道生一，一生二，二生三，三生万物"。在《周易》看来，"一阴一阳之谓道"，阴阳平衡，阴阳和谐，阴阳合而生生不息，就是道，就是宇宙大道。

第一节　大易之和：一种生生不息的宇宙和谐总图式①

“生生之谓易”“天地之大德曰生”，宇宙大化之生生不息就是易道。传统版本的《周易·系辞》认为“一阴一阳之谓道”，而轩辕黄帝第183世孙姬英明先生传承的《周易经》里记载，“一阴一阳合之谓道”，阴阳合，“形而上者谓之道”，譬如 $1+1(-1)=0$，道隐无形；“形而下者谓之器”，譬如 $1+1=3$，则生生不息。可以说，阴阳合，则生机无限。阴阳交合，创生万有；阴阳合和，大化流行。阴阳和谐，贯通天地人三才之道。阴阳大道，贯通人的精气神三维，贯通人的性心身三界。由《周易》古经开启，至《易传》进而到历朝历代的由阐发《周易》而产生的易学流派，都贯穿着阴阳和谐思想。《周易》为儒、道共尊，其核心理念也贯穿中国传统文化的方方面面。大易之和，是对易学核心思想的高度浓缩与凝练，是古人对宇宙人生的甚深觉解。

大易之和，根于中道，发于身心，中通人际，直达天地，即心和、人和、天和“三和”之谓也：易之心和，是和于自我、身心通泰的内在和谐状态；易之人和，乃和于人际、融通人我的社会和谐状态；易之天和，则是和于天地、人天通达的自然和谐状态。由心和、人和乃至天和，而达至休戚与共、和谐圆满的人类命运共同体。与心和者，谓之心明；与人和者，谓之人贤；与天和者，谓之天然。“元亨利贞”即始生、成长、收获、敛藏，乃是一年之中万物生死循环的和谐过程，是一个圜道的循环和大德的圆满境界，有和谐伦理之载，喻生生不息的和谐生物之道。和谐大道无边，却又简单之极，大和从简，至道不繁，此乃易简之精义。融真、善、美、慧为一的“保合太和”，是和谐之极致——大易和谐的浑然天成境界。

大易之和即内外之和，内为体，外为用，内外中和，臻成化境。内为太极，至小无内，无极而太极；外为太和，至大无外，中和而太和。自妙观层面视之，内即本性，外即习性，内即本心，外即妄心，本心本有，妄心本无，有无一体不二；自微观层面视之，内即心，外即身，心平则气

① 本节内容已发表于《自然辩证法研究》2019年第8期。

和，气和则心平，心气平和则身心康健；自宏观层面视之，内即我，外即他，内即个体，外即群体，内即小群体，外即大群体，我他不二，个体群体一如，亦即家国天下一如也；自宇观层面视之，内即人，外即天，内外一如，天人合和。大易之和从妙观、微观、宏观和宇观四个层面，形成一个天人和谐的宇宙生命共同体。

一、大易之魂：尚中贵和，贯通天人

中华文化有"道"一以贯之，此道即"中"。《周易》为中国传统文化之根，也是中道之根。由筮占角度看，《周易》之卦画曰初、曰上，初与终相对待，乃时间维度；上与下相对待，乃空间维度；初上相对，可知在《周易》作者看来，每一卦都是时位一体的。由其时位一体观之，有其位必有其时，故时中、位中一体不二；大易之尚中理念进一步升华则为中道观。《文言·乾》云："大哉乾乎！刚健中正，纯粹精也。"朱熹释之曰："刚以体言，健兼用言。中者，其行无过无不及；正者，其立不偏。四者，乾之四德也。"[①]可见，朱熹以"刚健中正"为乾之四德。质言之，刚为乾体，健为乾用，皆以得中为要；正强调的是位；中则时、位、几皆论之，故"中"为天道。非独《周易》，实则后世儒家所标榜之道统，即尧舜禹汤文武周公孔孟皆主张一贯之道。儒家有所谓"十六字心传"——"人心惟危，道心惟微，惟精惟一，允执厥中"（《尚书·大禹谟》）。此"厥中"之道即儒家之道统。我们可以做多重解释，从自然的维度来说，"中"就是"时中"，就是圭表，也就是历法，是时间法则，是天道显现的规矩，是古代天文学的正脉真传[②]；从社会的维度来说，"东西南北中"，"中"就是各安其位，各得其和，就是絜矩之道，就是礼乐制度；从修身的维度来说，"中"即诚，所谓"诚于中，行于外"（《礼记·大学》），"君子黄中通理，正位居体，美在其中，畅于四支，发于事业，美之至也"（《周易·彖传·坤》），"中"即无过无不及，"中"即修身养性的圭臬。总此，所谓"本天道而立人道"也。

《中庸》对"中和之道"作了详尽阐发。《易传》与《中庸》皆认为"天

---

① 萧汉明：《〈周易本义〉导读》，齐鲁书社2003年版，第263页。

② 冯时：《中国古代的天文与人文》，中国社会科学出版社2006年版，第22～25页。

地生育万物”，《周易·序卦》云：“有天地，然后万物生焉。”《中庸》云：“致中和，天地位焉，万物育焉。”可见，《中庸》作者更加前进一步，寻找天地之前的形而上根据，那就是“中和”。《中庸》云：“喜怒哀乐之未发谓之中，发而皆中节谓之和。中也者，天下之大本也；和也者，天下之达道也。”朱熹认为：“大本者，天命之性，天下之理皆由此出，道之体也。达道者，循性之谓，天下古今所共由，道之用也。此言性情之德，以明道不可离之意。”①在朱熹看来，天命之性的“性”即理：“天以阴阳五行化生万物，气以成形，而理亦赋焉，犹命令也。于是人物之生，因各得其所赋之理，以为健顺五常之德，所谓性也。”②可见，朱熹将“中”（“性”）作为形而上之道体，将“和”作为“天下古今所共由”之道用。

从《周易》的维度看来，“中”即太极，“和”即太和；太极即道之体，太和即道之用。对于易之核心精神之解读，《周易·系辞》认为：“易有太极，是生两仪，两仪生四象，四象生八卦，八卦定吉凶，吉凶生大业。”“生生之谓易”（《周易·系辞》）即大易之展开，而其生生之展开过程是遵循“太和”之达道的。所谓“乾道变化，各正性命，保合太和，乃利贞”（《彖·乾》）。乾，天也。乾道就是天道，天道就是易道，易道即中和之道，中和之道生生运化，使包含人类的宇宙万有各得其“性”、各正其“命”，进而达致“太和”之境。太和乃最高之和谐，既是易之生生展开的最佳方式，又是阴阳和谐的最高境界，一切和谐皆以此为极致。太极何以能够生两仪？《老子》曰：“万物负阴而抱阳，中（冲）气以为和。”中气即为和气，史伯所谓“和实生物”（《国语·郑语》），阴阳和即生万物。即是说太极本身即内蕴阴阳中和之气，由此交合而有生生之易。中道贯通天地人，则为天中、地中、人中。天中即时中，天地人之中皆时中也，“立天之道曰阴与阳”，时中即阴阳和，阴阳和即天道也。地中，即“安土敦乎仁”，土即五行之中也，分旺四季，“安土”即安中也，“立地之道曰柔与刚”，刚柔和即地道也。人中，由形德视之，乃人体之穴位，贯通任督二脉之枢纽也；由性德视之，即诚也，所谓“诚于中，形于外”（《礼记·大学》），“立人之道曰仁与义”，仁义和即人道也。

---

① 朱熹：《四书章句集注》，中华书局1983年版，第18页。

② 朱熹：《四书章句集注》，中华书局1983年版，第17页。

中和之道贯通天地人，由此而开显大易之真精神：大易之和，根于中，发于心，成于身，中达人际，贯通天地，即心和、人和、天和“三和”之谓也。

二、易之心和：和于自我，通达身心

易之心和乃自我和谐，自我和谐乃和谐之出发点与终点。言其为出发点，诚如首届世界佛教论坛之主题所云：“和谐世界，从心开始。”即心净则国土净，心安则众生安，心平则天下平；言其为终点，则在于包括政治、经济、科技、文化、教育乃至宗教在内的一切无不是为了人身之安顿、人心之安顿，无不是为了人类之终极关怀。自我和谐内含心性和谐与身心和谐两个层面。心性和谐之根源在于“人之初，性本善”，在易学则为“(乾)元者，善之长也”，“大哉乾乎，刚健中正，纯粹精也”。身心和谐则“元亨利贞”“与时俱化”；自心视之则心平气和，自身视之则气和心平、与时消息。

(一)心性和谐

心性和谐即本性与习性之和谐，本心与妄心之和谐，乃为内外和谐之妙观层面。何谓妙？玄之又玄、微之又微之谓也。本性本善，非外加之善，本自具之；本性至善，至善乃绝对之善、完美之善，非善恶对待之善；习性则善恶混也。观两千年学术之发展，无非是如何恢复本性本善而已，所谓“学问之道无他，求其放心而已矣”(《孟子·告子上》)。诚敬为工夫，仁慈为本根。天地有好生之德，所谓“生生之谓易”，“天地之大德曰生”(《周易·系辞》)，人秉天之好生之德，则有仁慈博爱之心，此其本心也，故孟子有四端之说、性善之学，佛教有性自清净、明心见性、见性成佛之教化。在妙观层面，无非是心之邪正之辨，“时而中”谓正，过与不及之两端为邪；无非是性之本、习之别，本性至善、静不动，习性善恶杂、易习染，且人常在习性之中行，本性之善难得彰显，须返观自照之工夫方能察觉。心性之别，自秉天之维度而察之谓之性，由己承之维度而察之谓之心，心为本，性亦为本，其实一也，孟子所谓“尽心知性知天”也。

在《易传》看来，圣人制易，实在“神道设教”(《观·彖》)，故伏羲作八卦,“以通神明之德,以类万物之情”;所谓“卜筮者,先圣王之所以使民信时日,敬鬼神,畏法令也。所以使民决嫌疑,定犹与也”(《礼记·曲礼上》)。在卜筮之操作层面,当如朱熹所云:“筮者斋洁衣冠,北面,盥手焚香致敬……”(《周易本义·筮仪》)古之人,不一定就果如其所言,然其程式与目的应该是一致的,无非是通过净心、诚意达致与天道的感通。其设教之意义在于:①筮官透过对占筮活动的不断精纯,能够由筮占逐步达致对天道的体悟与切身把握,其占筮之精义在于感通天人、打通天人;②求筮者在解决现实问题时,因理性不能解决的问题可由占筮活动这种非理性的方式取得建设性意见或较好的解决方案,如《尚书·洪范》云:“汝则有大疑,谋及乃心,谋及卿士,谋及庶人,谋及卜筮。”既能增加其对天命之敬畏,又能增加其对天命之认识。一直延续到现在,凡卜筮活动的主或客都持“诚则灵”之信念。

由此筮仪可见,通过人与天的感通即心与天之感通,达到宗教意义上的天人合一,由外在之天对内在之心进行整合、格式化,进而达致心之和谐。随着周王朝之败落,天之宗教意义逐渐削弱,至春秋战国时期,人之价值意识崛起,代之而起的是天之自然意义、人文意义的普及。“诚”也由“诚则灵”宗教意义逐步演变为《大学》“修身”之纲目、《中庸》“诚明”之本体意义。“敬”也由宗教之天的崇拜,进而成为宋明理学之体道的功夫。中国学术也由先秦之天人之学,在儒释道三家融合的情势下,逐步发展为宋明之心性之学。

诚敬由神道的“天人合一”卜筮之心境要求逐步内化为人道的心之性德,“诚者,不勉而中,不思而得,从容中道,圣人也”(《中庸》);进而外化为天之性德,成为“不诚无物”之本体意义。所谓“诚于中,形于外”:“诚于中”,中即诚;“形于外”,即中之外显,诚之外显,即和也。中和即诚和,诚和即天和。

(二)身心和谐

身心和谐则为内外和谐之微观层面。在古人看来,身心一体不分,与时俱化:象数易学为中医提供了不少理论支持,易医相通。刘大钧先生对“中医”做过独到的解读:中医一词最早见于《汉书·艺文志》“有病不治,常得中医”,即用“中”医治病,中就是阴阳平衡、阴阳守中,新中国成立以前称国医，新中国成立以后叫中医，非中医之原义。古人将医者分为三等：上医治国，中医治人，下医治病。上医治国，是说人们得病多由于身心失衡，也可以说阴阳失衡，而身心失衡往往与身心环境有直接关系，就是说往往与国家不安定、社会不和谐、家庭不和睦直接相关，所以要让大多数人不得病，就要建立一个公平、正义、富裕、文明、和谐的“礼仪之邦”“大同世界”，让人们沐浴在和谐的光辉里，人们身心舒泰，何病之有？中医治人，是说人是身心合一之人，不仅仅是肉躯之人，要从阴阳平衡守中、身心和谐角度考量，特别是“不治已病治未病”，做好疾病预防工作。下医治病，是说在前二者都不能做到的情况下，只能对病进行诊治，即使如此，也要辨证施治，其治病之原理还是平衡阴阳，使阴阳达致中和状态。

身心和谐就是要使身心处于“时中”状态，能够外要“与四时合其序”，就是随春夏秋冬而生养收藏，如《黄帝内经·四气调神大论》所云，“春夏养阳，秋冬养阴，以从其根，故与万物沉浮于生长之门”；内要“进德”“崇德”，做到“仁义礼智信”，就是要达到“元亨利贞中”，就是要达到心平气和、气平心和、心气平和、身心和谐、和乐无穷。

三、易之人和：和于人际，融通人我

易之人和为内外和谐之宏观层面，涵家庭和乐、国家和泰、天下和平三个方面。

《周易·系辞》云：“天尊地卑，乾坤定矣；卑高以陈，贵贱位矣。”卑高之别，贵贱之等，无非是上下之序，人我之别，贵人而卑己，所谓：“谦谦君子，卑以自牧也。”（《谦·象》）初观《帛书周易·要》云“立人之道曰上与下”与今本《周易》之《说卦》“立人之道曰仁与义”不同，上下礼也，仁义德也；然细想之，实则有其共通之处：上下之礼，是为了使上下和睦、君臣一心，所谓“礼之用，和为贵”；孔子有言：“克己复礼曰仁。”克者能也，克己复礼指人能够主动地使自己之思想言行合于礼的规范就是仁。可以说仁者内也，礼者外也，内外一体，内外和谐，则人与人能够更好地做到身心和谐、人我和谐。

中国文化乃是礼乐文化，并将礼乐归之于天地，认为此乃天道，非

人为之道："礼者，天地之序也。""乐者，天地之和也。"(《乐记·乐论》)神道之礼无非是为了建立人道之礼，一则以庄严其事，二则将人性加上神性，让人不仅有人之尊严，更有人之神圣性。祭祀按其分位有天子、诸侯、大夫、庶人之礼，孝也有所谓"天子之孝、诸侯之孝、卿大夫之孝、士之孝、庶人之孝"(《孝经》)的分别。其目的无非是敦伦尽分，五伦即人道之天然之理，《中庸》所谓"五达道"："君臣也，父子也，夫妇也，昆弟也，朋友之交也。"只要来到世间，则人必处此五类关系之中，故谓之天伦。要使人间之五伦能和谐共生，必自夫妇始也，所谓"君子之道，造端乎夫妇，及其至也，察乎天地"(《中庸》)。由《周易》视之，其《上经》始于乾坤，终于坎离，乾坤者天地也，坎离者日月也，天地位，日月行乎其间，此乃亘古不变之天道也；法天道，则《下经》始于咸恒，终于既济未济，咸恒者婚姻家庭也，既济未济者终而又始也。所谓"归妹，天地之大义也。天地不交，而万物不兴。归妹，人之终始也"(《归妹·象》)，从此也可以看到，《周易》之精神重"生"不重"死"，其不强调生死为人之终始，而认为婚嫁为人之终始。生死之论重个体生命之安顿，故有宗教此岸世界之厌恶、彼岸世界之向往；婚嫁之论重种族之延续，实则是将后代作为个体生命之延续，将"死"纳入"生"之进程中；而提倡孝道，实则是重文化慧命之延续，故而中华文化源远流长，真所谓"生生之谓易"也。从某种意义上说，天地之道，即阴阳之道；夫妇之道，亦阴阳之道；阴阳之道即阴阳和谐之道，即中和之道。

(一)夫妇好和

五伦有序之关键在于夫妇好和。一个正常的家庭之中，唯有夫妇没有血缘关系。所以古人认为，夫妻是以爱情为基础的道义关系。而《周易》以内外卦相对待之卦象颇能揭示婚姻家庭之意趣：咸卦(少女少男)，上卦为兑，为少女；下卦为艮，为少男；女上男下，少男追求少女，其关键在于感通，"咸，感也"(《咸·象》)。恒卦(长男长女)，上卦为震，为长子；下卦为巽，为长女；男上女下，男女组建家庭之后，男外女内，"刚上而柔下，雷风相与，巽而动，恒。天地之道，恒久而不已也。日月得天而能久照，四时变化而能久成，圣人久于其道而天下化成"(《恒·象》)。且相助相伴，持之久远，"君子以立不易方"(《恒·象》)。

益卦(长女长男),上卦为震,下卦为巽,女上男下,女外男内,"益,利有攸往,利涉大川"(《益·卦辞》)。"自上下下,其道大光","天施地生,其益无方;凡益之道,与时偕行"(《益·彖》)。可见,在《周易》的视野下,对男主外、女主内和女主外、男主内都是认可包容的,只要夫妇和谐亲睦就好。

（二）家庭和睦

家庭和谐不仅要夫妻好和,也需要有"咸恒感通"的齐家理念。家庭乃社会之"细胞",细胞健康,社会才能健康。家和万事兴,"女正位乎内,男正位乎外。男女正,天地之大义也。家人有严君焉,父母之谓也。父父、子子、兄兄、弟弟、夫夫、妇妇而家道正,正家而天下定矣"(《家人·彖》)。可见,《易传》之思想完全符合儒家所谓"修齐治平"的治国理念,家道昌则天下定。《易传》对齐家之君子有一定的言行要求,所谓"君子以言有物,而行有恒"(《周易·系辞》),治家之君子尤其要慎言慎行、恒言恒行,方有规矩可言。家人卦集中表现了《周易》的治家理念:治家之始,即须严正,立法防范,方能"闲有家,悔亡";家庭主妇尤须中正、顺遂、颐养家人,"无攸遂,在中馈,贞吉";尤其注意要以严治家,"行与其慢,宁过乎恭;家与其渎,宁过乎严"①,"家人嗃嗃,悔厉,吉。妇子嘻嘻,终吝";家庭要经济富裕,"富家,大吉";在位者尤其要明于治家之道,"居于尊位,而明于家道,则下莫不化矣"②,"王假有家,勿恤,吉";"家道可终,唯信与威。身得威敬,人亦如之。反之于身,则知施于人也"③,"有孚,威如,终吉"。

人道和谐则五伦得宜,五伦有序就是五者之和谐,即"父子有亲,君臣有义,夫妇有别,长幼有序,朋友有信"(《孟子·滕文公上》)。当然,要达到《帛书周易·要》所谓的"上下"有序,需要人的高度的道德修养,故《说卦》云:"立人之道曰仁与义。"

（三）协和万邦

家和万事兴,无论是宗教团体还是社会团体,保持团体之和谐有

① 李学勤主编:《十三经注疏·周易正义》,北京大学出版社 1999 年版,第 160 页。
② 李学勤主编:《十三经注疏·周易正义》,北京大学出版社 1999 年版,第 160 页。
③ 李学勤主编:《十三经注疏·周易正义》,北京大学出版社 1999 年版,第 161 页。

序是团体生命力的内在要求，“家天下”的核心理念应该是和天下。道家主张“以身观身，以家观家，以乡观乡，以天下观天下”，身、家、国、天下固然有内容、结构及形式上的不同，但和谐则是相同的。家庭是社会的细胞，细胞坏了，整个组织乃至个体也就坏了。夫妇和乐，家庭和睦，则社会的基础是好的，由此和谐之理念推及任何一个团体乃至国家天下，则全球必定太平，冲突必会消弭，世界必定大同。

四、易之天和：和于天地，谐于天人

易之天和即人类与自然之和谐，乃内外和谐之宇观层面，涵天地和谐与天人和谐两方面。

（一）天地和谐

乾天坤地，乾刚坤柔，乾阳坤阴，天地之道即乾坤之道，即刚柔之道，即阴阳之道。“天地定位，山泽通气，雷风相薄，水火相射。”（《帛书周易·说卦传》）后人依此画出先天八卦图。先天图，相对应两卦相对应之爻皆是阴阳相对的，所谓“一阴一阳之谓道”，象征天地生万物之初都是阴阳平衡、守恒的。万事万物各有自己的定位，各安自己的定位，则阴阳大化、生生之机行矣。至两汉之后，卦气说盛行，而“卦气说”之十二辟卦，䷗复、䷒临、䷊泰、䷡大壮、䷪夬、䷀乾、䷫姤、䷠遁、䷋否、䷓观、䷖剥、䷁坤，很好地将阴阳消长之理进行了形象的表达，阴阳和合彼此循环往复，阴阳变化之情状直呈面前；十二辟卦符示十二个月，更让人感觉春种夏长秋收冬藏，寒往暑来而生生不息，宇宙大化运行，历历在目。十二辟卦中否、泰两卦更加彰显了乾坤对立、对待之相互关系：否卦“天上地下”，合于现实，但阳升阴降，反而“大往小来（大为阳，小为阴），则是天地不交，而万物不通也；上下不交，而天下无邦也”（《否·彖》）；而泰卦则相反，“‘泰，小往大来，吉亨’，则是天地交而万物通也，上下交而其志同也”（《泰·彖》），通俗地讲，就是君王顺天时、用地利，以佐助天下万民各成其业。乾坤重天地之定位，否泰贵天地之交通，唯有天地通泰，宇宙万有方能处于和谐之状态，《礼记·乐记》所谓“乐者，天地之和也”、《道德经》所谓“大音希声，大象无形”是也。

“天地氤氲，万物化醇；男女构精，万物化生”（《周易·系辞》）；天地和谐则能化生万物，“与时俱化”；天地和谐方能云行雨施，百姓和睦，为人文化成创造一个和谐有序的外部环境。

（二）天人和谐

《易传》主张天人合参、天人合和。《周易》将人与天地等齐，形成天地人三才和谐互动的思维方式，所谓：“立天之道曰阴与阳，立地之道曰柔与刚，立人之道曰仁与义。”（《说卦传》）《中庸》云：“唯天下至诚，为能尽其性。能尽其性，则能尽人之性；能尽人之性，则能尽物之性；能尽物之性，则可以赞天地之化育；可以赞天地之化育，则可以与天地参矣。”可见，《中庸》强调人要参赞天地之化育。《乾·文言》强调人类要“与天地合其德”，做到“先天而天弗违，后天而奉天时”。“先天”即先于天而行，于天地自然变化之前而行动，却不违背天意；“后天”即后于天而为，但与天合节而能“奉天时”。这也只能是人与天道合一、与自然合一才能做到的境界。《泰·象》曰：“天地交泰，后以财成天地之道，辅相天地之宜，以左右民。”《周易·系辞》云：“与天地相似，故不违。知周乎万物而道济天下，故不过。旁行而不流，乐天知命，故不忧。安土敦乎仁，故能爱。范围天地之化而不过，曲成万物而不遗，通乎昼夜之道而知。”可见，《易传》一方面尊重自然社会发展之规律，另一方面又注重发挥人的主观能动作用，认为天人非相胜相斗之关系，而是应该将天人之关系调节到和谐状态，即天人相参赞、合于“太和”之境界。

五、保合太和：真善美慧，天人淳和

太和乃大易内外和谐之妙观、微观、宏观、宇观四个层面之真正落实，人之身心、人与社会、人与自然万有达致最高之和谐境界，整个世界沐浴在太和所发出的和谐之光中，所谓“黄中通理，正位居体，美之至也”（《文言·坤》），真正达到至大无外、至小无内、圆融无碍、和美无边、浑然一体的境界。

“太和”乃宇宙人生的最高境界。就社会而言，太和之境就是“大同”世界。实现“大同”的方法与手段是“天下为公”，不是“天下为家”，天下乃天下人之天下；“选贤与能”，国家及任何单位领导人要德才兼备；“讲信修睦”，在上在下都要讲求诚信，诚信则能一体；“睦”，和睦，“修睦”，要营造和谐的氛围，建造内和外睦的和谐家庭、和谐社区、和谐社会、和谐世界。只有这样才能实现“大同”所达到的效果，即“老者安之，朋友信之，少者怀之”（《论语·公冶长》），使社会真正成为“老有所养、壮有所为、幼有所育、弱有所助”“无处不饱暖、无处不和谐”的充满大爱的太平盛世。在《周易》则为“首出庶物，万国咸宁”，宁者，康宁、安宁；“含弘光大，品物咸亨”，（大地）蕴藏丰厚，胸量广大，种种物类皆能亨通丰茂。

就个人而言，太和之境就是大人境界、圣人境界。《周易》有所谓“大人”境界：“夫大人者，与天地合其德，与日月合其明，与四时合其序，与鬼神合其吉凶。先天而天弗违，后天而奉天时。天且弗违，而况于人乎？况于鬼神乎？”（《乾·文言》）在《中庸》，则是“圣人”气象：“仲尼祖述尧舜，宪章文武，上律天时，下袭水土。辟如天地之无不持载，无不覆帱。辟如四时之错行，如日月之代明。万物并育而不相害，道并行而不相悖，小德川流，大德敦化，此天地之所以为大也。”可见，这两种标准基本相同：首先，人生天地间就要法天象地，“与天地合其德”，就是要有天地之胸怀，无所不包、无所不容；要有“宇宙即吾心，吾心即宇宙”之博大胸怀；此即所谓“如天地之无不持载，无不覆帱”。其次，上顺天时、下和地利，与天地同律动，或动或静，或出或处，或语或默，皆能中节。此即所谓“与日月合其明，与四时合其序”，“辟如四时之错行，如日月之代明”。最后，法天地好生之德，持载、含育万有，敦化天下，达到“万物并育而不相害，道并行而不相悖”（《中庸》）的和谐之圣境。

大易之和内蕴心和、人和、天和，三和至简至易，循环无边，其最高境界乃太和，“太和，和之至也”。其“和之至”则涵真、善、美、慧四德：太和之真，明宇宙万有本自和谐，和谐乃宇宙人生之自然；太和之善，明和谐即最高之善，宇宙人生皆有趋向太和的向善性，和谐乃宇宙人生之应然；太和之美，明和谐即美，天人化一乃审美之最高境界，和谐乃宇宙人生之至美；太和之慧，明太和乃对宇宙人生之彻解，和谐乃宇宙人生自我之慧解。

六、易简原则:大和从简,至道不繁

大道至简,天人合一:对天人合一,《易传》认为,一为太极,太极即阴阳和也,阴阳和即“中”也,“一阴一阳之谓道”也。孔子以一为仁,其所谓“吾道一以贯之”;《中庸》主“诚”,认为“诚者,天之道”,“不诚无物”。老子认为一即“道”,所谓“道生一,一生二,二生三,三生万物”(《道德经》),道生万物。佛教认为一即“本性”“自性”,“自性能生万法”(《坛经》)。可见,各家说法不一,然其要皆在“一”也。

大道至简,天生人成:简易是宇宙人生的内在韵律,删繁就简是宇宙人生之内在要求,所谓“乾以易知,坤以简能”(《周易·系辞》),王弼释之曰:“天地之道,不为而善始,不劳而善成,故曰易简。”[①]孔子也曾有此感叹:“天何言哉? 四时行焉,百物生焉,天何言哉?”(《论语·阳货》)“易简之善配至德”,孔颖达认为:“易为贤人之德,简为贤人之业,今总云至德者,对则德业别,散则业由德而来,俱为德也。”[②]“夫易,圣人所以崇德而广业也”,即《大学》所谓“明明德于天下”也。可见,易简即贤人之德业,贤人之德业无他,即天施地生人成也,所谓“与天地参”而已。

大道至简,天人合和:阴阳合和之“中”,贯通天地人三才之道,而成天和、地和、人和,进而细化为心性和谐、身心和谐、人际和谐、天人和谐四个内外和谐之不同层面。其理简单之极,其行易简之极,如刘长明先生所说,“和谐发展之道蕴涵着一目了然的简单性原则”,“和谐发展,一圆道也;圆道,和谐发展之谓也。这一对和谐发展之道的简单圆道概括,符合代表自然和人文演进方向的简单性原则”。[③]

第二节　天地人三才:天人合一视野下的生命解读

中国古人擅长从整体的角度来看待世界,天地人三才是古人对世

① 李学勤主编:《十三经注疏·周易正义》,北京大学出版社 1999 年版,第 259 页。
② 李学勤主编:《十三经注疏·周易正义》,北京大学出版社 1999 年版,第 273 页。
③ 刘长明:《和谐发展与简单性原则》,《自然辩证法研究》2006 年第 12 期。

界认知的三层架构分析。因为对天可以进行不同的认知，所以天地人三才就有不同的解释维度。在冯友兰先生看来，中国的“天”有五重含义：物质之天、主宰之天、运命之天、自然之天和义理之天。古人总是把人放在天地间之一物来考虑，而且人必定要受天时地利的影响。古人认为“父天母地”，所以对天地有发自心底的崇敬之情。“有天地，然后有万物，有万物，然后有男女，有男女，然后有夫妇，有夫妇，然后有父子。”(《周易·序卦传》)中国古人天然地认为，人是天地之子，人是自然界当中的一部分。虽然有“吾心即宇宙，宇宙即吾心”的所谓的狂傲与自信，“天人合一”或者“天人本一”是中国古人的基本信仰。人是小写的宇宙，宇宙是大写的人。

一、我命由我也由天

世间万事万物都有自己的运行规则和规律，人也不能例外。古人是从天地人三才合一的角度来考虑问题的。孔子在总结自己的人生道路时认为，“五十知天命”，且一再强调不知命无以为君子。而君子是孔子人生的一个基本人格理想。不仅要知命，而且要能够改命，我命由我不由天。孟子讲的“天时不如地利，地利不如人和”的惊世之语，是人生特殊时期的规律。通常情况下是天时大于地利，地利大于人和的。就算近代，也有环境决定论之说。要想知命，要对天时、地利、人和进行整体把握。天地是时空的代名词，是说每一个人都与具体的时空相结合。每一个人对自己具体的时空有一个整体的把握，才能知道自己的使命与命运。天以“时”显，地以“势”显，人以“位”显：天地人三重“要素”决定一个人的命运。“天时”我们很难改变，或者说来自老天的命令，我们很难改变。如果有点主动性的话，只能对地利和人和两个要素进行思考。我们改变了自己的社会地位或者空间位置(居住环境或者说工作环境、学习环境)，我们的心就会改变。心生万法，心变则人的命运就改变了，所谓“时位之移人”也。社会地位或空间位置的改变是需要信息、能量的，能量就是气，所以养气对每个人来说都特别重要。孟子讲存夜气，养浩然之气；庄子说，天地与我并生，万物与我为一；陆象山讲，宇宙即吾心，吾心即宇宙；释迦牟尼讲，万法唯心造。可以说，这些都是改变命运的不二法门。

当然，我们都是身心合一的，通过身体的调理，可以改变自己的内心，而达到新的认知。我们的政治术语叫“解放思想”，宗教用语叫“开悟”，我们心的变化则让人变成一个新的人，自然他的命运也就改变了。

我们可以从不同的路径来改变人的命运。

(1)改变位置，时位之移人也，包括空间位置、社会位置。当然，位置的改变也需要能量的充足，也需要天时，至少在天时没有太大的阻碍。位置改变，则人心改变；人心改变，则人改变；人改变，则命运自然改变。

(2)身体改变，心自然改变。每个人都是身心合一的，身体的改变引起心情、心性的改变，心性改变则命运自然改变。所谓“人逢喜事精神爽，精神爽时逢喜事”。

(3)心的直接改变，类似顿悟，宇宙即吾心，吾心即宇宙。以公心来格式化私心，以大我来化解小我。孟子讲：“穷则独善其身，达则兼济天下。”其实更准确地讲，应该是“独善其身则穷，兼济天下则达”，这才是改变命运的本有之意。《道德经》讲：“非以其无私邪？故能成其私。”

此三径路能够标示出人的主观能动性，人的主体性得到充分彰显。我命由我也由天，儒家坚持的“尽人事而听天命”，道家主张的“法地法天法自然”，释家宣扬的“万法唯心造”，唯物论者主张的“内因是根据，外因是条件”“没有条件，创造条件”，革命者歌唱的“没有枪没有炮，敌人给我们造”，医家坚信的“道转天命”，如此这般，莫不如是。

本节是讲作为社会的人，如何过好自己的“春夏秋冬”四季，如何做好自己的“生长化收藏”。

二、阴为体貌阳为神

《仁经》云：“人，自然之种；天地之精华，万物之灵首；颁圆，面无毛璘，身无羽甲，有四肢而立行；灵慧开而着衣物，知羞耻而明善恶，懂礼仪而有仁义，贵德而遵道者，为人也。人有二形：阴为体貌，阳为神。

体貌者，天生地养祖之荫；神气兮，无状无象全自行。”[1]这是轩辕黄帝已降，周王室秘传教育王室贵族的经典《仁经》对“人”的解读，既肯断了人的生命特质，又区分了人与动物的本质不同，还界定了人的社会存在的特质，比较全面地对人进行了分析。人，源于自然，为“自然之种”；是宇宙演化之最高形态，为“天地之精华”；与其他生命相比，是最有灵性的，是宇宙的精灵，为“万物之灵首”；与其他生命相比，有自己的特色，无个体“自然人”之应对自然的优势，有群体“社会人”的所向无敌的演化优势，具有“颅圆，面无毛璘，身无羽甲，有四肢而立行；灵慧开而着衣物，知羞耻而明善恶，懂礼仪而有仁义，贵德而遵道者”的特征。如果以阴阳来看，人的特质简单明了，每个人既是宇宙天地之产物，也有祖上之自然基因与文化遗传，还有自己独立之精神，即“人有二形：阴为体貌，阳为神。体貌者，天生地养祖之荫；神气兮，无状无象全自行”。

我们可以从天地人三才结构对人进行自然的解读，也可以进行社会解读，还可以进行个体生命意义的解读，或者说，生物学意义上的解读，也可以进行医学、养生学的解读。

从某种角度上讲，可以说中医是时间医学，西医是空间医学。空间是在时间之内的。时空是合一的。说中医是时间医学，是从中医的哲学基础是生成论的角度出发的，故而强调人体的功能性。说西医是空间医学，是从西医的哲学基础是构成论的角度出发的，故而强调人体的结构性。《姬氏道德经》认为：“道生一，一生二，二生三，三生万物，万物负阴而抱阳，空气以为和。”在中医看来，所谓的病既可以从无到有，也可以从有到无。也就是可以由气化形，也可以由形化气。阳化气，阴成形，阴阳互含互化。而在西医看来，脏腑机体出问题了，可以对多出的部分进行切除，甚至可以用其他的脏器、肢体来代替。传统中医也有外科手术，只是他们不会轻易地将脏腑器官进行切除，只是除掉多余的部分。

也可以说中医是预防性医学，擅长治未病，将疾病消灭在萌芽状态，或者进行早期干预。西医也讲预防，有具体的防疫措施。

---

① 姬英明辑：《姬氏祖传经》，线装书局 2019 年版，第 60 页。

第三节　性心身三合：筋骨复心法对生命的深度解读

从总体的角度来看自然界，无非是物质、能量、信息的总体运转。对于人来讲，我们也可以做三方面的解读，即形气神的存在。“形”是对人体整个形体物质层面的解读，“气”是能量的存在，“神”则可以理解成信息的表现形式。因为我们可以炼形（精）化气、炼气化神、炼神还虚，所以气是我们今后处理的主要内容。自然界也是如此，物质、能量、信息是可以相互转化的。

一、当前医学界对“人”的认知的现状

现代西医是在近代科学的逻辑范式下逐步发展起来的。近代科学有两大要素，一是确定性，必须能够用数学语言进行表达，二是可重复性，理论必须经过实践检验，而实验必须具有可重复性。科学分科逐步细化，人体研究也逐步解剖学化，整体化为部分，于是出现了医院的各种科室。这是西医的特长，但又是他们的短处，因为人体是一个整体，仅部分组不成全部，更何况人是一个生命，肉体只是生命存在的一部分。西医更多的是从肉体层面来认知人的生命，显然太过片面。现在去西医院看病，会感觉没有把人当“人”来对待，只是把病人当作器官组织的集合而已，这是由西医对人的理解所决定的。西医更多的是从生物学角度理解人，解剖学是其基础学科，但是解剖直面的对象是尸体，不是活体，不是活生生的人的身体，是没有生命特征的“人体”，显然会对真正的、社会的、自然的、活生生的人形成不究竟的认知，更何况好多所谓的药物实验是在小白鼠身上进行，本身就违反基本的逻辑常识，鼠非人也。由此而建立起来的医疗体系必然有其发生学意义上的弊端。更不用说，现在的医疗体系更多的是一个商业体系，一个特殊的商业体系。既然是商业体系，就必然遵循资本的逻辑，当药物成为了药品，也就是商品，必然遵循市场的逻辑，而不仅仅是治病救人。特效药本是最好的药，是能够彻底解除疾患的药，因为资本的原因，有效但需要终生服用的药才是最好的药。由此，利害扭曲了

是非，普通人成为了“鱼肉”，此种情况现实中比比皆是。从某种意义上讲，全球顶尖的药业巨头霸凌了全世界。

中医是在传统的阴阳五行学说的框架内，依据比类取象的方法逐步形成的。中医中药是祖国医学当中的宝库，但是几千年的发展，也是众说纷纭，门派林立，虽然都把人理解为身心合一的整体，也还是更多强调人体和外部环境的联系，好多人只把中医当作调治慢性病的办法。

二、人类生命之内涵（真相）的深度解读

人不仅是生物学意义上的自然人，更是伦理学意义上的社会人，更有可能是宗教学意义上的信仰人。

传统的儒释道三家对人多从心性角度进行解读，创立或者说设置不同的人格。可以说，抓住了事情的核心部分，但也不是全部，因为对身的重视的缺乏，实质上将人的身心进行了割裂，包括我们大家熟知的王阳明格竹子的故事，将自己格成大病。这一切的原因，都是由于没有对人的生命作全面的了解。

何谓人？我们可以进行生物学、文化学、社会学、法学、哲学等不同意义的界定。

《仁经》云：“人有二形：阴为体貌，阳为神。体貌者，天生地养祖之荫；神气兮，无状无象全自行。人之性也，易也，教之果也；世人之性，时也，世也，势也。”《黄帝内经》云：“黄帝问于岐伯曰：愿闻人之始生，何气筑为基，何立而为楯，何失而死，何得而生。岐伯曰：以母为基，以父为楯，失神者死，得神者生也。黄帝曰：何者为神。岐伯曰：血气已和，荣卫已通，五脏已成，神气舍心，魂魄毕具，乃成为人。”

在《仁经》看来，道分阴阳，人也分阴阳，肉体为阴，精神为阳，人性善变，教育为重。《黄帝内经》也认为，父母为根基，得神乃生。血气和、营卫通，五脏成（父母为根基），神气舍心，魂魄毕具（得神者生），阴阳合和方能成为人。二者义同而辞异。

一阴一阳合之谓道，一阴一阳合之谓人。就天人关系而言，人就是道，就是道之显，就是道的载体。就人本身而言，人与道合一，人不

合道则病，合道则平，此乃总则也。道者，一阴一阳之谓也。

通常认为，人由身心组成，其实更细致的分法，人是由性心身三界组成的。而且三者对身体的影响有不同的侧重，性由三部分组成，即本性、习性、禀性；本性纯然至善，禀性为纯恶，习性可善可恶。心分公心和私心，或曰道心和人心。性心身三界对身体的影响是逐级递减的，治病与养生之法皆从此出。

（一）三界说

性有三品，曰天性、禀性、习性。心体有二，曰道曰人。不论说出多少名目，总不出道心、人心之范围。身为被动之物，以道心支配，则立功立德；以人心支配，则造罪作业。性来自天（天命之谓性），在天为群性，在人为个性。物得其离，人得其纯，物得其偏，人得其全。心本乎地，心为识神，地府赋予。身生于人，身是父母分与之形体。

性存天理，心存道理，身存情理。性不合天，必有天谴；心不存道，难免阴罚；身不尽情，定干国法。性，天之所命；心，率性而行；身，修道以教。有怒恨怨恼烦，性不清；有贪嗔痴慢疑，心不清；有吃喝穿戴阔，身不清。性不清有障，心不清有私，身不清有我。有障不存德，有私不为善，有我不立功。不存德是罪人，不为善是恶人，不立功是废人。性立天下之大本，心经纶天下之大经，身知天地之化育。佛教所谓戒定慧，持戒即身界，禅定即心界，智慧即性界。道教所谓精气神，身即精也，心即气也，性即神也。儒家之智仁勇三达德，智即性也，仁即心也，勇即身也。

可见，三界之说是融合了儒释道三家之学说。其实，禀性原属心界，习性原属身界，三性即是三界，并不平列。

（二）性三品说

中国历来有人性善恶之说，孔子并没有说人性是善还是恶，只是说："性相近也，习相远也。"（《论语·阳货》）孟子主张性善，告子主张性非善非恶，荀子主张性恶论，历代学者多有争讼。《仁经》认为，人性，善变。

现在看来，可以将人性分天性、禀性、习性，天性即仁义礼智信，五种善德之总称；禀性即怨恨恼怒烦，各种阴质所发动；习性即吃喝穿戴阔，一切嗜好所染成。天性是义理之性，禀性是气质之性，习性是嗜欲之性。天性是良心发现，禀性是气禀所拘，习性是物欲所蔽。天性是固有，禀性是前因，习性是临时。天性，孟子道性善；禀性，荀子为性恶；习性，告子言善恶混。天性是圆觉菩提，禀性是宿世业力，习性是诸恶种子。天性是正气，禀性是毒气，习性是邪气。天性是天理流行，禀性是业力驱使，习性是人欲横流。这样就可以解决了人性善恶之争。

（三）五行性之分类

当然，我们也可以把人以五行分为五类，每一类又分为阴阳，共十类，且与易得之疾病相结合，为其五行轮转的劝病良方打下基础。下文简要说明一下其以形体相貌为准做的分类，后有专章论述。

木性人：面色青，长瘦而露骨，上宽下窄，肩耸背直，身量高长；脚步高压有声，说话直硬倔强；语声直短，齿音，坐立时不斜不倚，气度轩昂。

火性人：面红，上尖下宽多丰盈；坐立摇摆不安，行动疾而摇，脚步急快，说话急躁或着急；语音尖高破，舌音，气度岸然。

土性人：面黄，丰厚多方，背隆腰厚；坐立沉稳，行动重实，说话实稳死板；语音宏亮，鼻音，气度厚重。

金性人：色白，面长方，颧骨高，唇薄齿利，身量不高；坐立时灵捷轻佻，行动灵便，说话爽利好辩；语声响亮，唇音，气度清爽。

水性人：面黑，多肥胖，漫圆下稍宽，堕露脸，眉粗目大；坐立时好依伏，颓靡不振；说话滞涩，行动迟缓；语音慢长而低，喉音，气度缓和。

西方有心理学之研究，其实东方之相学、医学、易学，皆有类似之说法，且更加翔实、真切、有力。

第三章　身为大药：筋骨复心法的祛病养生法

身为大药，传统的讲法叫精、气、神三宝，为人身之大药，现在的说法是人身有免疫能力与自愈力，这才是生命的根本。如果像西方人说的，人是机器，那人是宇宙间最精妙的机器，具有强大的自我修复能力。人是一个巨系统，人是小宇宙，人比天还要重要，因为人的生灭远远快于宇宙的生灭，人的阴阳远远重于宇宙的阴阳。

第一节　病伤五脏筋骨以消：《黄帝内经》"至道之要"辩义[①]

大道至简，衍化至繁。《周易》曰："一阴一阳之谓道。"《黄帝内经》亦有"至道"，且有"至道之要"，其《素问·著至教论》云："黄帝坐明堂，召雷公而问之曰：子知医之道乎？……雷公曰：阳言不别，阴言不理，请起受解，以为至道。帝曰：子若受传，不知合至道，以惑师教，语子至道之要。病伤五脏，筋骨以消。子言不明不别，是世主学尽矣。"按《素问》本身文本的编排，此为第七十五章。其前七十四章都是以"黄帝问、岐伯答"的方式来论述，是黄帝从其天师岐伯处学习医道。自此章始，得"医之道"的黄帝往下传授，应该是黄帝学医的总结，也是全书的总结。故而，此章在《素问》本身的逻辑架构中占有重要的位置。所以，此章开篇黄帝就问雷公"医之道"，这是在全书中第一次提出也是唯一一次提到"医之道"，并且在文末揭示了"至道之要"。但是，对"至

① 本节内容发表于《中华中医药杂志》2020 年第 10 期。

道之要”的理解，历代注家及当代学者的注释都难显其本义。

一、历代及当代医家“至道之要”的注解

对于《素问·著至教论》，历代注家颇为重视。清代高世栻注云：“下凡七篇，皆黄帝语于雷公。著至教者，雷公请帝著为至教，开示诸臣，传于后世也。黄帝继神农而立极，故曰上通神农。黄帝上通神农，神农上通伏羲，故曰拟于二皇。盖伏羲知天，神农知地，黄帝知人，三才之道，一脉相传，故曰：‘而道上知天文，下知地理，中知人事，且以知天下，何难别阴阳，应四时，合之五行。’帝从雷公之请，著为至教，备言三阳如天，阴阳偏害之理。公未悉知，诚切研求，是以此下复有《示从容》，《疏五过》，《征四失》，《阴阳类》，《方盛衰》，《解精微》，开示雷公，皆至教也。”①

唐代王冰云：“明堂、布政之宫也。八窗四达，上圆下方，在国之南，故称明堂。夫求民之瘼，恤民之隐，大圣之用心。故召引雷公，问拯济生灵之道。”清代张志聪认为：“岐伯乃帝王之师，故称伯曰天师，是以七十四篇皆咨访于伯。然帝之神灵敦敏，具生知之质，乃上古继天立极、传道教化之至圣。其访咨于伯者，盖以证明斯道也。是以末后七篇，乃帝之所以复教化于臣僚。闵士先曰：‘首篇亦帝与伯论毕，而即归于帝论。’”②

《周易》立天地人三才之道，所谓“立天之道曰阴与阳，立地之道曰柔与刚，立人之道曰仁与义”。质言之，也就是“一阴一阳之谓道”。黄帝也是以此来教导雷公，让他读《阴阳传》，以“三阳”为例让他体察人体的阴阳之理，所谓“别阴阳，应四时，合之五行”。可是，雷公好像不是太理解，他说：“阳言不别，阴言不理，请起受解，以为至道。”就是明说暗说都不明白，黄帝只好进一步将“至道之要”和盘托出。但是黄帝还是担心他“子若受传，不知合至道以惑师教”，甚至担心“子言不明不别，是世主学尽矣”。遗憾的是，当时的雷公就没明白表示理解清楚，

---

① 周仲瑛，于文明主编：《中医古籍珍本集成　医经卷　素问直解》，湖南科学技术出版社 2014 年版，第 1249 页。

② 张志聪：《黄帝内经素问集注》，学苑出版社 2011 年版，第 749 页。

导致两千年多来“至道之要”没有彰明于天下。

唐代王冰认为，“至道之要”非常重要，“不知其要，流散无穷，后世相习，去圣久远，而学者各自是其法，则祸乱与师氏之教旨矣”。但是对于至道之要的内容，并没有深刻理解。其对“病伤五脏，筋骨以消，子言不明不别，是世主学尽矣”注解云：“言病之深重，尚不明白，然轻微者亦何开愈，令得遍知耶？然由是不知，明世主学教之道从斯尽矣。”[①]没有明说至道之要就是“病伤五脏，筋骨以消”。对“病伤五脏，筋骨以消”的解读，也只是认为“病之深重”。

明代吴昆认为：“受传于师，心无所得，不知合于至道，适足以疑惑师教而已，故语之以至道之要。”“病伤五脏，筋骨以消，病深重矣。子言不明不别，尚何以疗病之浅哉？是世主治疗之言方泯矣。”[②]

清代张志聪认为：“合至道者，谓人合天地之道也。人之阴阳，合天之四时水火；人之五脏，合天之五方五行。五脏之气，外合于皮肉筋骨。如病伤五脏，则在外之筋骨以消。是以不明别阴阳之气，五脏所合之皮肉筋骨，则传世之主学尽矣。”[③]其对“病伤五脏，筋骨以消”的解读是“五脏之气，外合于皮肉筋骨。如病伤五脏，则在外之筋骨以消”，就是指五脏得病，筋骨也消弱了。

清代周学海认为：“文义不全，当有断简。论三阳并至，义颇精，可识颠厥诸暴病之机矣。”[④]

清代高世栻认为：“帝之著教，言浅旨深，皆至道也。故曰，子若受传，不知以余言而合至道，心有所疑，以惑师教。此外欲更语子至道之要，必至病伤五脏，而筋骨以消，身且不保，何以教授？公云阳言不别，阴言不理，故曰，子言不明不别，是斯世主教之学尽矣。何以传为？谓至教已著，无庸复言也。”[⑤]没有讲明白何谓“至道之要”。

今人论述多相同，如《黄帝内经素问语译》译为：“黄帝说：你虽然

① 王冰次注：《重广补注黄帝内经素问》，学苑出版社 2014 年版，第 437 页。

② 吴昆注：《黄帝内经素问吴注》，学苑出版社 2012 年版，第 406～407 页。

③ 张志聪：《黄帝内经素问集注》，学苑出版社 2011 年版，第 752～753 页。

④ 周学海：《内经评文》，学苑出版社 2011 年版，第 253 页。

⑤ 周仲瑛，于文明主编：《中医古籍珍本集成　医经卷　素问直解》，湖南科学技术出版社 2014 年版，第 1249 页。

接受了老师的传授，但是，如果不知道把师说与至道结合起来，就会对老师所教知识产生疑惑，告诉你至道的要领。若病邪伤及五脏，筋骨就会日渐消损。像你所说的那样，不能理解，不能辨别，这个世界上主治疾病的医学之道就要失传了。例如肾脉将绝，就会出现心中烦闷不安，日落时更严重，喜欢静处，不想出门没精神应酬人事。”[①]

可见，由古至今，对“至道之要”的解读，要么语焉不详，要么认为和“病伤五脏，筋骨以消”没有关系，要么认为至道之要是“病伤五脏，筋骨以消”，但是解读为：五脏为病，筋骨也消弱、消损了。“至道之要”的真义到底是什么呢？

二、《黄帝内经》“至道之要”的真义

确如上节分析，《素问·著至教论》中，黄帝将“医之道”归结到“至道之要”，但是没有将此观点详细展开，致使千年来后人没有很好地理解。

（一）何谓“至道”

《黄帝内经》本身共四章提到“至道”之说，但都没有具体界定。

《素问·灵兰秘典论》言：“至道在微，变化无穷，孰知其原。”吴昆认为：“一身之要本于心，天下之大系于君，是至治之道，初在于微，其间或寿或殃，或昌或危，变化则无穷也，孰知其原始于一君主哉？”至道即“至治之道”，就人身而言就是“医之道”，其原为心。

《素问·气交变大论》云：“帝曰：余闻得其人不教，是谓失道，传非其人，慢泄天宝。余诚菲德，未足以受至道……非夫子孰能言至道欤！”至道即大道，三才之道也，“医之道”也。

《素问·示从容论》云：“夫圣人之治病，循法守度，援物比类，化之冥冥，循上及下，何必守经……明引比类从容，是以名曰诊经，是谓至道也。”吴昆注云：“明引形症，比量类例，从事容貌，皆诊家经常之法，至道之所在也。”可见，至道即“医之道”也。

再有就是《素问·著至教论》中，“至道”即天地人三才之道，也即

① 郭霭春主编：《黄帝内经素问校注》，人民卫生出版社 2013 年版，第 529 页。

长生之道，也即“医之道”，“道上知天文，下知地理，中知人事，可以长久，以教众庶，亦不疑殆，医道论篇，可传后世，可以为宝”。

(二)何谓“之要”

“之要”在《黄帝内经》中有多种组合，有“阴阳之要”“至数之要”“死生之要”“虚实之要”“至真之要”“小针之要”“至道之要”“刺之要”“用针之要”等，但都是一个意思，即要点、紧要处、核心点。

(三)何谓“至道之要”

如上所述，历代注疏《黄帝内经》的资料多将“病伤五脏，筋骨以消”解释为五脏六腑受到伤害之后，筋骨也消弱了。如果是这样理解的话，这根本不是什么“至道之要”。《素问·痿论》认为肺气热则生痿躄，心气热则生脉痿，肝气热则生筋痿，脾气热则生肉痿，肾气热则生骨痿。就是说，只要肝肾出问题了，筋骨就出问题了。哪里用得着五脏六腑都生病了，筋骨才消坏！况且，这是常识性的认知，怎么可能成为“至道之要”呢？

如果说“至道之要”不是“病伤五脏，筋骨以消”，那又是什么呢？所以，这一段的断句应该是：“帝曰：子若受传，不知合至道以惑师教，语子至道之要：病伤五脏，筋骨以消。子言不明不别，是世主学尽矣！肾且绝，惋惋日暮，从容不出，人事不殷。”

可见，“至道”就是大道，是最高原则、最高的道，是宇宙人生的真谛。而在本章中，至道就是“医之道”。要，就是要领、要点、纲要、关键。“至道之要”，就是医道的关键内容、要点。“病伤五脏”就是五脏六腑受病伤害，“筋骨以消”就是“以筋骨消”，就是用筋骨就能消除症状。“三阳”之论是对病机的把握，而“至道之要”即是治疗办法的凝练。就是说，医道的最高要领为：五脏六腑为病所伤，以筋骨就可以消除。

关键是，既然是“至道之要”，那就是治病救人的核心原则、第一原则。通过对筋骨的处理，就可以调治五脏六腑的疾病。可惜的是，《黄帝内经》本身没有再做进一步的阐述。这可能是错简或漏简，甚至是作者有意为之。因为是“至道之要”，不会轻易传的。《黄帝内经》作者视医道为天宝，“非斋戒不敢发，慎传也”(《素问·气交变大论》)。

（四）筋骨何以能够消五脏六腑之病

到底筋骨为何能消除五脏六腑之病？《素问·著至教论》则没有具体说明，我们尝试进行解读。

至道讲的是阴阳大道，至道之要也应该是阴阳之道，筋骨和阴阳是什么关系？其实，筋骨就是阴阳，筋为阳，骨为阴。因为筋主气，骨生血；而气为阳，血为阴。武当山道长祝华英认为："十二经脉与十二经筋的关系，若以有形的沟渠相比喻，分三种类型。一、经脉中往来运行的经气似渠中之流水（流水应想象成无形的，因为经脉的经气是无形的）。二、经脉路线似渠道里水层下面的沟槽。三、十二经筋则是有形质的渠道里的边岸。"[1]经脉为渠道，经筋为边岸，十二经筋不仅能从十二经脉当中的气血得到濡养，而且也是十二经脉的外层物质，更能够通过揉通经筋而拓宽十二经脉的通道。所以说，筋主气。当然，按照中医学基础理论的看法，经脉中本身流通的就是气血。《素问·生气通天论》云："是故谨和五味，骨正筋柔，气血以流，腠理以密，如是则骨气以精，谨道如法，长有天命。"就是说，做到"骨正筋柔"，则"气血以流"。"谨和五味"是气血充盈之源，因为脾为后天之本；而"骨正筋柔"则能保证气血畅通。又，《玄隐遗密》云："谨和五味，骨正筋柔，气血调泰。"[2]泰者，通也。可见，"气血调泰"，也就是"气血以流"。

《素问·调经论》认为："人之所有者，血与气耳。""五藏之道，皆出于经隧，以行血气，血气不和，百病乃变化而生，是故守经隧焉。""经隧"概念的提出是《黄帝内经》理论中藏府之间气血较为直接方式连通的结构实现，是人体内部藏府之间相互影响、疾病传变的物质基础的一部分。[3]

《素问·经脉》云："经脉者，所以能决死生，处百病，调虚实，不可不通。"就是说，人体最重要的是气血，"血气不和，百病乃变化而生"，气血丰盈畅通，则百病皆消。传统中医的针、灸、汤药是疏通丰盈气血的常用办法。而"骨正筋柔，气血以流"。可见，柔筋正骨也是丰盈畅

---

① 祝华英：《黄帝内经十二经脉揭秘与应用》，中医古籍出版社 2017 年版，第 29 页。

② 憬一录：《玄隐遗密》，中医古籍出版社 2018 年版，第 192 页。

③ 刘斌：《〈黄帝内经〉人体结构理论概述》，《中华中医药杂志》2018 年第 11 期。

通气血的方法，而且效果更加明显。如此看来，既要保证流水的充沛，又要保证流水的畅通。就是说经气要足，经脉要通。气血要足，至少要做到肾气足、脾气足，因为肾为先天之本、脾为后天之本。要保证经脉畅通，我们可以从经脉角度着手，用针和灸的方式；也可以从拓宽渠道边岸的角度考虑，就是说可以揉通经筋的方式。十二经筋不仅能从十二经脉当中的经气得到濡养，也能够拓宽十二经脉的通道。这是从十二经筋、十二经脉的角度考虑，保证气血的畅通；还有阿是穴的问题。阿是穴绕开固定的经脉穴位的思路，寻找解除病症的更有效的痛点，阿是穴往往在病灶附近的筋上。因此，“病伤五脏，筋骨以消”的筋既包括十二经筋的筋，也包括病灶附近骨旁的筋。骨的问题就是血的问题，骨能生血，肾又主骨，骨为肾之余，所以要保证肾经畅通。脾胃为营气之源、后天之本，要保证脾经胃经畅通。因此，无论处理哪种病症，首先都要保证脾经、胃经、肾经的畅通。由此可见，通过柔筋正骨可使气血丰足畅通，病症因而得到解除。所谓“病伤五脏，筋骨以消”，就是这个意思。

三、结语

血气有自己的特质，“血气者，喜温而恶寒”（《素问·调经论》）。因此，针灸的“灸”就是为血气提供热能。使用内外热源（温敷、喝姜汤），也就是这个意思。综合起来说，通过揉通筋骨（历史上又叫“按跷”之法）以达“骨正筋柔，气血以流”，就是“针”法；使用内外热源达到温润血气，就是“灸”法。可以说，柔筋正骨、内外热源就是另一种形式的“针灸”之术。

这就形成一整套完整的诊疗方案。通过按推与病症相关的经筋和病灶附近的筋，使气血得以畅通；通过温敷和喝姜汤提供的内外热源，为气血提供热能。这样血气充盈畅通之后，百病皆消。

我们明白了《黄帝内经》“至道之要”的真正含义之后，需要在临床中进行验证，而要进入临床阶段，必须对中医的藏象与经络理论通达，百病皆归于五脏，疏通经络，通调气血，则可疗愈百疾。

第二节　天下一气周而复始：天人合一视域下的气血运行路线图

经脉之运行，各家有不同的说法，我们通过学习参悟，认同武当祝华英道长的解读。因为他有修行实证，有几十年的行医实践，且能补充《黄帝内经》没有明说的部分。

庄子云："通天下一气耳。"终极地讲，是天下一气；但是天地人三才，各有不同的气。就人而言，有先天之气与后天之气之分，有原气、营气、卫气之别。不同的气有不同的功能，有不同的运行通道。

祝玄冲道长认为，实际上，人体五脏六腑有三种气机运动，分别为营气、卫气、十二经脉之原气运动。除此之外，还有奇经八脉之先天经脉体系的气机运动，与十二经脉之后天运动截然相反。

第一种：水谷精微所化之营气，一日里分十二时辰，逐经营养十二经，是为十二经之旺时，此乃后世子午流注之体系。子午流注体系被后世医家，特别是现在一部分讲养生的所谓大家，一直当作十二经脉运动。一天十二时辰里每一个时辰营气进入一条经脉以补充经脉之气，称之为经脉旺相；但仅仅是营气进入经脉以充实经脉而已，并非是经脉之运动，而经脉之气也并非全部是营气，经脉之气来源于人体下丹田之原气，原气由原穴进入十二经脉是为真气；如果一天里先天原气所化的脏腑真气消耗过多，则需要后天的水谷精微所生的营气进入十二经脉，补充真气之不足，从而保障脏腑正常的生理功能活动。故营气逐经旺相诸经只是营气的运动，并非十二经脉正经之气的运动。如果经脉之气真按子午流注运行，如经气只午时进入心经推动心脏产生脏腑功能，那么其他十一个时辰中心脏如何搏动来推动气血运行？如果经气只是寅时走肺经推动肺主呼吸，那么其他时候我们的呼吸怎么办？《素问·痹论》："营者，水谷之精气也，和调于五脏，洒陈于六腑，乃能入于脉也。故循脉上下，贯五脏络六腑也。"

第二种：水谷精微所化之卫气，不入于十二经脉，行于经外，但是其气之运动是循十二经脉之外围而运行。朝始出表行于阳，暮时入里行于阴，与天上太阳同步运行。因此，《黄帝内经》中讲营卫，营从地之阴气，卫从天之阳气。水谷精微中来自天阳的化为卫气（即五谷、蔬菜、瓜果等从天上太阳所采日精之阳气），来自地阴的化为营气（即五谷、蔬菜、瓜果等从大地坤土之内吸收太阴之阴精）。营行脉中，卫行脉外，营周不休，五十而复大会，阴阳相贯，如环无端。卫气行于阴二十五度，行于阳二十五度，分为昼夜，故气至阳而起，至阴而止。故曰：日中而阳陇为重阳，夜半而阴陇为重阴。故太阴主内，太阳主外，各行二十五度，分为昼夜。夜半为阴陇，夜半后而为阴衰，平旦阴尽而阳受气矣。日中为阳陇，日西而阳衰，日入阳尽而阴受气矣。夜半而大会，万民皆卧，命曰合阴，平旦阴尽而阳受气，如是无已，与天地同纪。卫气白日行于六腑之表，夜晚行于五脏之里，则人的脏腑生理活动方能与天地阴阳二气相同步，以六腑为天，五脏为地。同步则人体内阴阳二气的运行正常无偏，自无阴阳二气失调而为偏。

第三种：人体除了后天的营卫二气之运动以外，最重要的是十二经脉之真气运动，一呼一吸之间，十二经脉正负运动各两次，心跳四次，每一条经脉在一个呼吸之间正反运行两次。十二经脉的升降正反运动直接推动脏腑产生生理功能，因为五脏六腑的每一个生理功能背后都有经脉的气机运动来推动，如心脏的每一次舒张与收缩功能都是心经正反升降直接推动，又比如肺一进一出的呼吸运动也是由太阴肺经正反升降直接推动，肠胃的舒张与收缩也是同理。又比如肝有肝阳的功能，肝阳主肝经之气上升，肝经在上升的过程中升发气机，疏泄气血上达于心，调达情志以舒畅喜悦；肝升极而降，肝经下降即是肝阴的功能，肝阴主藏魂与藏血，以及制约肝阳上升太过。如果肝经不能正常上升，则肝气升发、疏泄气血、调达情志的功能就不能正常进行，从而产生疾病。肝气不能升发则气机郁滞，导致胸肋胀满，脘腹胀痛；肝气不得上升疏泄气血上达于心，则会导致心脏气血不足而心悸胸闷；但是，肝经上升的同时胆经下降，胆经上升的同时肝经对立下降，肝胆经对立升降互相配合，完成肝胆的生理功能。如果表里经脉不能同步对立运行，也会影响肝胆正常的生理功能，这个是表里阴阳的对立运动。具体的十二经脉之运动可以参考祝华英道长的《黄帝内经十二经脉揭秘与应用》一书。

临床上，有些医家用子午流注体系治病，但子午流注不过是人体营气之运行；有些人根据太阳的周天运动、东升西降来临床治病，这个不过是人体内卫气的运动而已；至于十二经脉之真气的双向对立、左右对立运行机能。由于传统上一直认为经脉是单向的运动，所以没有应用，如果没有武当祝华英道长静坐过程中的胎息状态之内证发现，这个经脉的双向对立之太极运动机能可能会一直被埋没，而这个十二经脉的左右表里双向升降对立之太极运动失调是五脏六腑疾病产生的根源，尤其是这个运动关系到脏腑表里之间的阴阳平衡。因为《黄帝内经》里的阴阳失调就是表里脏腑之间的经脉盛衰失调。而表里经脉之所以不平衡、有盛衰，是因为表里经脉对立往来升降不正常。研习中医者，如果不能弄明白人身之内此三气的不同之运动机能，以偏概全，以其中一种气机的运动当作人体全面气机的运动，则中医之道殆矣。

原穴之气来源于原气，也就是下丹田之元气。元气通过三焦经进入十二经脉之原穴，即化为五脏六腑之真气，而真气是推动脏腑功能的本源动力，这个真气的升降出入运动产生了最为重要的生理功能。

太阳为万物生长之源，真气为人体运行之根。唯有真气之运行，才能驱动五脏六腑之运行。故而，真气之运行径路非常重要。此道路就是十二经脉的运行实质。万物一太极，物物一太极。人体真气的运行也模仿了太阳的巡行路线，是宇宙之锤（太阳）的摆动。在古人的周天视运动的关照下，天地之间太阳南北巡行而成四季、六气、十二月、二十四节气、七十五候的周年运动，而人体真气之运行也是如此。

世人尤其是中医人，应该非常感恩祝华英道长，是他将十二经脉运行的真正路线图呈现到世人面前，如图 3-1 所示。他自己总结的是太极阴阳左右上下对立运动。其实就是太阳在南北回归线之间的穿梭在地球上形成的阴阳两气，在人体中的缩影。而南北两极到南北回归线的距离，在人体中就是肘部、膝部以下至手和脚的距离。南北半球就是人体的左右两侧。可以暂定人体的左侧是北半球，右侧是南半球。精气在身体的运行，基本上就是太阳的运行模式。我们可以先把三阴三阳归结为一阴一阳，因为他们同时同步运行。我们以身体的左侧为例。身体左侧的阴经上升，同时左侧的阳经下降。而与此同时，身体右侧的阴经下降，身体右侧的阳经上升。而两者运行的幅度是肘和膝盖以下的距离。如同阴阳鱼的太极图上下左右来回运动。是这种上下左右的运动，推动了脏腑机能的运行。而一个呼吸能够完成两个来回的运动。《黄帝内经》只描述了身体一侧的运动规律，而且只做了一个方向的叙述。在《黄帝外经》中则有逆顺之分，比较完整地表述了经脉运动的实质路径。南半球的从冬至到夏至，就是北半球的从夏至到冬至。人体左边的阳经上行，同时右边的阳经下行。按祝华英道长在胎息状态下的十二经真气运行的规律，结合《黄帝内经》对十二经脉的描述，可以发现人的生命在呼吸之间，一呼一吸就完成了两个太极的运行，这实在是伟大得很呀！

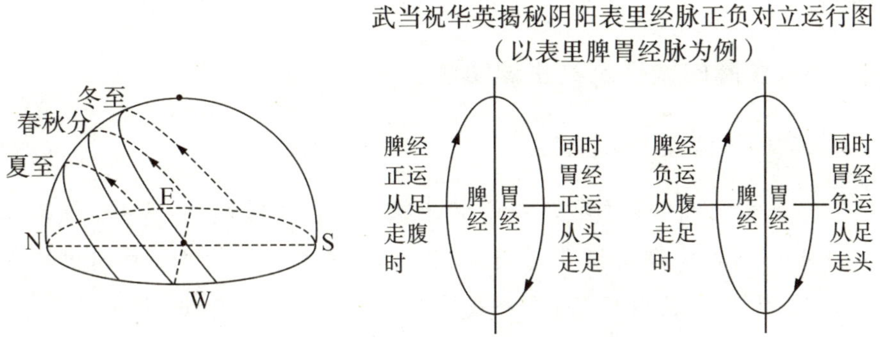

图 3-1　十二经脉运行的真正路线图

经脉运行是太极阴阳左右上下对立运动。按照《道德经》的说法，人法地、地法天、天法道、道法自然。宇宙之摆即人体中的气机运行，效法太阳在南北回归线的来回摆动。一阴一阳之谓道，在人体化为三阴三阳，即太阳、少阳、阳明、太阴、少阴、厥阴。如果说太阳的运动范围是南北回归线之间，那么阴阳二经运行的范围是肘膝之间。也就是说，三条阴经与三条阳经作为表里经是相连、相对循环运动的。

传统的教科书遵从《黄帝内经》，从肺经开始介绍十二经脉。我们认为，"一阴一阳之谓道"，经脉中最大的阴阳脉是任脉与督脉，任脉为阴脉之总脉，督脉为阳脉之总脉，任督二脉首尾相接循环为太极，阳气为人生命之指征，故而我们仿《周易》首乾次坤之模式，先介绍督脉，次之任脉，以为阴阳脉之主也。乾坤生六子（三阴卦、三阳卦），十二经脉亦分手足三阴三阳经，经脉为无为阳，经筋为有为阴，以无统有，因此我们以十二经脉为首，后面跟十二经筋、十二经别、十二皮部来介绍经络学说。从肺经开始介绍，可能是由于人离开母体，第一声啼哭开肺门之后进入后天，人才开启了人世间的轮转。我们的思路是，既然气血开始了循环运行，就是无始无终的过程，我们可以天道统人道，因为人之经脉循行合十二时且分阴分阳，有表里经的循行，所以我们介绍完督脉、任脉之后，按十二天干之天时顺序，配十二经脉，从子时胆经开始至亥时三焦经结束形成一个十二经脉循环无端的大循环。

《易传》云：一阴一阳之谓道，就经络而言，最大的阴阳脉是任督二脉，任脉为诸阴之会，督脉为诸阳之会，类乾坤生六子，故而以督脉为始。

一、督脉的循行及其生理功能

《素问·骨空论》原文：

> 督脉者，起于少腹以下骨中央，女子入系廷孔，其孔，溺孔之端也。其络循阴器合篡间，绕篡后，别绕臀，至少阴与巨阳中络者合，少阴上股内后廉，贯脊属肾，与太阳起于目内眦，上额交巅，上入络脑，还出别下项，循肩髆内，侠脊抵腰中，入循膂，络肾。其男子循茎下至篡，与女子等。其少腹直上者，贯齐中央，上贯心入喉，上颐环唇，上系两目之下中央。

(1)循行部位：督脉起于小腹内，下出会阴，向后至尾骶部的长强穴，沿脊柱上行，经项部至风府穴，进入脑内，属脑，沿头部正中线，上至巅顶的百会穴，经前额下行鼻柱至鼻尖的素髎穴，过人中，至上齿正中的龈交穴。督脉循行示意图如图 3-2 所示。

(2)分支：第一支，与冲、任二脉同起于胞中，出于会阴部，在尾骨端与足少阴肾经、足太阳膀胱经的脉气会合，贯脊，属肾。第二支，从小腹直上贯脐，向上贯心，至咽喉与冲、任二脉相会合，到下颌部，环绕口唇，至两目下中央。第三支，与足太阳膀胱经同起于眼内角，上行至前额，于巅顶交会，入络于脑，再别出下项，沿肩胛骨内，脊柱两旁，到达腰中，进入脊柱两侧的肌肉，与肾脏相联络。

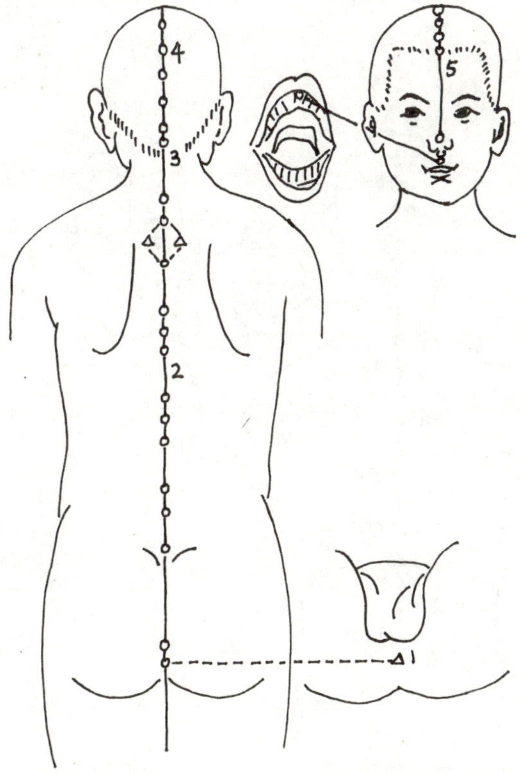

图 3-2　督脉循行示意图

(3)生理功能：

①调节阳经气血，为“阳脉之海”：督脉循身之背，背为阳，说明督脉对全身阳经脉气具有统率、督促的作用。另外，六条阳经都与督脉交会于大椎穴，督脉对阳经有调节作用，故有“总督一身阳经”之说。

②反映脑、肾及脊髓的功能：督脉属脑，络肾。肾生髓，脑为髓海。督脉与脑、肾、脊髓的关系十分密切。

③主生殖功能：督脉络肾，与肾气相通，肾主生殖，故督脉与生殖功能有关。

(4)穴位：督脉总共 28 个穴位，从起点到终点分别是长强、腰俞、腰阳关、命门、悬枢、脊中、中枢、筋缩、至阳、灵台、神道、身柱、陶道、大椎、哑门、风府、脑户、强间、后顶、百会、前顶、囟会、上星、神庭、素髎、水沟(人中)、兑端、龈交。新增印堂穴,共 29 穴。督脉穴位图如图 3-3 所示。

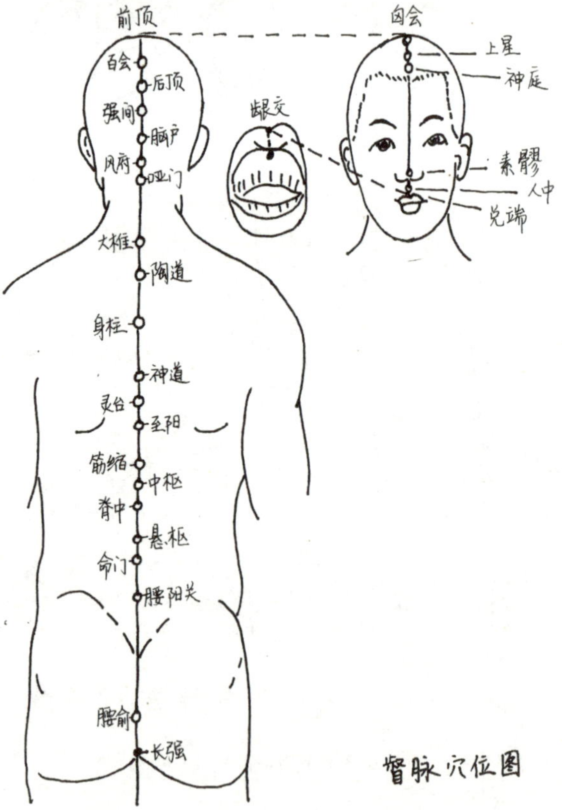

图 3-3　督脉穴位图

二、任脉的循行及其生理功能

《素问・骨空论》记载:

任脉者,起于中极之下,以上毛际,循腹里,上关元,至咽喉,上颐循面入目。冲脉者,起于气街,并少阴之经,侠齐上行,至胸中而散。任脉为病,男子内结七疝,女子带下瘕聚。冲脉为病,逆气里急。

(1)循行部位：任脉起于胞中，下出于会阴，经阴阜，沿腹部正中线上行，经咽喉部(天突穴)，到达下唇内，左右分行，环绕口唇，交会于督脉之龈交穴，再分别通过鼻翼两旁，上至眼眶下(承泣穴)，交于足阳明经。任脉循行示意图如图 3-4 所示。

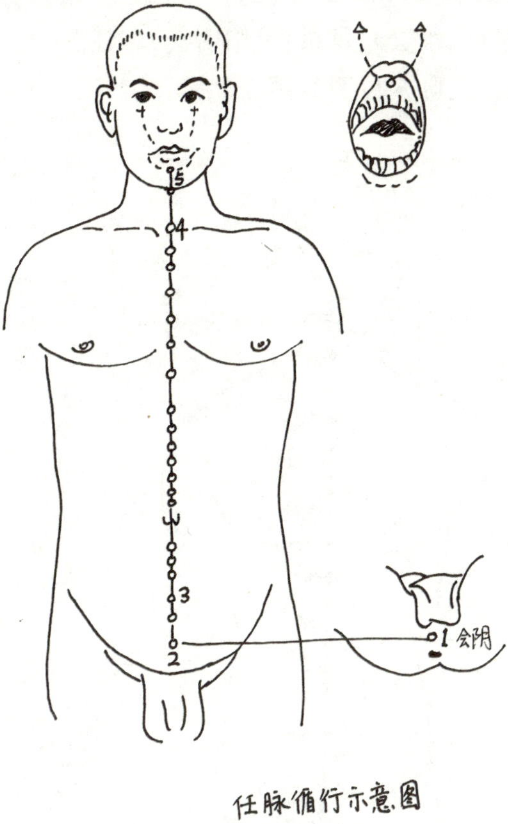

图 3-4　任脉循行示意图

(2)分支：由胞中贯脊，向上循行于背部。

(3)生理功能：

①调节阴经气血，为“阴脉之海”：任脉循行于腹部正中，腹为阴，说明任脉对一身阴经脉气具有总揽、总任的作用。另外，足三阴经在小腹与任脉相交，手三阴经借足三阴经与任脉相通，因此任脉对阴经气血有调节作用，故有“总任诸阴”之说。

②调节月经，妊养胎儿：任脉起于胞中，具有调节月经，促进女子

生殖功能的作用，故有“任主胞胎”之说。

(4)穴位：共24穴，分别为会阴(督脉、冲脉会)、曲骨(足厥阴会)、中极(足三阴会)、关元(足三阴会)、石门、气海、阴交(冲脉会)、神阙、水分、下脘(足太阴会)、建里、中脘(手太阳、少阳、足阳明会)、上脘(手阳明、手太阳会)、巨阙、鸠尾、中庭、膻中、玉堂、紫宫、华盖、璇玑、天突(阴维会)、廉泉(阴维会)、承浆(足阳明会)。任脉交会于督脉的龈交，足阳明的承泣。任脉穴位图如图3-5所示。

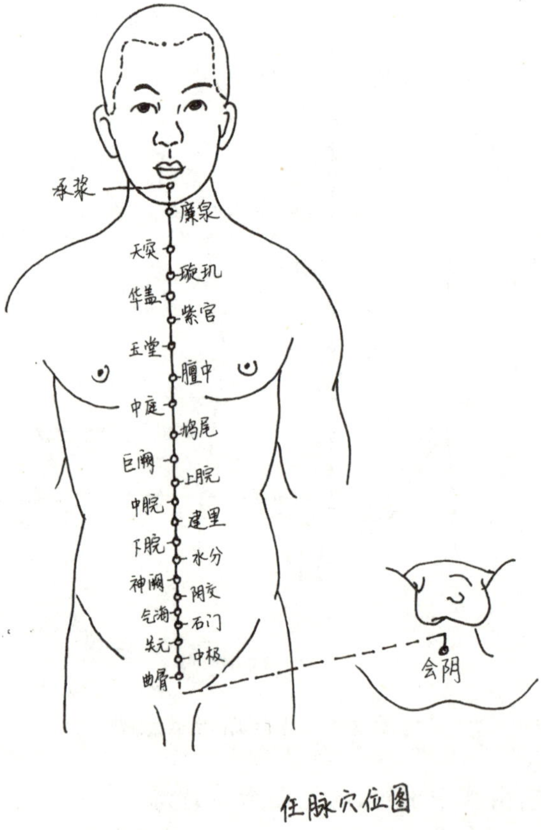

图3-5　任脉穴位图

三、十二经脉、经筋之循行路线

传统中医教材认为十二经脉流注是一个闭环的气血运行通道。气血从手太阴肺经开始，依次流至足厥阴肝经，再流至手太阴肺经。

这样就构成了一个"阴阳相贯，如环无端"的十二经脉整体循行系统，如图 3-6 所示。

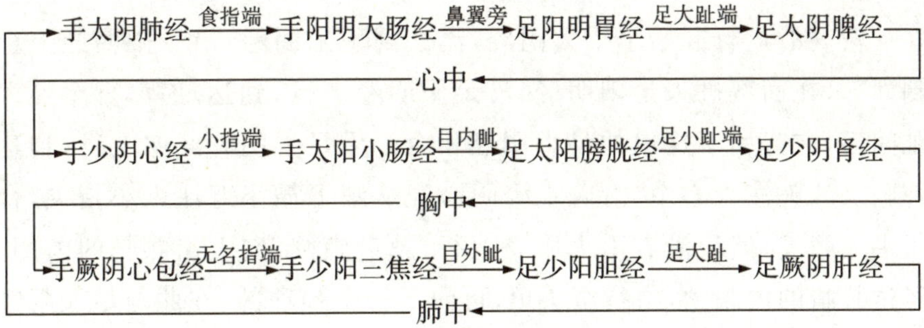

图 3-6　十二经脉整体循行系统示意图

其实，所谓十二经脉留注，只是营气的运行路线，出自《黄帝内经》的《灵枢・营气》，其原文如下：

> 黄帝曰：营气之道，内谷为宝。谷入于胃，乃传之肺，流溢于中，布散于外，精专者行于经隧，常营无已，终而复始，是谓天地之纪。故气从太阴出，注手阳明，上行注足阳明，下行至跗上，注大趾间，与太阴合，上行抵脾。从脾注心中，循手少阴出腋下臂，注小指，合手太阳，上行乘腋出䪼内，注目内眦，上巅下项，合足太阳，循脊下尻，下行注小趾之端，循足心注足少阴，上行注肾，从肾注心，外散于胸中。循心主脉出腋下臂，出两筋之间，入掌中，出中指之端，还注小指次指之端，合手少阳，上行注膻中，散于三焦，从三焦注胆，出胁注足少阳，下行至跗上，复从跗注大趾间，合足厥阴，上行至肝，从肝上注肺，上循喉咙，入颃颡之窍，究于畜门。其支别者，上额循巅下项中，循脊入骶，是督脉也，络阴器，上过毛中，入脐中，上循腹里，入缺盆，下注肺中，复出太阴。此营气之所行也，逆顺之常也。

其译文为：

营气的道理，摄入谷物是最宝贵的。五谷入胃，经过脾胃运化之后，其中的水谷精微之气传到肺，通过肺的输布作用流动并充溢在体内，营养脏腑。同时，还分散地充溢在四肢百骸及皮肤肌表。而水谷精微中精纯的精华物质则运行于人体的经脉通路之中，流动不息。人体摄入的水谷滋养周身的过程就这样终而复始的循环，就像天地日月的规律一样。

营气的运行起始于手太阴经，流注到手阳明经，沿手阳明经上行到面部，在面部进入足阳明经，沿足阳明经下行，到达足背，行至足大趾间后，与起始于这里的足太阴经相合。沿足太阴脾经向上行，到达脾脏。从脾注入心中，沿着手少阴心经从腋下循小臂注入小指尖，合于手太阳经，然后沿着手太阳经上行，越过腋窝，向上出颧骨的内侧，经过眼睛的内眼角，上行至头顶，再向下行至颈项部，在此与足太阳经相合。沿着脊柱向下经过臀部，向下一直到达足小趾尖，行至足注入足少阴经，并沿着足少阴经到达肾脏。经过肾脏注入心包络中，并向外散布于胸中，沿着心包经的主脉从腋下出，循臂下行，从小臂内侧的两条大筋之间注入掌中，达到中指的指端和无名指的指端，并在此合于手少阳经，上行注入两乳正中的膻中穴，并散布于三焦，从三焦注入胆，出胁部，注入足少阳经，向下行至足背上，又从足背注入足大趾间，合于足厥阴经，上行至肝，从肝再上行注入肺中，向上沿着喉咙，进入鼻的内窍，终止于鼻的外孔道。而其循行的支别，再向上沿着额部上行至巅顶，向下沿颈项部下行，循脊柱两侧继续下行，进入骶骨，这正是督脉的循行路线，继而环绕阴器，再向前向上经过阴阜部的毛际之中，上行进入脐中，再向上进入腹中，上行进入缺盆之中，再向下注入肺中，再次进入手太阴经，也就是下一个循环的开始。这就是营气的循行路线，是气血循行的常规。

我们根据《灵枢·经脉》《灵枢·经筋》，将十二经脉、经筋的循行路径简介如下。

（一）手太阴肺经、经筋

《灵枢·经脉》原文：

肺手太阴之脉，起于中焦，下络大肠，还循胃口，上膈属肺，从肺系横出腋下，下循臑内，行少阴心主之前，下肘中，循臂内上骨下廉，入寸口，上鱼，循鱼际，出大指之端；其支者，从腕后直出次指内廉，出其端。

(1)循行部位：手太阴肺经起于中脘部，下行至脐(水分穴)附近络于大肠，复返向上沿着胃的上口，穿过横膈膜，直属于肺，上至气管、喉咙，沿锁骨横行至腋下(中府、云门二穴)，沿着上肢内侧前缘下行，至肘中，沿前臂内侧桡骨边缘进入寸口，经大鱼际部，至拇指桡侧尖端(少商穴)。手太阴肺经循行、穴位示意图如图 3-7 所示。

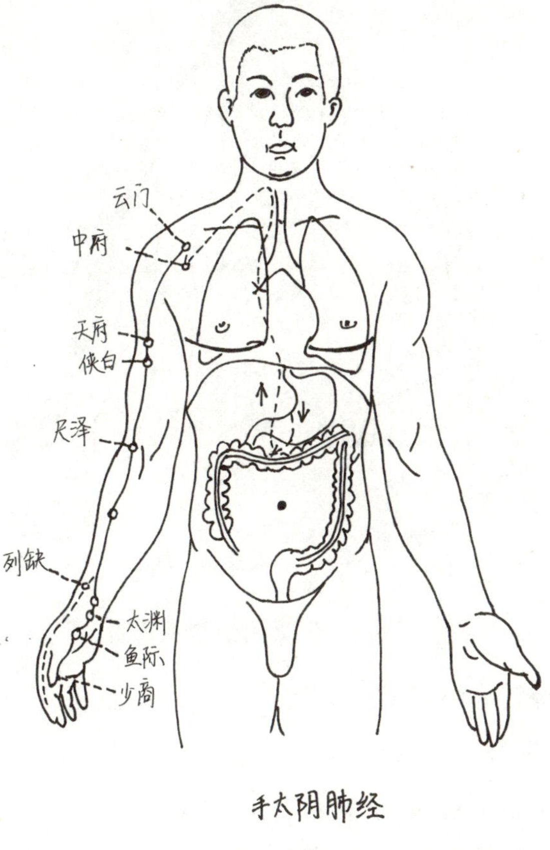

图 3-7　手太阴肺经循行、穴位示意图

(2)分支：从腕后(列缺穴)分出，前行至食指桡侧尖端(商阳穴)，与手阳明大肠经相接。

(3)联系脏腑：属肺，络大肠，通过横膈，并与胃和肾等有联系。

(4)穴位：共 22 穴，左右各 11 个穴位，分别为中府、云门、天府、侠白、尺泽、孔最、列缺、经渠、太渊、鱼际、少商。

手太阴经筋示意图如图 3-8 所示。

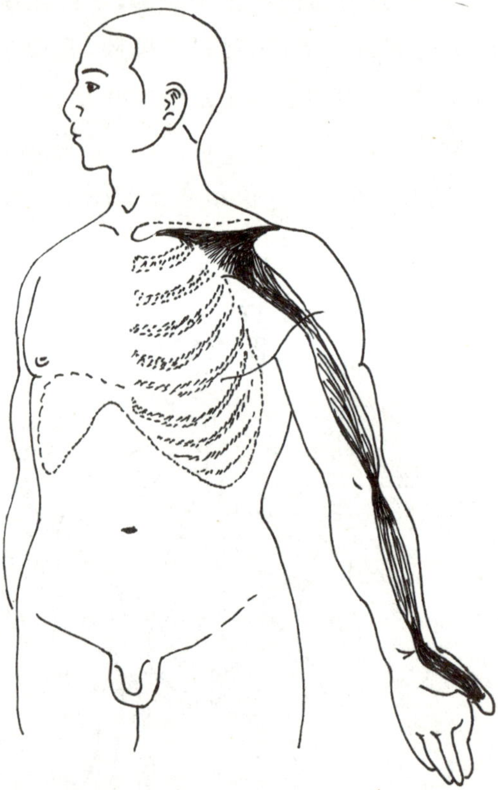

图 3-8　手太阴经筋示意图

手太阴经筋介绍如下。

《灵枢·经筋》原文：

手太阴之筋，起于大指之上，循指上行，结于鱼后，行寸口外侧，上循臂，结肘中，上臑内廉，入腋下，出缺盆，结肩前髃，上结缺盆，下结胸里，散贯贲，合贲下抵季胁。

译文：手太阴经的经筋，起始于手大指的末端，沿大指上行，结聚在手小鱼际之后，继续上行于寸口部位的外侧，再沿手前臂上行，结聚在肘中，再上行至臂部的内侧，进入腋下，出于缺盆，结聚在肩髃之前，又返回，向上结于缺盆，自腋下行的一支进入胸中，结于胸内，散布于横膈部，与手厥阴经的经筋合于膈部，继而下行抵达季胁部位。

(二)手阳明大肠经、经筋

《灵枢·经脉》原文：

大肠手阳明之脉，起于大指次指之端，循指上廉，出合谷两骨之间，上入两筋之中，循臂上廉，入肘外廉，上臑外前廉，上肩，出髃骨之前廉，上出于柱骨之会上，下入缺盆络肺，下膈属大肠；其支者，从缺盆上颈贯颊，入下齿中，还出挟口，交人中，左之右，右之左，上挟鼻孔。

(1)循行部位：手阳明大肠经起于食指桡侧尖端(商阳穴)，沿食指桡侧上行，经过合谷(第一、二掌骨之间)进入两筋(拇长伸肌腱和拇短伸肌腱)之间，沿上肢外侧前缘，上行至肩前，经肩髃穴(肩端都)，过肩后，至项后督脉的大椎穴(第七颈椎棘突下)，前行内入足阳明经的缺盆穴(锁骨上窝)，络于肺，下行通过横膈，属于大肠。手阳明大肠经循行、穴位示意图如图 3-9 所示。

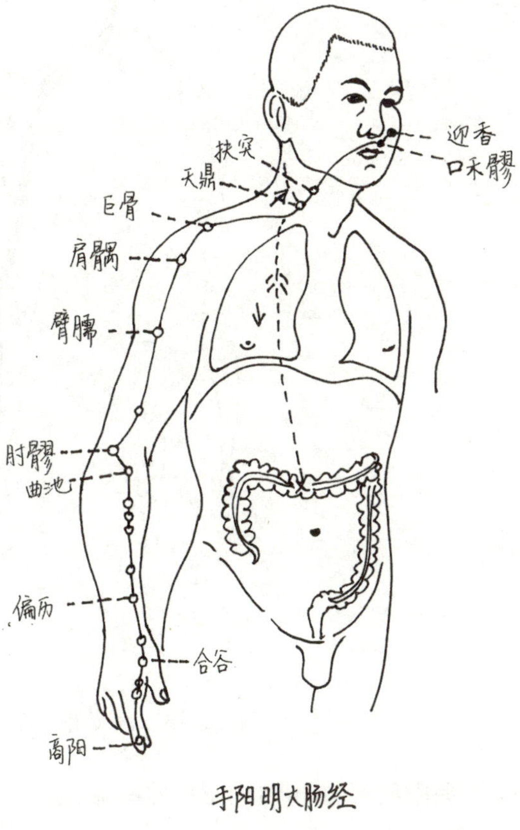

图 3-9　手阳明大肠经循行、穴位示意图

(2)分支：从缺盆上行，经颈旁(天鼎、扶突)至面颊，入下齿龈中，复返出来夹口角，通过足阳明胃经地仓穴，绕至上唇鼻中央督脉的水沟穴(人中)，左脉右行，右脉左行，分别至鼻孔两旁(迎香穴)，与足阳明胃经相接。

(3)联系脏腑：属大肠，络肺，并与胃经有直接联系。

(4)穴位：共40穴，左右各20穴，分别为商阳、二间、三间、合谷、阳溪、偏历、温溜、下廉、上廉、手三里、曲池、肘髎、手五里、臂臑、肩髃、巨骨、天鼎、扶突、口禾髎、迎香。

手阳明经筋示意图如图3-10所示。

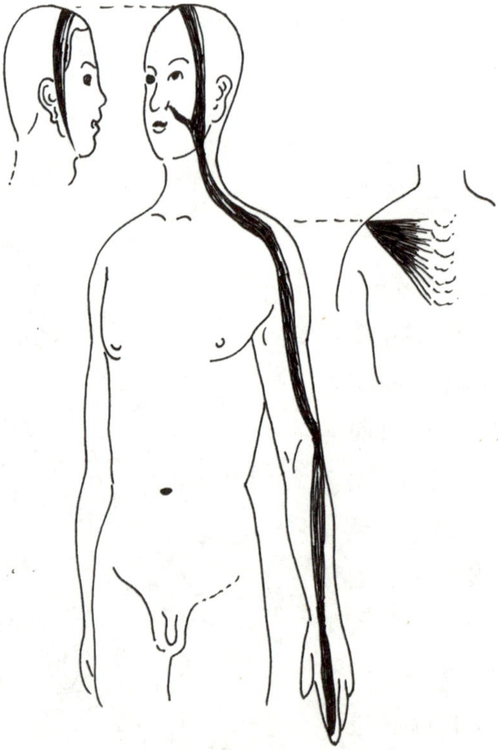

图3-10　手阳明经筋示意图

手阳明经筋介绍如下。

《灵枢·经筋》原文：

手阳明之筋，起于大指次指之端，结于腕，上循臂，上结于肘外，上臑，结于髃；其支者，绕肩胛，挟脊；直者，从肩髃上颈；其支者，上颊，结于頄；直者，上出手太阳之前，上左角，络头，下右颔。

译文：手阳明经的经筋，起始于食指靠近大指的侧端，结聚于腕部，沿着手臂上行，结聚在肘的外侧，沿大臂上行，进而结聚于肩髃。它的分支，绕过肩胛，挟于脊柱的两侧；它的直行部分，从肩髃上行至颈部；从这里分出的一支，上行至颊部，结聚在颧部；直行的分支，从颈部向上，出于手太阳经筋的前方，上行至左额角，网络头部，再下行进入右腮部。

(三)足阳明胃经、经筋

《灵枢·经脉》原文：

> 胃足阳明之脉，起于鼻之交頞中，旁纳太阳之脉，下循鼻外，入上齿中，还出挟口环唇，下交承浆，却循颐后下廉，出大迎，循颊车，上耳前，过客主人，循发际，至额颅；其支者，从大迎前下人迎，循喉咙，入缺盆，下膈属胃络脾；其直者，从缺盆下乳内廉，下挟脐，入气街中；其支者，起于胃口，下循腹里，下至气街中而合，以下髀关，抵伏兔，下膝膑中，下循胫外廉，下足跗，入中趾内间；其支者，下廉三寸而别，下入中趾外间；其支者，别跗上，入大趾间，出其端。

(1)循行部位：足阳明胃经起于鼻翼两侧(迎香穴)，上行至鼻根部，旁行入眼内角会足太阳膀胱经(睛明穴)，向下沿鼻的外侧(承泣、四白)，进入上齿龈内，复出绕过口角左右相交于颏唇沟(承浆穴)，再向后沿着下颌出大迎穴，沿下颌角(颊车穴)，上行耳前，经颧弓上行，沿着前发际，到达前额(会神庭穴)。足阳明胃经循行、穴位示意图如图 3-11 所示。

(2)分支：

①面部分支：从大迎穴前方下行到人迎穴，沿喉咙旁进入缺盆，向下通过横膈，属于胃(会任脉的上脘、中脘)，络于脾。

②缺盆部直行脉：从缺盆下行，沿乳中线下行，夹脐两旁(沿中线旁开二寸)，至鼠蹊部的气冲(又名气街)穴。

③胃下口分支：从胃下口幽门处附近分出，沿腹腔深层，下行至气街穴，与来自缺盆的直行脉会合于气冲(气街穴)。再由此斜向下行到大腿前侧(髀关穴)；沿下肢外侧前缘，经过膝盖，沿胫骨外侧前缘下行

至足背，进入第二足趾外侧（厉兑穴）。

④胫部分支：从膝下三寸足三里穴分出，下行至第三足趾外侧端。

⑤足背分支：从足背（冲阳穴）分出，进入足大趾内侧（隐白穴），与足太阴脾经相接。

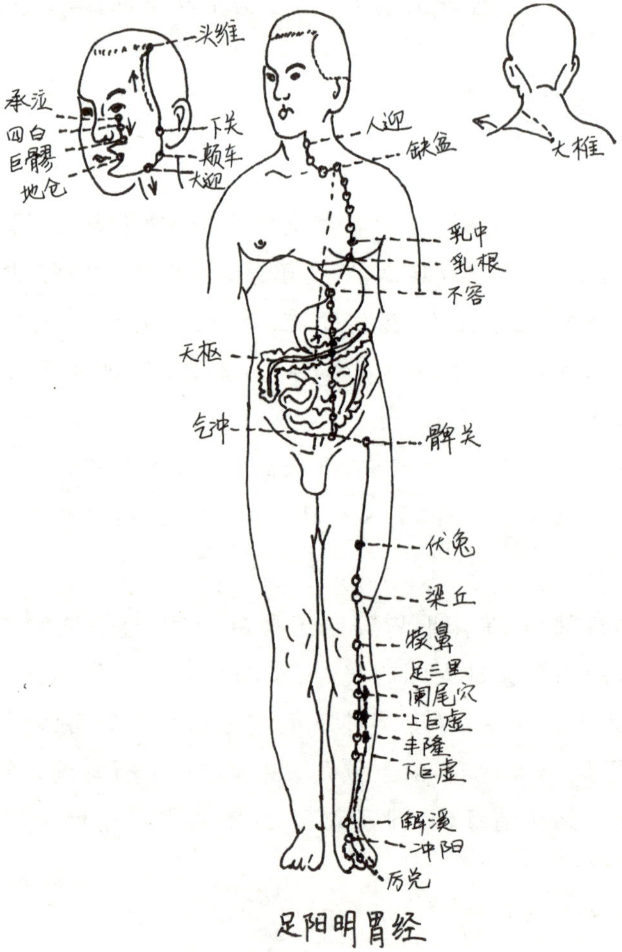

图 3-11　足阳明胃经循行、穴位示意图

(3)联系脏腑：属胃，络脾，并与心和小肠有直接联系。

(4)穴位：左右各 45 穴，共 90 穴。有承泣、四白、巨髎、地仓、大迎、颊车、下关、头维、人迎、水突、气舍、缺盆、气户、库房、屋翳、膺窗、乳中、乳根、不容、承满、梁门、关门、太乙、滑肉门、天枢、外陵、大巨、水道、归来、气冲、髀关、伏兔、阴市、梁丘、犊鼻、足三里、上巨虚、条口、下巨虚、丰隆、解溪、冲阳、陷谷、内庭、厉兑。

足阳明经筋示意图如图 3-12 所示。

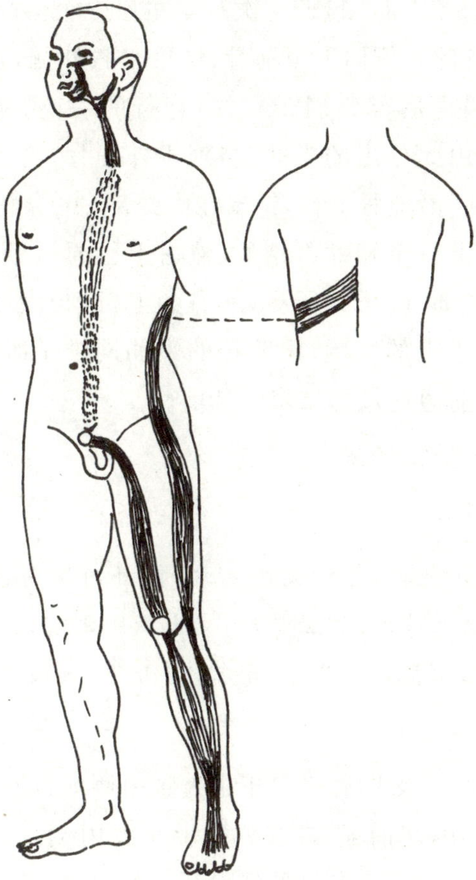

图 3-12 足阳明经筋示意图

足阳明经筋介绍如下。

《灵枢·经筋》原文：

足阳明之筋，起于中三趾，结于跗上，邪外上加于辅骨，上结于膝外廉，直上结于髀枢，上循胁属脊；其直者，上循骭，结于膝；其支者，结于外辅骨，合少阳；其直者，上循伏兔，上结于髀，聚于阴器，上腹而布，至缺盆而结，上颈，上挟口，合于頄，下结于鼻，上合于太阳。太阳为目上网，阳明为目下网；其支者，从颊结于耳前。

译文：足阳明经之筋，起于足次趾与中趾之间，结聚于足背上；斜行的一支，从足背的外侧向上至辅骨，结聚于膝外侧，再直行向上结聚于髀枢，又向上沿着胁部络属于脊柱；直行的一支，从足背向上沿胫骨，结聚在膝部；由此分出的支筋，结聚于外辅骨，与足少阳的经筋相合；其直行的支筋，沿辅骨上行，结聚在大腿部，并结聚于阴器，又向上行，散布在腹部，上行至缺盆部结聚，然后上行通过颈部，环绕在口的周围，再汇合于颧部，向下结于鼻，从鼻旁上行，与太阳经筋相合。太阳经的小筋网维于眼的上胞，阳明经的小筋网维于眼的下胞；另一条从颧部发出的支筋通过颊部结聚于耳前。

（四）足太阴脾经、经筋

《灵枢·经脉》原文：

> 脾足太阴之脉，起于大趾之端，循趾内侧白肉际，过核骨后，上内踝前廉，上踹内，循胫骨后，交出厥阴之前，上膝股内前廉，入腹属脾络胃，上膈，挟咽，连舌本，散舌下；其支者，复从胃，别上膈，注心中。

（1）循行部位：足太阴脾经起于足大趾内侧端（隐白穴），沿足内侧赤白肉际上行，经内踝前面（商丘穴），上小腿内侧，沿胫骨后缘上行，至内踝上八寸处（漏谷穴）走出足厥阴肝经前面，经膝股内侧前缘至冲门穴，进入腹部，属脾络胃，向上通过横膈，夹食管旁（络大包，会中府），连于舌根，散于舌下。足太阴脾经循行、穴位示意图如图 3-13 所示。

（2）分支：从胃部分出，向上通过横膈，于任脉的膻中穴处注入心中，与手少阴心经相接。

（3）联系脏腑：属脾，络胃，与心、肺等有直接联系。

（4）穴位：共 42 穴，左右各 21 穴，分别为隐白、大都、太白、公孙、商丘、三阴交、漏谷、地机、阴陵泉、血海、箕门、冲门、府舍、腹结、大横、腹哀、食窦、天溪、胸乡、周荣、大包。

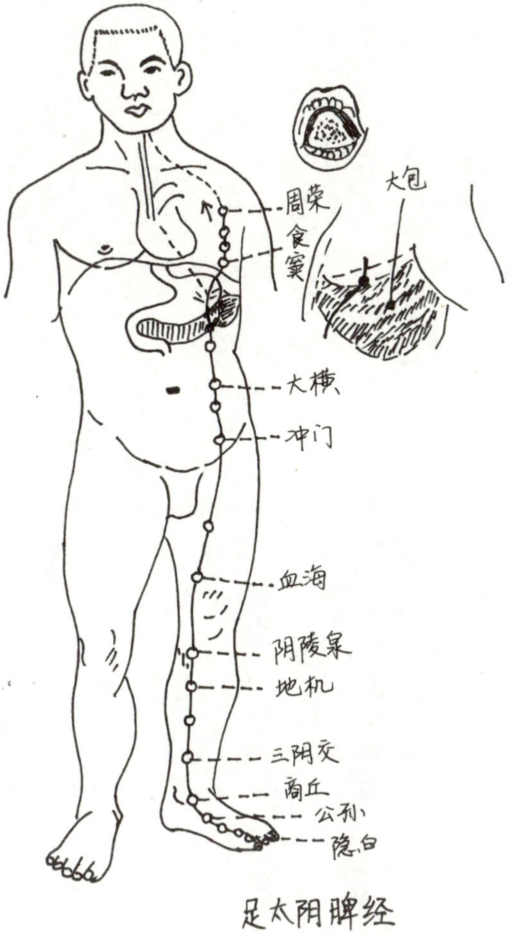

图 3-13　足太阴脾经循行、穴位示意图

足太阴经筋介绍如下。

《灵枢 · 经筋》原文：

足太阴之筋，起于大趾之端内侧，上结于内踝；其直者，络于膝内辅骨，上循阴股，结于髀，聚于阴器，上腹结于脐，循腹里，结于肋，散于胸中；其内者，著于脊。

译文：足太阴经的经筋，起于足大趾趾端的内侧，上行结聚于内踝；其直行的支线，向上结聚于膝内的腓骨，沿股内侧上行，结聚于髀部，继而结聚在前阴，再上行至腹部，结聚于脐部，沿腹内上行，然后结于两胁，散布于胸中。其行于内侧的一支附着于脊柱两旁。

足太阴经筋示意图如图3-14所示。

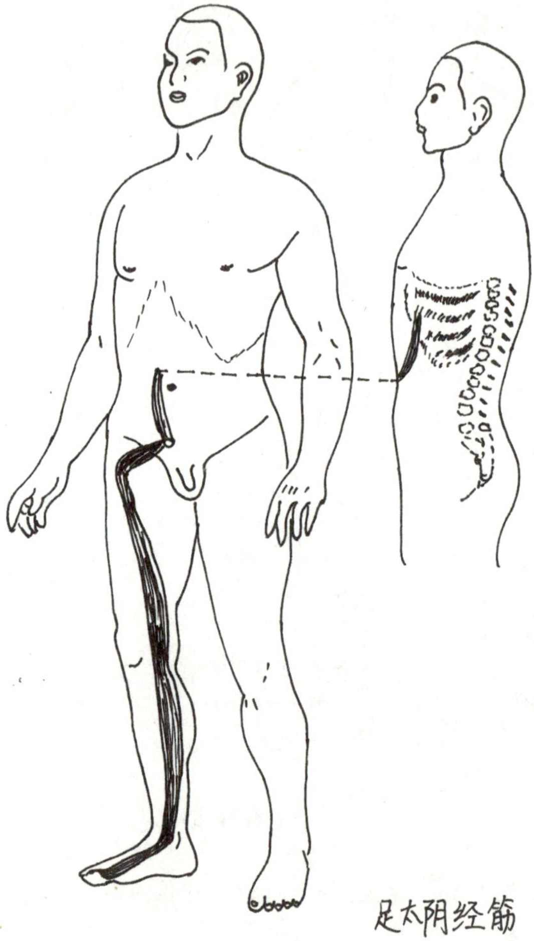

图3-14　足太阴经筋示意图

(五)手少阴心经、经筋

《灵枢·经脉》原文：

心手少阴之脉，起于心中，出属心系，下膈络小肠；其支者，从心系上挟咽，系目系；其直者，复从心系却上肺，下出腋下，下循臑内后廉，行太阴心主之后，下肘内，循臂内后廉，抵掌后锐骨之端，入掌内后廉，循小指之内出其端。

(1)循行部位：手少阴心经起于心中，出来属于"心系"(心系，指心脏与其他脏器相联系的脉络)，向下通过横膈至任脉的下脘穴附近，络小肠。手少阴心经循行、穴位示意图如图 3-15 所示。

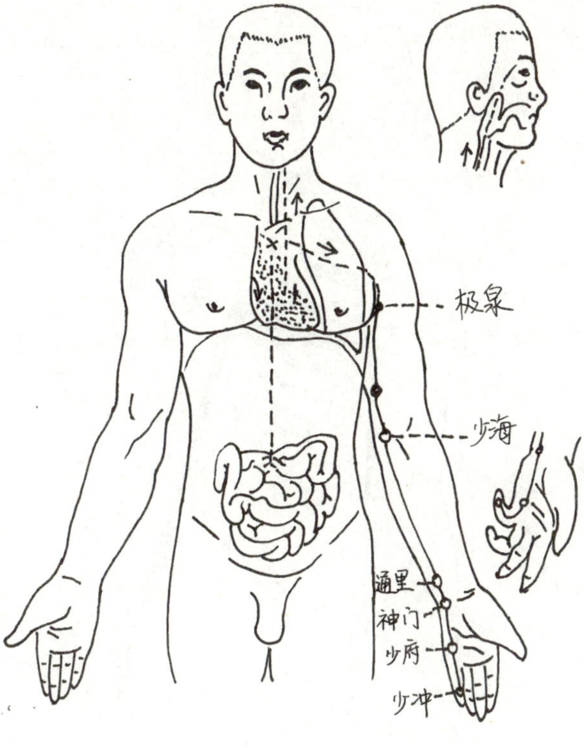

图 3-15 手少阴心经循行、穴位示意图

(2)分支：

①心系向上的分支：从心系上行，夹咽喉，经颈、颜面深部联系于"目系"(目系，又名眼系、目本，是眼球内连于脑的脉络)。

②心系直行的分支：复从心系，上行于肺部，再向下出于腋窝下(极泉穴)，沿上臂内侧后缘，行于手太阴、手厥阴经之后，下向肘内(少海穴)，沿前臂内侧后缘至腕部尺侧(神门穴)，进入掌内后缘(少府穴)，沿小指的桡侧出于末端(少冲穴)，交于手太阳小肠经。

(3)联系脏腑：属心，络小肠，与肺、脾、肝、肾有联系。

(4)穴位：共18穴，左右各9穴，分别为极泉、青灵、少海、灵道、通里、阴郄、神门、少府、少冲。

手少阴经筋示意图如图3-16所示。

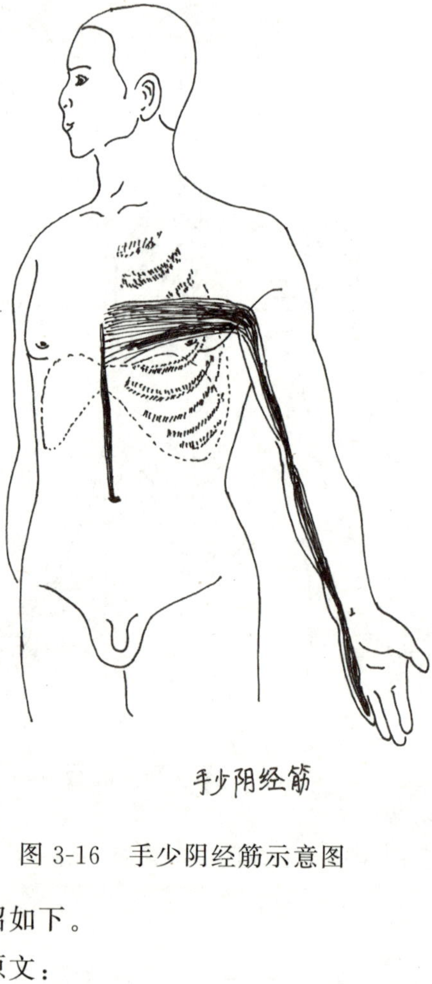

图3-16　手少阴经筋示意图

手少阴经筋介绍如下。

《灵枢·经筋》原文：

> 手少阴之筋，起于小指之内侧，结于锐骨，上结肘内廉，上入腋，交太阴，挟乳里，结于胸中，循臂下系于脐。

译文：手少阴心经的经筋，起始于手小指的内侧，循小指上行，结聚于掌后小指侧高骨，再向上结聚于肘的内侧，继而上行入腋内，与手太阴经筋相交，走向胸部，伏行于乳内，结聚在胸中，沿膈下行联系脐部。

(六)手太阳小肠经、经筋

《灵枢·经脉》原文:

小肠手太阳之脉,起于小指之端,循手外侧上腕,出踝中,直上循臂骨下廉,出肘内侧两筋之间,上循臑外后廉,出肩解,绕肩胛,交肩上,入缺盆络心,循咽下膈,抵胃属小肠;其支者,从缺盆循颈上颊,至目锐眦,却入耳中;其支者,别颊上䪼抵鼻,至目内眦,斜络于颧。

(1)循行部位:手太阳小肠经起于小指尺侧端(少泽穴),沿手掌尺侧,直上过腕部外侧(阳谷穴),沿前臂外侧后缘上行,经尺骨鹰嘴与肱骨内上髁之间(小海穴),沿上臂外侧后缘,出于肩关节后面(肩贞穴),绕行于肩胛冈上窝(肩中俞)以后,交会于督脉之大椎穴,从大椎向前经足阳明经的缺盆,进入胸部深层,下行至任脉的膻中穴处,络于心,再沿食道通过横膈,到达胃部,直属小肠。手太阳小肠经循行、穴位示意图如图 3-17 所示。

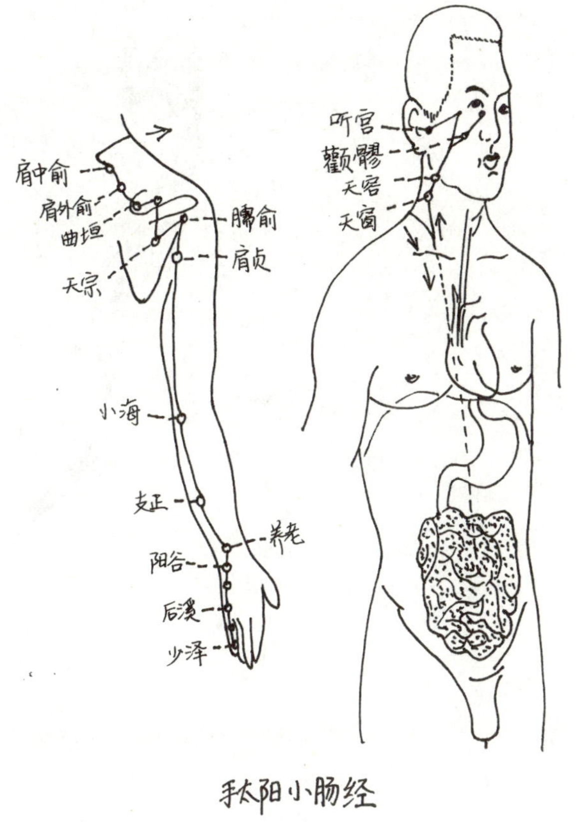

图 3-17　手太阳小肠经循行、穴位示意图

(2)分支:

①缺盆分支:从缺盆沿着颈部向上至面颊部(颧髎穴),上至外眼

角，折入耳中(听宫穴)。

②颊部分支：从颊部，斜向目眶下缘，直达鼻根进入内眼角(睛明穴)，与足太阳膀胱经相接。

(3)联系脏腑：属小肠，络心，与胃有联系。

(4)穴位：左右各 19 穴，分别为少泽、前谷、后溪、腕骨、阳谷、养老、支正、小海、肩贞、臑俞、天宗、秉风、曲垣、肩外俞、肩中俞、天窗、天容、颧髎、听宫。

手太阳经筋示意图如图 3-18 所示。

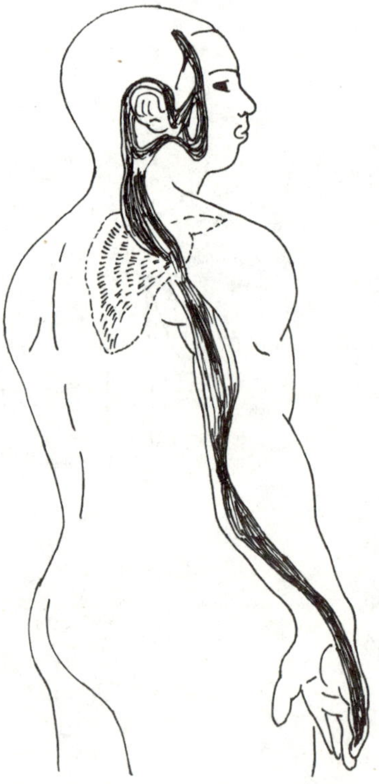

图 3-18　手太阳经筋示意图

手太阳经筋介绍如下。

《灵枢・经筋》原文：

手太阳之筋，起于小指之上，结于腕，上循臂内廉，结于肘内锐骨之后，弹之应小指之上，入结于腋下；其支者，后走腋后廉，上绕肩胛，循颈出走太阳之前，结于耳后完骨；其支者，入耳中；直者，出耳上，下结于颔，上属目外眦。

译文：手太阳经的经筋，起始于手小指的上部，结聚于手腕，沿前臂内侧上行，结聚于肘内高骨的后边。如果用手指弹拨此处的筋，酸麻的感觉能反映到小指上，再上行入结于腋下；其分支，向后行至腋窝的后缘，上绕肩胛，沿颈部行于足太阳经筋的前面，结聚在耳后的完骨；由此又分出一条支筋，进入耳中；它的直行部分，从耳出，上行，又向下结聚于腮部，再折上行，联属外眼角。

（七）足太阳膀胱经、经筋

《灵枢·经脉》原文：

膀胱足太阳之脉，起于目内眦，上额交巅；其支者，从巅至耳上角；其直者，从巅入络脑，还出别下项，循肩髆内，挟脊抵腰中，入循膂，络肾属膀胱；其支者，从腰中下挟脊贯臀，入腘中；其支者，从髆内左右，别下贯胛，挟脊内，过髀枢，循髀外从后廉下合腘中，以下贯踹内，出外踝之后，循京骨，至小趾外侧。

(1)循行部位：足太阳膀胱经起于内眼角（睛明穴），上过额部，直至巅顶交会于督脉的百会穴。从头顶部分别向后行至枕骨处，进入颅腔，络脑，复出于外，分别下行到项部（天柱穴），下行交会于大椎穴，再分左右沿肩胛内侧，脊柱两旁（一寸五分），到达腰部（肾俞穴），进入脊柱两旁的肌肉（膂），深入体腔，络肾，属膀胱。足太阳膀胱经循行、穴位示意图如图3-19所示。

(2)分支：

①巅顶部的分支：从巅顶（百会穴）分出至耳上角。

②巅顶向后直行分支：从巅顶下行（至脑户穴）入颅内络脑，复返出来下行项后（天柱穴）。

③下分为两支：其一，沿肩胛内侧（大杼穴始），夹脊旁，沿背中线旁一寸五分，下行至腰部，进入脊旁筋肉，络于肾，下属膀胱，再从腰中分出下行，夹脊旁，通于臀部，经大腿后面，进入腘窝中。其二，从肩胛

内侧分别下行，通过肩胛，沿背中线旁三寸下行，过臀部，经过髋关节部（环跳穴），沿大腿外侧后边下行，会合于腘窝中，向下通过腓肠肌，经外踝后面（昆仑穴），在足跟部折向前，经足背外侧至足小趾外侧端（至阴穴），与足少阴肾经相接。

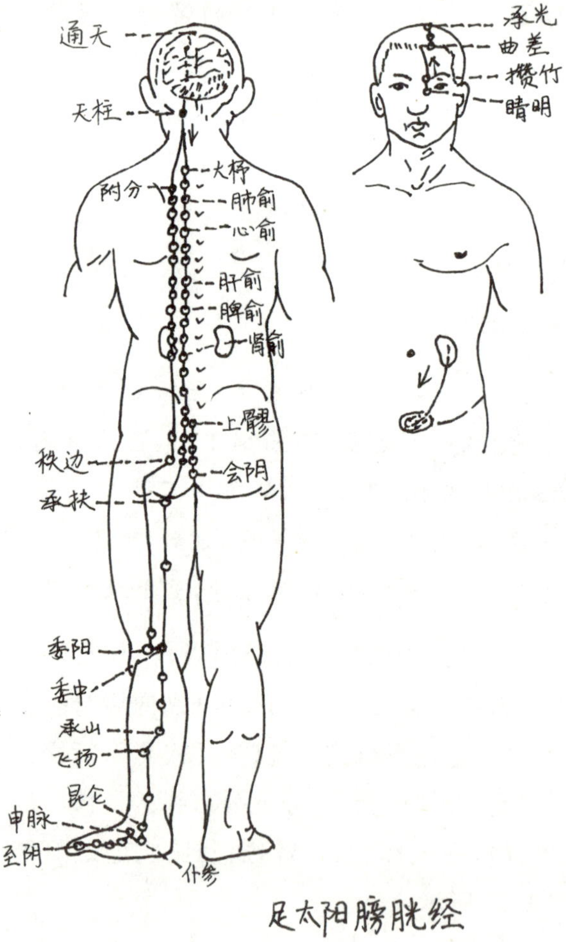

图 3-19　足太阳膀胱经循行、穴位示意图

（3）联系脏腑：属膀胱，络肾，与心、脑有联系。

（4）穴位：左右各 67 穴，共 134 穴，分别为睛明、攒竹、眉冲、曲差、五处、承光、通天、络却、玉枕、天柱、大杼、风门、肺俞、厥阴俞、心俞、督俞、膈俞、肝俞、胆俞、脾俞、胃俞、三焦俞、肾俞、气海俞、大肠俞、关元俞、小肠俞、膀胱俞、中膂俞、白环俞、上髎、次髎、中髎、下髎、会阳、承扶、殷门、浮郄、委阳、委中、附分、魄户、膏肓、神堂、譩譆、膈关、魂门、阳纲、意舍、胃仓、肓门、志室、胞肓、秩边、合阳、承筋、承山、飞扬、跗阳、昆仑、仆参、申脉、金门、京骨、束骨、足通谷、至阴。

足太阳经筋示意图如图 3-20 所示。

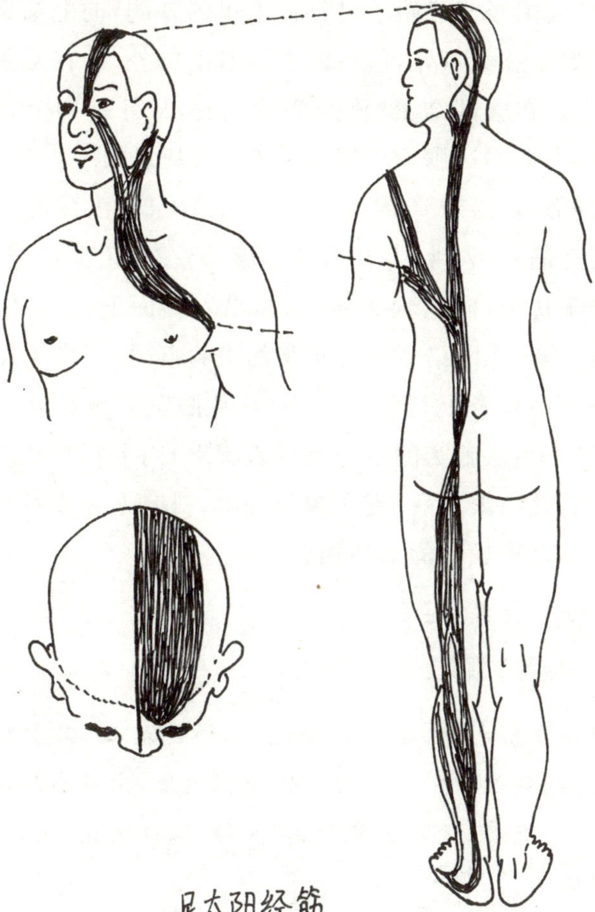

图 3-20　足太阳经筋示意图

足太阳经筋介绍如下。

《灵枢·经筋》原文：

足太阳之筋，起于足小趾，上结于踝，邪上结于膝，其下循足外侧，结于踵，上循跟，结于腘；其别者，结于腨外，上腘中内廉，与腘中并上结于臀，上挟脊上项；其支者，别入结于舌本；其直者，结于枕骨，上头，下颜，结于鼻；其支者，为目上网，下结于頄；其支者，从腋后外廉结于肩髃；其支者，入腋下，上出缺盆，上结于完骨；其支者，出缺盆，邪上出于頄。

译文：足太阳经筋起始于足小趾爪甲的外侧，向上结聚于足外踝，再斜向上结聚于膝关节处，然后向下沿着足的外踝，在足跟部结聚，沿着足跟向上行，在腘部结聚；该经筋的别支，从外踝向上行，结聚于小腿肚的外侧，向上到达腘窝中部的内侧，与从足跟上行的一支并行向上，结聚于臀部，再沿着脊柱两侧上行至颈项部；由颈部分出的一支，别出这一条经筋，进入舌，并在舌体结聚；另一条由颈部分出的经筋直行向上结聚于枕骨，向上到达头顶，又沿着颜面下行，结聚于鼻；下行经筋中分出一支，像网络一样行于眼的上睑部分，再向下结聚于颧骨；还有一条分支由挟脊上行的经筋别出，从腋窝后侧的外廉，上行结聚于肩髃部；另一条从腋窝的后外廉进入腋下，向上行至缺盆处，再向上在耳后的完骨处结聚；另一支从缺盆分出，斜向上进入颧骨部分，与从颜面部下行的结于颧骨的支筋相合。

(八)足少阴肾经、经筋

《灵枢·经脉》原文：

肾足少阴之脉，起于小趾之下，邪走足心，出于然谷之下，循内踝之后，别入跟中，以上踹内，出腘内廉，上股内后廉，贯脊属肾络膀胱；其直者，从肾上贯肝膈，入肺中，循喉咙，挟舌本；其支者，从肺出络心，注胸中。

(1)循行部位：足少阴肾经起于足小趾端，斜向于足心(涌泉穴)，出于舟骨粗隆下(然骨穴)，经内踝后进入足跟，再向上沿小腿内侧后缘上行，出腘窝内侧，直至大腿内侧后缘，入脊内，穿过脊柱，属肾，络膀胱。足少阴肾经循行、穴位示意图如图3-21所示。

(2)分支：

①腰部的直行分支：从肾上行，通过肝脏，上经横膈，进入肺中，沿喉咙，上至舌根两侧。

②肺部的分支：从肺中分出，络于心，流注于胸中（膻中穴），与手厥阴心包经相接。

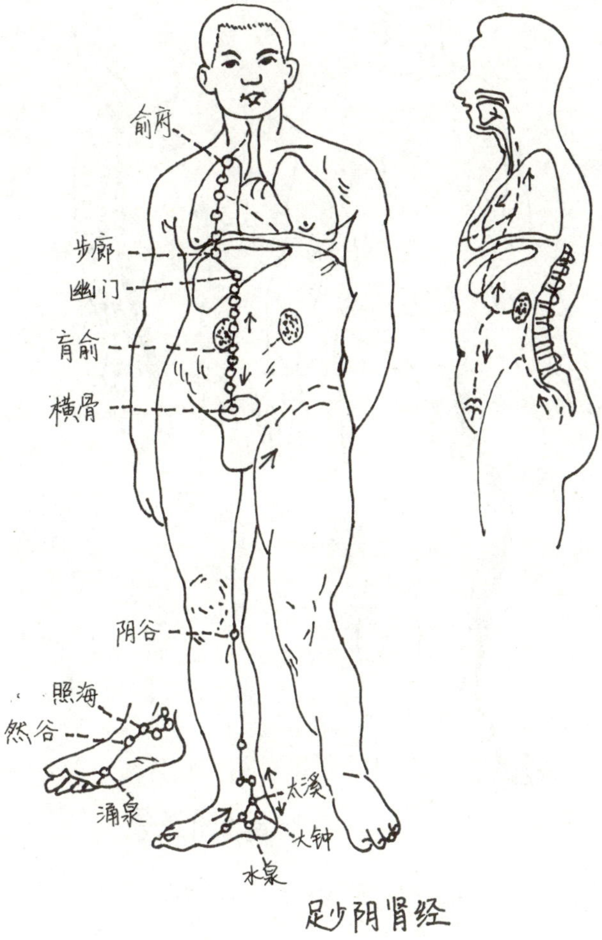

图 3-21　足少阴肾经循行、穴位示意图

（3）联系脏腑：属肾，络膀胱，与肝、肺、心有直接联系。

（4）穴位：左右各 27 穴，合 54 穴，分别为涌泉、然谷、太溪、大钟、水泉、照海、复溜、交信、筑宾、阴谷、横骨、大赫、气穴、四满、中注、肓俞、商曲、石关、阴都、通谷、幽门、步廊、神封、灵墟、神藏、彧中、俞府。

足少阴经筋示意图如图 3-22 所示。

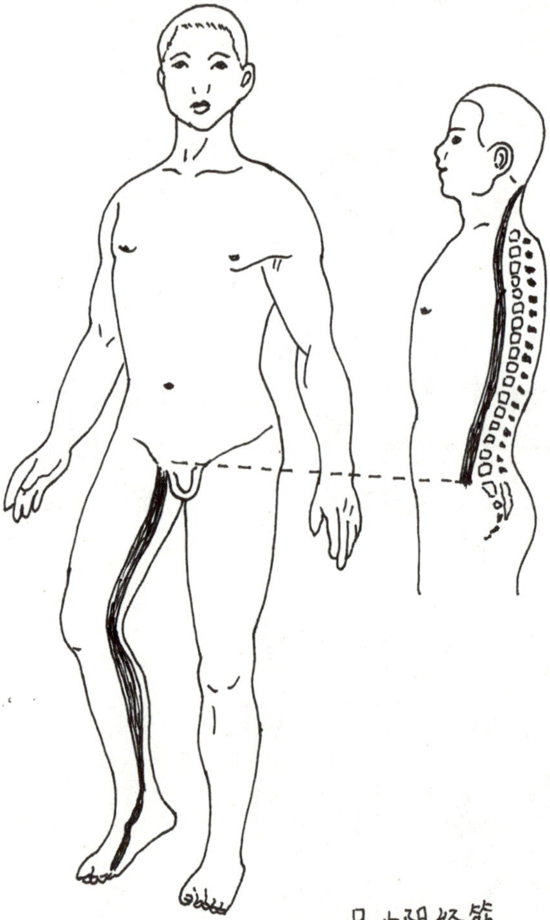

图 3-22　足少阴经筋示意图

足少阴经筋介绍如下。

《灵枢·经筋》原文:

足少阴之筋,起于小趾之下,并足太阴之筋,邪走内踝之下,结于踵,与太阳之筋合,而上结于内辅之下,并太阴之筋,而上循阴股,结于阴器,循脊内挟膂上至项,结于枕骨,与足太阳之筋合。

译文:足少阴经的经筋,起始于足小趾的下方,然后进入足心,行于足的内侧,与足太阴经筋并行,再斜行向上,至内踝之下,结聚于足跟,向下与足太阳经筋相合,向上结聚于内辅骨下方,在此与足太阴经筋并行，向上沿大腿根部内侧结聚于阴器，再沿着脊柱旁肌肉上行至项部，结聚于头后部的枕骨，与足太阳经筋相合。

(九)手厥阴心包经、经筋

《灵枢·经脉》原文：

心主手厥阴心包络之脉，起于胸中，出属心包络，下膈，历络三焦；其支者，循胸出胁，下腋三寸，上抵腋，下循臑内，行太阴少阴之间，入肘中，下臂行两筋之间，入掌中，循中指出其端；其支者，别掌中，循小指次指出其端。

(1)循行部位：手厥阴心包经起于胸中，出属于心包络，通过横膈，依次循序下行，通过胸部、上腹、下腹，联络三焦。手厥阴心包经循行、穴位示意图如图3-23所示。

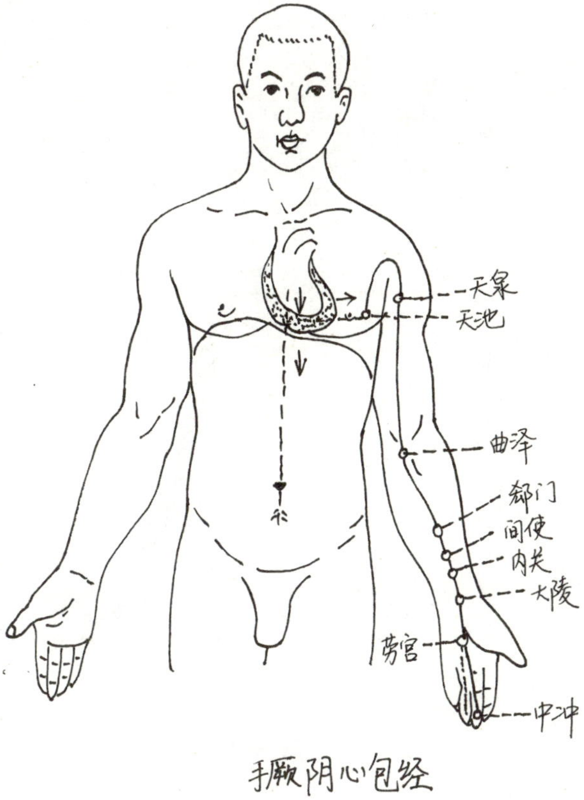

图3-23　手厥阴心包经循行、穴位示意图

(2)分支：

①胸部分支：从胸中出于胁部，经腋下三寸处（天池穴），上行至腋窝，沿上肢内侧，于手太阴、手少阴之间，直至肘中，下向前臂，走两筋（桡侧腕屈肌腱与掌长肌腱）之间，过腕部、人掌心（劳宫穴），到达中指桡侧末端（中冲穴）。

②掌中分支：从掌中（劳宫穴）分出，沿着无名指尺侧至指端（关冲穴），与手少阳三焦经相接。

(3)联系脏腑：属心包，络三焦。

(4)穴位：左右各 9 穴，共 18 穴，分别为天池、天泉、曲泽、郄门、间使、内关、大陵、劳宫、中冲。

手厥阴经筋示意图如图 3-24 所示。

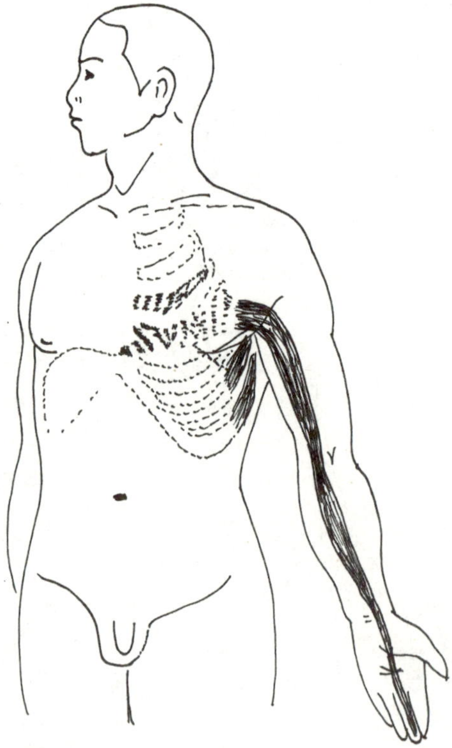

图 3-24　手厥阴经筋示意图

手厥阴经筋介绍如下。

《灵枢·经筋》原文：

手心主之筋，起于中指，与太阴之筋并行，结于肘内廉，上臂阴，结腋下，下散前后挟胁；其支者，入腋，散胸中，结于臂。

译文：手厥阴心包经的经筋起始于手中指端，沿指上行，通过掌后与手太阳经筋并行，结聚于肘的内侧，向上行经过肘的内侧而结聚于腋下，从腋下前后布散，挟两胁分布；它的分支入于腋下，散布于胸中，结聚于膈部。

(十)手少阳三焦经、经筋

《灵枢·经脉》原文：

三焦手少阳之脉，起于小指次指之端，上出两指之间，循手表腕，出臂外两骨之间，上贯肘，循臑外上肩，而交出足少阳之后，入缺盆，布膻中，散落心包，下膈，循属三焦；其支者，从膻中上出缺盆，上项，系耳后，直上出耳上角，以屈下颊至䪼；其支者，从耳后入耳中，出走耳前，过客主人前，交颊，至目锐眦。

(1)循行部位：手少阳三焦经起于无名指尺侧端(关冲穴)，沿无名指尺侧缘，上过手背，出于前臂伸侧两骨(尺骨、桡骨)之间，直上穿过肘部，沿上臂外侧，上行至肩部，交出足少阳经的后面，进入缺盆，于任脉的膻中穴处散络于心包，向下通过横膈络属三焦。手少阳三焦经循行、穴位示意图如图 3-25所示。

(2)分支：

①胸中分支：从膻中穴分出，向上走出缺盆，至项后与督脉的大椎穴交会，上走至项部，沿耳后(翳风穴)上行至耳上方，再屈曲向下走向面颊部，至眼眶下(颧髎穴)。

②耳部分支：从耳后(翳风穴)分出，进入耳中，出走耳前(过听宫、耳门等穴)，经过上关穴前，在面颊部与前一分支相交。上行至眼外角，与足少阳胆经相接。

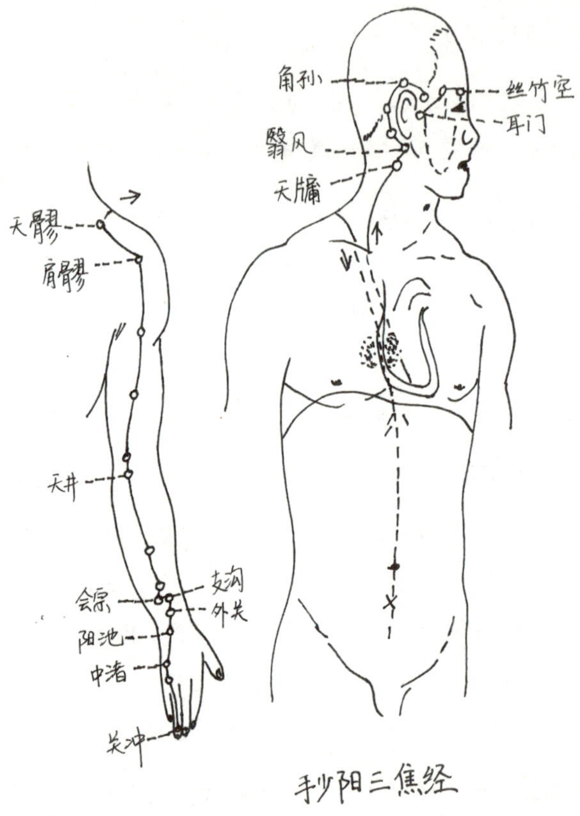

图 3-25　手少阳三焦经循行、穴位示意图

(3)联系脏腑:属三焦,络心包。

(4)穴位:左右各 23 穴,共 46 穴,分别为关冲、液门、中渚、阳池、外关、支沟、会宗、三阳络、四渎、天井、清冷渊、消泺、臑会、肩髎、天髎、天牖、翳风、瘈脉、颅息、角孙、耳门、耳和髎、丝竹空。

手少阳经筋示意图如图 3-26所示。

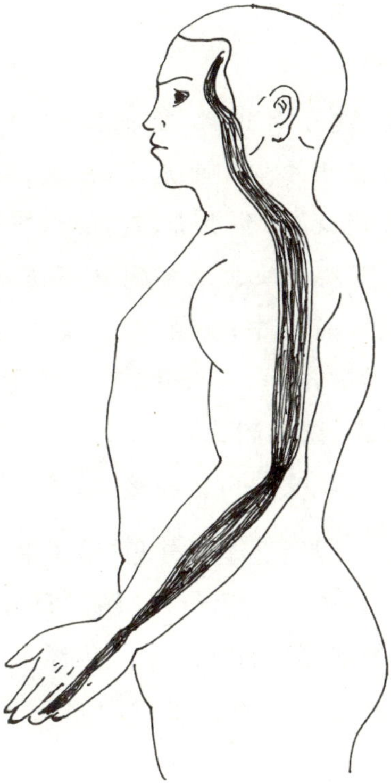

图 3-26　手少阳经筋示意图

手少阳经筋介绍如下。

《灵枢·经筋》原文：

手少阳之筋，起于小指次指之端，结于腕，中循臂，结于肘，上绕臑外廉、上肩、走颈，合手太阳；其支者，当曲颊入系舌本；其支者，上曲牙，循耳前，属目外眦，上乘颔，结于角。

译文：手少阳经的经筋，起始于无名指靠近小指的一侧，上行结聚在腕部，再沿着手臂上行结聚于肘部，向上绕着大臂的外侧，经过肩部行至颈部，与手太阳的经筋相合。从颈部分出的一支，在下颌角的部位深入于里，联系舌根；另一分支，向下走至颊车穴，沿着耳向前行进，联属外眼角，向上经过额部，最终结聚在额角。

(十一)足少阳胆经、经筋

《灵枢·经脉》原文:

> 胆足少阳之脉,起于目锐眦,上抵头角,下耳后,循颈行手少阳之前,至肩上,却交出手少阳之后,入缺盆;其支者,从耳后入耳中,出走耳前,至目锐眦后;其支者,别锐眦,下大迎,合于手少阳,抵于䪼,下加颊车,下颈合缺盆以下胸中,贯膈络肝属胆,循胁里,出气街,绕毛际,横入髀厌中;其直者,从缺盆下腋,循胸过季胁,下合髀厌中,以下循髀阳,出膝外廉,下外辅骨之前,直下抵绝骨之端,下出外踝之前,循足跗上,入小趾次趾之间;其支者,别跗上,入大趾之间,循大趾岐骨内出其端,还贯爪甲,出三毛。

(1)循行部位:足少阳胆经起于眼外角(瞳子髎穴),向上到达额角部,下行至耳后(完骨穴),外折向上行,经额部至眉上(阳白穴),复返向耳后(风池穴),再沿颈部侧面行于少阳三焦经之前,至肩上退后,交出于少阳三焦经之后,行入缺盆部。足少阳胆经循行、穴位示意图如图 3-27 所示。

(2)分支:

①耳部分支:从耳后(完骨穴)分出,经手少阳的翳风穴进入耳中,过手太阳经的听宫穴,出走耳前,至眼外角的后方。

②眼外角分支:从眼外角分出,下行至下颌部足阳明经的大迎穴附近,与手少阳经分布于面颊部的支脉相合,其经脉向下覆盖于颊车穴部,下行颈部,与前脉会合于缺盆后,下入胸中,穿过横膈,络肝,属胆,沿胁里浅出气街(腹股沟动脉处),绕阴部毛际,横向进入髋关节部(环跳穴)。

缺盆部直行分支:从缺盆分出,向下至腋窝,沿胸侧部,经过季胁,下行至髋关节部(环跳穴)与前脉会合,再向下沿大腿外侧,出膝关节外侧,行于腓骨前面,直下至腓骨下段,浅出外踝之前,沿足背外侧进入第四足趾外侧端(足窍阴穴)。

③足背分支:从足背(临泣穴)分出,沿第一、第二趾骨间,出趾端,回转来通过爪甲,出于趾背毫毛部,接足厥阴肝经。

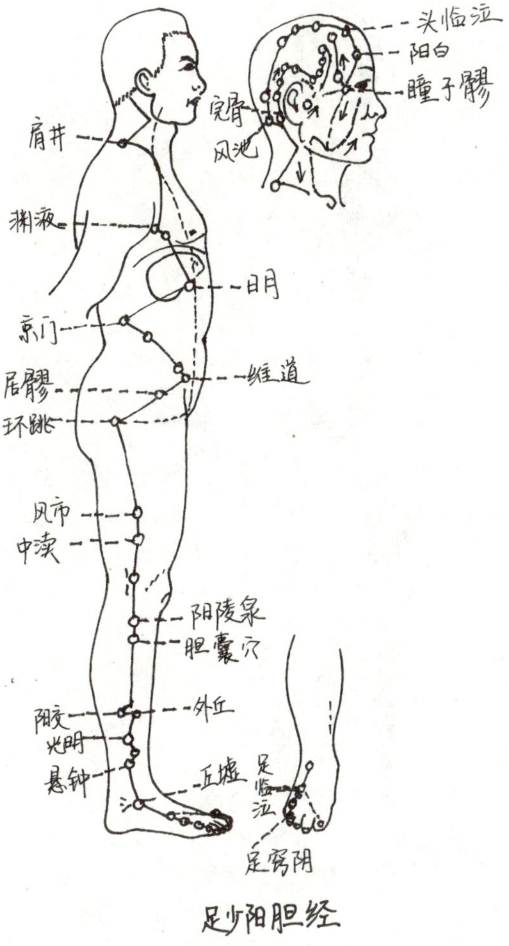

图 3-27　足少阳胆经循行、穴位示意图

(3)联系脏腑:属胆,络肝,与心有联系。

(4)穴位:左右各 44 穴,共 88 穴,分别为瞳子髎、听会、上关、颔厌、悬颅、悬厘、曲鬓、率谷、天冲、浮白、头窍阴、完骨、本神、阳白、头临泣、目窗、正营、承灵、脑空、风池、肩井、渊腋、辄筋、日月、京门、带脉、五枢、维道、居髎、环跳、风市、中渎、膝阳关、阳陵泉、阳交、外丘、光明、阳辅、悬钟、丘墟、足临泣、地五会、侠溪、足窍阴。

足少阳经筋示意图如图 3-28 所示。

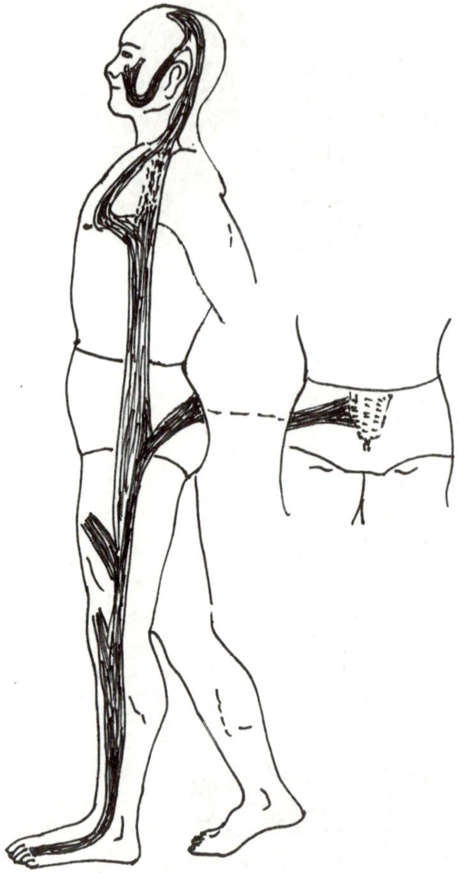

图 3-28　足少阳经筋示意图

足少阳经筋介绍如下。

《灵枢·经筋》原文：

足少阳之筋，起于小趾次趾，上结外踝，上循胫外廉，结于膝外廉；其支者，别起外辅骨，上走髀，前者结于伏兔之上，后者，结于尻；其直者，上乘䏚季胁，上走腋前廉，系于膺乳，结于缺盆；直者，上出腋，贯缺盆，出太阳之前，循耳后，上额角，交巅上，下走颔，上结于頄；支者，结于目眦为外维。

译文：足少阳经的经筋，起于足第四趾趾端，沿足背上行结聚于外踝，再沿着胫骨外侧，向上结聚在膝部的外缘。足少阳经筋的一条分支，从外辅骨处分出，向上行至大腿部，在此又分为两支。行于前面的一支，结聚在伏兔之上；行于后面的一支，结聚在尾骶部；其直行的一支，向上行至胁下空软处及季胁部位，再向上行于腋部的前缘，横过胸旁，连结乳部，向上结聚于缺盆；它的另一直行支线，出腋部，穿过缺盆，穿出后行于足太阳经筋的前面，沿耳后绕至上额角，交会于巅顶，从头顶侧面向下走至颔部，又转向上结聚于颧部；还有一支支筋，从颧部发出，结聚在外眼角，成为眼的外维。

（十二）足厥阴肝经、经筋

《灵枢·经脉》原文：

> 肝足厥阴之脉，起于大趾丛毛之际，上循足跗上廉，去内踝一寸，上踝八寸，交出太阴之后，上腘内廉，循股阴入毛中，过阴器，抵小腹，挟胃属肝络胆，上贯膈，布胁肋，循喉咙之后，上入颃颡，连目系，上出额，与督脉会于巅；其支者，从目系下颊里，环唇内；其支者，复从肝别贯膈，上注肺。

（1）循行部位：足厥阴肝经起于足大趾爪甲后丛毛处（大敦穴），沿足背内侧向上，经过内踝前一寸处（中封穴），上行小腿内侧（经过足太阴脾经的三阴交），至内踝上八寸处交出于足太阴脾经的后面，至膝腘内侧（曲泉穴）沿大腿内侧中线，进入阴毛中，环绕过生殖器，至小腹，夹胃两旁，属肝，络胆，向上通过横膈，分布于胁肋部，沿喉咙之后，向上进入鼻咽部，连接目系（眼球后的脉络联系），上经前额到达巅顶与督脉交会。足厥阴肝经循行、穴位示意图如图 3-29 所示。

（2）分支：

①目系分支：从目系走向面颊的深层，下行环绕口唇之内。

②肝部分支：从肝分出，穿过横膈，向上流注于肺（交于手太阴肺经）。

（3）联系脏腑：属肝，络胆，与肺、胃、肾、脑有联系。

（4）穴位：左右各 14 穴，共 28 穴，分别为大敦、行间、太冲、中封、蠡沟、中都、膝关、曲泉、阴包、足五里、阴廉、急脉、章门、期门。

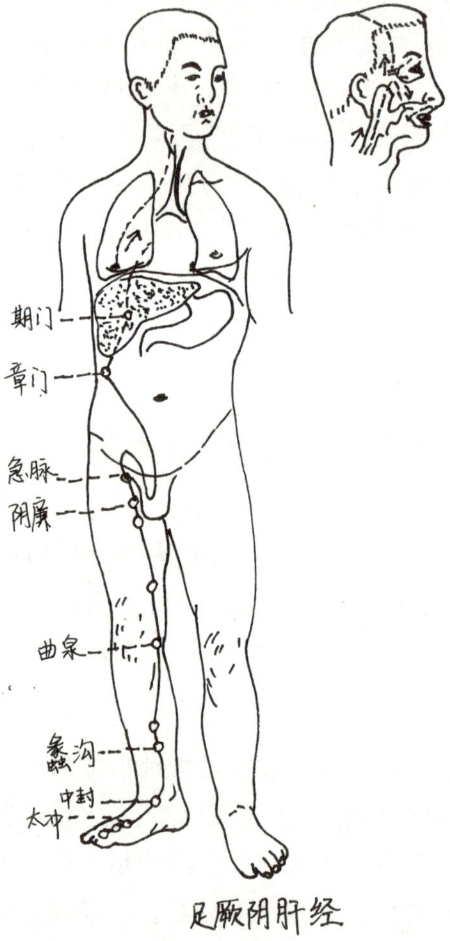

图 3-29　足厥阴肝经循行、穴位示意图

足厥阴经筋介绍如下。

《灵枢·经筋》原文：

足厥阴之筋，起于大趾之上，上结于内踝之前，上循胫，上结内辅之下，上循阴股，结于阴器，络诸筋。

译文：足厥阴经的经筋，起始于足大趾的上方，上行结聚在内踝之前，再向上沿着胫骨结聚于内侧辅骨之下，又沿着大腿根部的内侧上行结聚于前阴，并联络足三阴及足阳明各经的经筋。

足厥阴经筋示意图如图 3-30 所示。

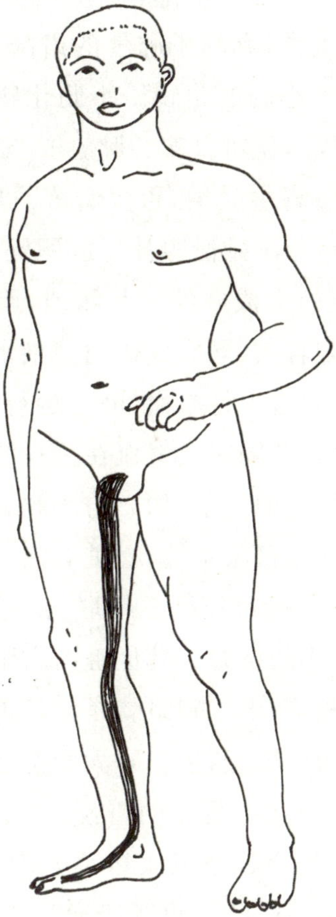

图 3-30　足厥阴经筋示意图

四、十二经脉之间的关系

(一)表里经的循行

十二经脉按照手太阴-手阳明、足太阴-足阳明、手少阴-手太阳、足少阴-足太阳、手厥阴-手少阳、足厥阴-足少阳的相配方式组合为六对表里经。表里经在气化功能上互根、互用、互补。太阴主湿,阳明主躁,少阴主热,太阳主寒,厥阴主风,少阳主火。表里经之间的经脉循行是化解外邪及调节情志的重要途径。肺主肃降,大肠主传导,肺与大肠相表里，两者相互为用，肺气下降，布散津液，能够促进大肠之传导，利于排便；大肠传导正常，有利于肺气的肃降。心主血脉，心阳的温煦，心血的濡养，有助于小肠的化物。小肠化物正常，泌别清浊，吸收水谷精微，经脾上传于心，化血以养心脉。心与小肠相表里，互用互补。脾主运化，脾气宜升；胃主受纳，胃气宜降。脾胃相表里，一升一降，互用互补。肝主疏泄，分泌排泄胆汁。肝胆同主疏泄，运化水谷精微。肾气主生，激发尿液的生成并控制其排泄，膀胱之气推动膀胱收缩而排尿。肾与膀胱相配合，共同完成体内津液的运化和气化。肾与膀胱相表里，互用互补。心包主行心血，助血运行，三焦主周身气机之畅通。心包与三焦相表里，共同完成气血在全身的运行。

阴阳表里经是相通相连的关系，如心与小肠相表里，意指：①心为阴，小肠为阳，一阴一阳成心藏象系统，心脏有疾，可调理小肠，小肠有病，可调理心。②心与小肠通过经络系统联为一体，手少阴心经属心络小肠，手太阳小肠经属小肠络心。其他脏腑阴阳表里关系亦然。

表里经之间有络脉相连，十二别络就是它们的联络之处。手太阴肺经通过列缺穴络手阳明大肠经，手阳明大肠经通过偏历穴络手太阴肺经，足太阴脾经通过公孙穴络足阳明胃经，足阳明胃经通过丰隆穴络足太阴脾经，手少阴心经通过通里穴络手太阳小肠经，手太阳小肠经通过支正穴络手少阴心经，足少阴肾经通过大钟穴络足太阳膀胱经，足太阳膀胱经通过飞扬穴络足少阴肾经，手厥阴心包经通过内关穴络手少阳三焦经，手少阳三焦经通过外关穴络手厥阴心包经，足厥阴肝经通过蠡沟穴络足少阳胆经，足少阳胆经通过光明穴络足厥阴肝经。十二别络为列缺、通里、内关、支正、偏历、外关、飞扬、光明、丰隆、公孙、大钟、蠡沟，加上任脉的尾翳、督脉的长强、脾之大络大包，共十五络穴。

《灵枢·经脉》云：

> 手太阴之别，名曰列缺，起于腕上分间，并太阴之经直入掌中，散入于鱼际。其病实则手锐掌热，虚则欠㰦，小便遗数，取之去腕半寸，别走阳明也。
>
> 手少阴之别，名曰通里，去腕一寸半，别而上行，循经入于心

中，系舌本，属目系。其实则支膈，虚则不能言，取之掌后一寸，别走太阳也。

手心主之别，名曰内关，去腕二寸，出于两筋之间，循经以上，系于心包络。心系实则心痛，虚则为头强，取之两筋间也。

手太阳之别，名曰支正，上腕五寸，内注少阴；其别者，上走肘，络肩髃。实则节弛肘废，虚则生肬，小者如指痂疥，取之所别也。

手阳明之别，名曰偏历，去腕三寸，别入太阴；其别者，上循臂，乘肩髃，上曲颊偏齿；其别者，入耳合于宗脉。实则龋聋，虚则齿寒痹隔，取之所别也。

手少阳之别，名曰外关，去腕二寸，外绕臂，注胸中，合心主。病实则肘挛，虚则不收，取之所别也。

足太阳之别，名曰飞扬，去踝七寸，别走少阴。实则鼽窒头背痛，虚则鼽衄，取之所别也。

足少阳之别，名曰光明，去踝五寸，别走厥阴，下络足跗。实则厥，虚则痿躄，坐不能起，取之所别也。

足阳明之别，名曰丰隆，去踝八寸，别走太阴；其别者，循胫骨外廉，上络头项，合诸经之气，下络喉嗌。其病气逆则喉痹瘁瘖，实则狂巅，虚则足不收胫枯，取之所别也。

足太阴之别，名曰公孙，去本节之后一寸，别走阳明；其别者，入络肠胃。厥气上逆则霍乱，实则肠中切痛，虚则鼓胀，取之所别也。

足少阴之别，名曰大钟，当踝后绕跟，别走太阳；其别者，并经上走于心包，下外贯腰脊。其病气逆则烦闷，实则闭癃，虚则腰痛，取之所别者也。

足厥阴之别，名曰蠡沟，去内踝五寸，别走少阳；其别者，径胫上睾，结于茎。其病气逆则睾肿卒疝，实则挺长，虚则暴痒，取之所别也。

任脉之别，名曰尾翳，下鸠尾，散于腹。实则腹皮痛，虚则痒搔，取之所别也。

督脉之别，名曰长强，挟膂上项，散头上，下当肩胛左右，别走太阳，入贯膂。实则脊强，虚则头重，高摇之，挟脊之有过者，取之所别也。

脾之大络，名曰大包，出渊腋下三寸，布胸胁。实则身尽痛，虚则百节尽皆纵，此脉若罗络之血者，皆取之脾之大络脉也。

凡此十五络者，实则必见，虚则必下，视之不见，求之上下，人经不同，络脉异所别也。

译文：手太阴肺经的别出络脉，名叫列缺络。起于腕上分肉之间，与手太阴经脉并行，直入掌中，散布于鱼际。本络脉如发生病变，属实的，锐骨和手掌会发热；属虚的，就会张口哈欠，小便失禁或频数。治疗时，应取腕后一寸半的列缺穴。本络即从此别走手阳明大肠经。

手少阴心经的别出络脉名叫通里络。起于腕后内侧一寸陷中，别行分出，由此而沿着手少阴心经的正经向上走行，并进入心中，然后再向上循行而联系于舌根，并连属于眼球内、连于脑的脉络。如本络脉发生病变，属实的，就会使心膈间支撑不舒；属虚的，就会不能说话。对于以上这些病证，都可以取用位于手掌后方一寸处的通里穴来进行治疗。本络由此别走手太阳小肠经。

手厥阴心包络经的别出络脉名叫内关络。在腕后内侧二寸处，从两筋的中间别行分出，由此别走手少阳三焦经，主络则沿着手厥阴心包络经的正经向上走行，而联系于心包络，联络心系统的脉络。如本络脉发生病变，属于实症，就会心痛；属于虚症，就会心烦。在治疗时应取腕上二寸两筋中间的内关穴。

手太阳小肠经的别出络脉名叫支正络。起于腕上五寸，向内注于手少阴心经。另有一条支络，上走肘部，再上行络于肩髃穴。如本络脉发生病变，属于实的，就会筋力松弛，肘部拘挛；属于虚的，就会出现赘疣，小的就像指间所生的水泡那样。治疗时，应取本经别出的支正穴。

手阳明大肠经的别出络脉名叫偏历络。在手掌后方距离腕关节三寸的部位从本经分出，由此而别行并进入于手太阴肺经的经脉。它的一条别行的支脉，在偏历穴处别行而出，然后就沿着手臂上行，经过肩髃穴所在的部位，再向上走行，而到达曲颊（即颊车穴），进而斜行到牙根部并联络之。另一别出之脉，入耳中，而与耳部的宗脉（即手太阳、手少阳、足少阳、足阳明四脉相会之脉）会合。如本络脉发生病变，属实的，会出现龋齿、耳聋；属虚的，会出现牙齿发冷，膈间闭塞。治疗时，可取本经别出的偏历穴。

手少阳三焦经的别出络脉名叫外关络。在腕后二寸处，向外绕行于臂部，注入胸中，与心包络经相合。如本络脉发生病变，属实的，会出现肘节拘挛；属虚的，会出现肘节弛缓不收。治疗时，可取本经别出的外关穴。

足太阳膀胱经的别出络脉名叫飞扬络。在足外踝上七寸处，别走足少阴肾经的经络。如本络脉发生病变，属实的，会出现鼻塞不通，头背部疼痛；属虚的，会出现鼻流清涕或鼻出血。治疗时，可取本经别出的飞扬穴。

足少阳胆经的别出络脉名叫光明络。在外踝上五寸，别走足厥阴肝经的经络，并经下行绕络于足背。如本络脉发生病变，属实的，会出现厥逆；属虚的，会难以行走，坐不能起。治疗时，可取本经别出的光明穴。

足阳明胃经的别出络脉名叫丰隆络。在外踝上八寸，别走足太阴脾经的经络。它有一条别行的支脉，在丰隆穴处别行而出，然后就沿着胫骨的外缘向上走行，一直走到头项部，与其他各经的经气相会合（于缺盆穴中），然后再向下走行，并最终联络于咽喉部。如本络脉发生病变，气向上逆，会出现喉中肿闭和突然音哑。属实的，就会癫狂；属虚的，就会足缓不收，胫部肌肉枯萎。治疗时，可取本经别出的丰隆穴。

足太阴脾经的别出络脉名叫公孙络。在足大趾本节后一寸处，别走足阳明胃经的经络。它有一条别行的支脉，向上走行，进入腹部而联络于肠胃。如本络脉发生病变，厥气上逆至于肠胃，必然发生霍乱。属实的，会出现腹中痛如刀切；属虚的，会出现腹胀如鼓。治疗时，应取本经别出的公孙穴。

足少阴肾经的别出络脉名叫大钟络。在足内踝后绕足跟，别走入于足太阳膀胱经的经络。它有一条别行的支脉，与足少阴肾经的正经并行而上，抵达心包络，然后再向外下方走行，贯穿腰脊。如本络脉发生病变，就会出现气逆烦闷，属实的，会小便不通；属虚的，会腰痛。治疗时，可取本经别出的大钟穴。

足厥阴肝经的别出络脉名叫蠡沟络。在内踝上五寸处，别走足少阳胆经的经络。它有一条别行的支脉，经过胫部而上行至睾丸，并聚结于阴茎。如本络脉发生病变，邪气上逆，就会出现睾丸肿大并突发疝气暴痛。属实的，就会导致阴茎勃起而不能回复；属虚的，阴部奇痒难忍。治疗时，可取本经别出的蠡沟穴。

任脉的别出络脉名叫尾翳络。它起始于胸骨下方的尾翳穴（即鸠尾穴），由此别出下行，散于腹部。如本络脉发生病变，属实的就会出现腹部皮肤疼痛的症状；属虚的就会出现腹部皮肤瘙痒的症状。治疗时，可取本经别出的尾翳穴。

督脉的别出络脉名叫长强络。它起始于尾骨尖下方的长强穴处，由此再挟脊上行至项，散于头上，向下行于肩胛左右，别走足太阴膀胱经的经络，并深入体内，贯穿脊柱两旁的肌肉。如本络脉发生病变，属实的，脊柱强直，不能俯仰；属虚的，会出现头部沉重、振摇不定等症状，这都是由于本条络脉所夹行于脊柱两侧的部分发生病变而引起的。治疗时，可取本经别出的长强穴。

脾之大络名叫大包络。它起始于腋下的渊腋穴下方三寸处，由此再散布于胸胁。如本络脉发生病变，属实的，全身都感觉疼痛；属虚的，全身关节弛缓无力。此外，当大包络发生病变时，还会使大包穴附近出现网络状的血色斑纹。对于以上这些病证，治疗时，可取本经别出的大包穴。

以上这十五络脉，邪气盛实则血液充满脉中明显易见，正气虚则络脉必陷下而看不见。如果在络脉所在部位的体表处看不到任何异常现象，那么就应当到本经别出的络穴附近仔细观察。人的形体有高矮胖瘦的区别，因而其经脉就会有长短的不同，而其络脉所别行分出的部位也就多少会有一些差异，所以医者在诊察病情时，应当灵活变通，而不能执一而求。

（二）同名经的循环

太阳经：足太阳膀胱经，手太阳小肠经。手足太阳经主寒，为三阳之表。主宣发行阳，具有温阳解表、升阳散寒的功能。通过与膀胱、小肠相连，分别主宰人体腠理开合，营血运行。太阳经承接和化解寒气的变化和伤害，有行阳散寒的功能，这种功能需要心肾少阴传输的能量作为保证。这就是太阳与少阴的大循环。手足太阳经气接续于眼内角（目内眦），在眼眶、颠顶、后项部、肩背部有大量循行重叠和交会。

阳明经：手足阳明经均为阳分之里，三阳之阖，专主在里之阳，具有腐化水谷、传导糟粕、维养胃气、温煦肌肤的功能。阳明经主燥，通过与胃、大肠相连，共同主宰水谷的腐化与传导。阳明经承接和化解燥气的变化和伤害，与太阴主湿的功能配合，可以调节人体燥湿平衡。这就是阳明与太阴的大循环。手足阳明经气接续于鼻旁，经脉循行，在面部有多处重叠交会。

少阳经：手足少阳经均为三阳之枢，为阳分之半表半里，膜原之间，专主筋骨滑利，具有清泄、细疏解的功能。少阳经主火（相火），承解和化解火气的变化和伤害，通过与胆三焦相连，分别主宰人体的中正洁净与气机枢转。手足少阳经气接续于眼外角，在头侧、耳前后、头项像部均有循行的重叠和交会。

太阴经：手足太阴经均为三阴之开，为阴分之表，专主在里之出，具有利水化湿，行气调气的功能。肺与脾的关系主要表现在气的生成和津液的输布代谢两个方面。肺为主气之始，脾为生气之源。所以有“脾为生痰之源，肺为储痰之器”的说法。

少阴经：手足少阴经均为阴分之中，专主三阴之出入、转枢，具有泻火清心、疏通阴络的功能。古人认为心阳为君火，肾阳为相火。在生理上，水火相互治愈，决定着人体能量的生成与运行，心阴、心阳与肾阴、肾阳之间相互依存，达到阴阳和谐的状态。在正常情况下，心火必须下降于肾，助肾阳以温肾水，使肾水不寒。

厥阴经：手足厥阴经均为阴分之里，为三阴之阖，专主在里之入，具有育阴安神、养血调经的功能。心包为心之臣使，主血脉运行，肝主分配储藏、净化血液。手足厥阴经主要表现在血液运行及神智方面的依存与协同关系。厥阴经在三阴之里，有涵养、收射、静敛之势，所以可以化解风气动摇、生散之性，同时需要少阳疏泄风热之邪。这就是厥阴与少阳的大循环。

其实表里经、同名经在一个更大的循环系统之中，就是三阴三阳的大循环。

(三)三阴经、三阳经大循环运动

1.第一个循环：厥阴-少阳

厥阴-少阳循环示意图如图 3-31 所示。

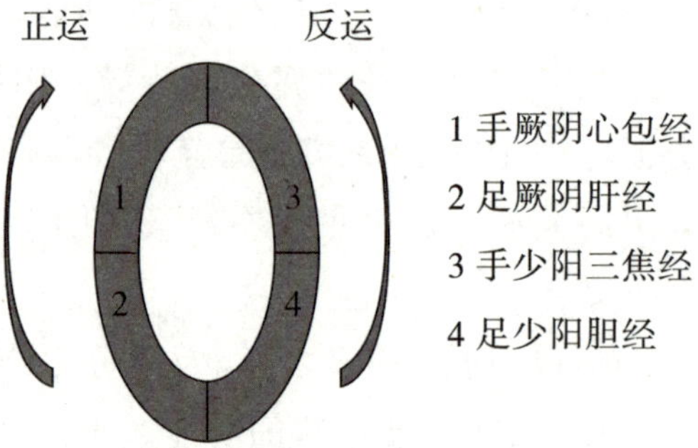

图 3-31　厥阴-少阳循环示意图

(1)正运：肝经根于大敦、结于玉英、络于膻中，与心包经相交接，心包经从膻中起源，从胸走手，走到内关交三焦经，三焦经从手走头，在目外眦，丝竹空交胆经的瞳子髎，胆经从头走足，到外踝的上五寸的光明别络，络肝经，完成正运的运动。

肝经【膻中】→心包经{胸→手}【内关】→三焦经{手→头}【目外眦，丝竹空】→胆经{头→足}【光明】→肝经

(2)反运动：肝经下降在蠡沟穴交胆经，胆经上升在头部目外眦，交三焦经，三焦经从头走手，到外关交心包经，心包经从手走胸，回到膻中交玉英，通过玉英与肝经相交接。

肝经【蠡沟】→胆经{足→头}【目外眦】→三焦经{头→手}【外关】→心包经{手→胸}【膻中】→肝经【玉英】

2.第二个循环：少阴-太阳

少阴-太阳循环示意图如图 3-32 所示。

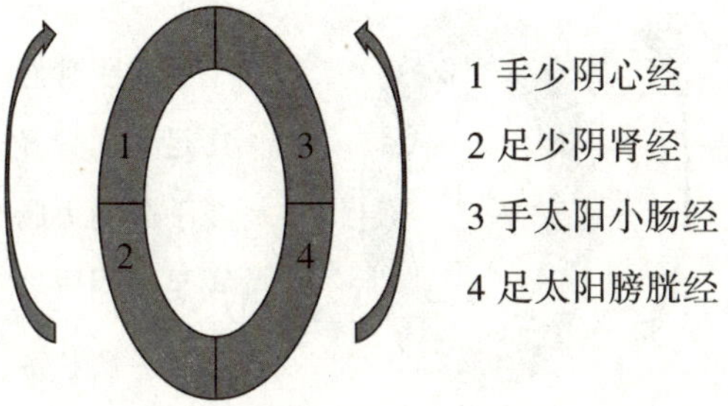

图 3-32　少阴-太阳循环示意图

(1)正运上升：肾经从足走腹，它的经脉走到胸部的时候，分出一支脉注入心中，交手少阴心经，手少阴从胸走手，在手部通里穴，络小肠经，小肠经从手走头，走到目内眦交足太阳膀胱经，膀胱经通过睛明下降，走到下肢飞扬别络，交肾经，形成这样一个太极循环。

肾经{足→腹}→胸部分出一支脉→心经{胸→手}→【通里】→小肠经{手→头}【目内眦】→膀胱经{头→足}→【睛明、飞扬】→肾经

(2)反运动：肾经下降的过程中，通过大钟络膀胱经，膀胱经从足走头，在头部的目内眦，睛明交小肠经，小肠经从头走手，在手上的络穴支正，交心经，心经从手走胸，心经有一道脉下交于肾，在丹道的修炼体系里面，手少阴心经有一道脉直接降到肾经，它是肾相交的独特的脉，这条脉在《黄帝内经》里是没有的，它是修炼通小周天的过程中出来的脉，心在胸中下交肾经，这是它的反运动。

肾经{腹→足}【大钟】→膀胱经{足→头}【目内眦，睛明】→小肠经{头→手}【支正】→心经{手→胸}→肾经

3.第三大循环：太阴-阳明

太阴-阳明循环示意图如图 3-33 所示。

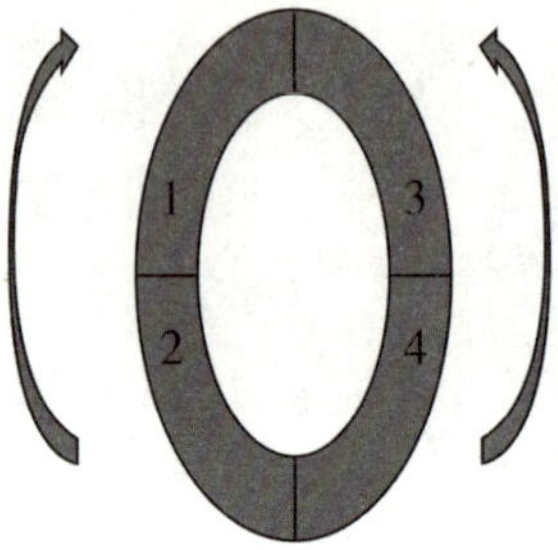

图 3-33 太阴-阳明循环示意图

(1)正运(顺、逆循环):脾经从足走腹,走到中脘穴交肺经,肺经从中焦起源,从胸走手,在手部通过肺络大肠的络穴列缺与大肠经相交接,大肠经从手走头,在迎香穴与胃经相交接,胃经从头走足,在下肢的丰隆别络与脾经相交接。这样,这四条经脉就形成了太阴升阳明降的一个大循环。

脾经{足→腹}【中脘】→肺经{胸→手}【列缺】→大肠经{手→头}【迎香】→胃经{头→足}【丰隆】→脾经

(2)反运动:脾经下降,通过络胃经的络穴公孙别络交胃经,脾经下降的时候胃经上升,在头部迎香穴交大肠经,大肠经从头走手,在手部偏历络肺经,肺经从手走胸,走到中脘,与脾经相交接。

这是反运动的交接,大循环的运动。

脾经【公孙】→胃经【迎香穴】→大肠经{头→手}【偏历】→肺经{手→胸}【中脘】→脾经

此三阴三阳经脉循环同时进行,且其正运反运的幅度是不过肘、膝的长度。

此三循环又内含着同名经、表里经的循环,其实环环相扣,循环无端。

(四)脏腑之别通关系

从五脏别通的关系看:肺与膀胱别通、脾与小肠别通、心与胆别通、肾与三焦别通、肝与大肠别通、心包与胃别通。

别通理论是三阴三阳的开枢阖,阴开别通阳开,阴枢别通阳枢,阴阖别通阳阖，主要是手足阴阳经脉别通。别通经脉之间也存在阴阳二气的对立升降运动。有些疾病需要从十二正经阴阳对立互生运动来治疗，而有些则需要从三阴三阳别通经脉对立运动来治疗，如果互为别通的两条经脉有盛衰之差，也会导致身体疾病。比如很多时候，在胃不降脾不升的同时，也会产生心包经气血不足的心悸心慌、失眠多梦症状，就是足阳明胃经同时与手厥阴心包阴阳别通的结果。脾胃为脏腑表里正经阴阳相配，而胃经与心包经为阴阳别通关系，当脾胃不和，人迎三盛，人迎大脉口三倍，脉口沉弱，特别是寸部尤为细弱，而脉口寸部沉弱不及的部位为上焦心肺部位，上焦心肺部位沉弱所以会有心肺气血不足的症状出现。临床上，可以足三里、中脘、内关三穴对治。再如：肺为华盖，通条水道，是三焦之顶盖，宣肺可以让病人尿液增加，这是提壶揭盖的道理，也能说明肺与膀胱相通。肺主气之宣发和肃降，肃降能将浊气下降到大肠，这是肺与大肠表里关系所致，加上肺与膀胱别通，则治理膀胱和大肠，就能间接地给肺解压。其他依此类推。

五、十二经脉与十二经筋的关系

我们赞同高式国先生的观点："经络产自经筋，有两条经筋夹成一条经络，犹两山夹成一谷，两岸夹成一川也。"[①]人体无处无筋，故人体无处无经络也。如前所述，武当山道长祝华英也有类似观点："十二经脉与十二经筋的关系，若以有形的沟渠相比喻，分三种类型。一、经脉中往来运行的经气似渠中之流水（流水应想象成无形的，因为经脉的经气是无形的）。二、经脉路线似渠道里水层下面的沟槽。三、十二经筋则是有形质的渠道里的边岸。"[②]《道德经》云："有之以为利，无之以为用。"而我们解决问题的办法就是揉经筋而通经络，从而达到"骨正筋柔，气血以流"的效果，自然祛病延年。

《玄隐遗密》记载：

> 骨之所结者，经筋也。经筋者，络骨之至刚以致柔，引领而动

① 高式国：《高式国针灸穴名解》，中国中医药出版社 2017 年版，第 1 页。

② 祝华英：《黄帝内经十二经脉揭秘与应用》，中医古籍出版社 2017 年版，第 29 页。

静者，形物之绳约也。其以津涎为泽，肌为之护。故肌者，肝主其动，脾主其力。胆圜左以宣阳，胃圜右以宣阴。肺出地下而结上，心从天上而行下。唯其肾者，静而下行，动以上蒸，赤肠始中至亦而受上，白肠始腹至眇而腰椎，膀胱自阴股上颈而后枕。席其结而成之，因其运而形之，得五志而用之，此其道也。

筋骨复心法之核心技术在正骨柔筋，正骨主要是脊柱要在正位，对于筋出槽、骨错位，我们要通过传统正骨手法使之正位。脊柱正位是气血畅通的前提，柔筋使经筋柔而有力，则保证了经脉畅通，从而保障了气血的畅通。

第三节　管理即服务，服务即管理："五脏"调和安天下

人是形神合一之存在，故就形而言，有脏腑、形体、官窍之说；就神而言，有三魂七魄之别。

就人体静态结构而言，可以认为人体是以五脏为中心，以六腑相配合，以气血精津液为物质基础，通过经络使脏与脏、脏与腑、腑与腑密切联系，外连五官九窍、四肢百骸而构成的一个统一的有机整体，此即五脏一体观。五脏统摄身体其他组织器官、联系各种生命现象，如胆、胃、小肠、大肠、膀胱、三焦等六腑，为五脏之表；脉、皮、肉、筋、骨五体，为五脏所主；面、毛、唇、爪、发五华，为五脏所荣；舌、鼻、口、目、耳及二阴五官九窍，为五脏所司；喜、忧、思、怒、恐五志，为五脏所生；神、魄、意、魂、志五神，为五脏所藏；汗、涕、泪、涎、唾五液，为五脏所化等。它们又与五脏一起分属于五行，并按照五行生克制化、乘侮胜复及五行互藏的规律而运动变化。

就人体动态运行而言，可以把人体看作是气血循环不息的动态模式，"人之所有者，血与气耳"，气血的循行与充足就是人体正常运行的主要指征。五脏六腑、五官九窍、四肢百骸只是气血的化生、收藏、消耗器官，而经络系统是气血的循行通道。而气血的畅通与充足，就成为身体健康的主要指标，也是养生调病的主要目标，而药物与非药物疗法都是手段与方法。也可以说人从天地间吸收能量，通过脏腑运作

来产生气血、运化气血，气血为脏腑提供能量，形成一个天-地-人闭环又开放的循环系统。

我们也可以将人体理解成以五脏为五行的生克制化的动态巨系统，而其中运行的是气血津液。

传统的中医教材把藏象与经络分开讲述，其实可以合而观之，可能更好。

《素问·灵兰秘典论》云："心者，君主之官也，神明出焉。肺者，相傅之官，治节出焉。肝者，将军之官，谋虑出焉。胆者，中正之官，决断出焉。膻中者，臣使之官，喜乐出焉。脾胃者，仓廪之官，五味出焉。大肠者，传道之官，变化出焉。小肠者，受盛之官，化物出焉。肾者，作强之官，伎巧出焉。三焦者，决渎之官，水道出焉。膀胱者，州都之官，津液藏焉，气化则能出矣。"

五脏六腑皆有舒张、收缩之机能，也就是有阴阳两种特点，阳为舒张，阴为收缩，且阴阳皆由其脏腑经脉之左右上下之双向运动所支配。故而，将五脏六腑之生理、病理机能与十二经脉之运行进行详细讨论实属必要。根据祝华英道长揭示的《黄帝内经》早已记载的十二经脉运行规律，现在将十二经脉与脏腑的生理、病理运行过程呈现如下。

精气神无形系统对皮脉肉筋骨有形系统的调控作用。十二经脉正负运行启动、促进脏腑各功能，我们界定：传统经脉走向为正运，与传统经脉运行方向相反为负运。"中医基础理论"部分取自现在中医院校的通用教材，"道医解"部分为武当道医祝华英、祝玄冲道长依据个人内证对《黄帝内经》做出地更有深度、准确的解读。

一、手太阴肺

《素问·灵兰秘典论》云："肺者，相傅之官，治节出焉。"肺主治节（节气），胃主关节。

（一）中医基础理论

肺与心同居膈上，属上焦，上连气管，通窍于鼻，与外气直接相通。与大肠、皮、毛、鼻等构成肺系统。在五行属金，为阳中之阴脏。主气，司呼吸，助心行血，通调水道。在五脏六腑中，位置最高，为五脏之长。

肺与四时之秋相应。

肺主气：肺主气是肺主呼吸之气和肺主一身之气的总称。肺为气之主，肾为气之根。肺主呼，肾主纳，一呼一纳，一出一入，才能完成呼吸运动。

（二）道医解

当手太阴肺经正运从胸走手时，肺主宣发，主呼气，主卫外。肺主宣发是指肺气向上升宣和向外布散的功能，其气机运动表现为升与出。其生理作用主要体现在三个方面：其一，吸清呼浊；其二，输布津液精微，肺将脾所转输的津液和水谷精微布散到全身，外达于皮毛，以温润、濡养五脏六腑、四肢百骸、肌腠皮毛；其三，宣发卫气，肺借宣发卫气，调节腠理之开阖，并将代谢后的津液化为汗液，由汗孔排出体外。因此，若肺气失于宣散，则可出现呼吸不利、胸闷、咳嗽，以及鼻塞、喷嚏和无汗等症状。治疗原则为补益肺气，散寒解表，宣肺止咳。正运不及，脉口寸部沉弱无力，则肺气不足，容易气短、胸闷、少言懒语或自汗恶风。

当肺经从手走胸负运下降时。肺主肃降，主吸气，主金生水。肺主肃降是指肺气清肃、下降的功能，其气机运动形式为降与入。其生理作用主要体现在四个方面：其一，吸入清气；其二，输布津液精微，肺将吸入的清气和由脾转输于肺的津液和水谷精微向下布散于全身，以供脏腑组织生理功能之需要；其三，通调水道，肺为水之上源，肺气肃降则能通调水道，使水液代谢产物下输膀胱；其四，清肃洁净，肺的形质是“虚如蜂窠”，清轻肃净而不容异物。肺气肃降，则能肃清肺和呼吸道内的异物，以保持呼吸道的洁净。因此，肺气失于肃降，则可现呼吸短促、喘促、咳痰等肺气上逆之候。

肺主吸气，一般以右肺为主。肺经下降不及则脉口寸部浮大，容易咳喘上气，肾不纳气。左侧肺经之气正运上升，能帮助心运行血脉。《素问·经脉别论》记载：“食气入胃，浊气归心，淫精于脉，脉气流经，经气归于肺，肺朝百脉，输精于皮毛。”

肺朝百脉的生理作用为助心行血。肺主气，心主血，全身的血和脉均统属于心。心脏的搏动是血液运行的基本动力。血的运行又依赖于气的推动，随着气的升降而运行到全身。肺主一身之气，贯通百脉，调节全身的气机，故能协助心脏主持血液循行。因此，血液的运行亦有赖于肺气的敷布和调节。

二、足太阴脾

《素问·灵兰秘典论》："脾胃者，仓廪之官，五味出焉。"

《素问·刺法论》："脾者，谏议之官，知（通智）周出焉。"

（一）中医基础理论

脾与胃、肉、唇、口等构成脾系统。脾主运化、统血，输布水谷精微，为气血生化之源，人体脏腑百骸皆赖脾以濡养，故有"后天之本"之称。在五行属土，为阴中之至阴。脾与四时之长夏相应，也说脾主四季。

脾宜升则健：脾升胃降，为人体气机上下升降的枢纽。脾性主升，是指脾的气机运动形式以升为要。脾升则脾气健旺，生理功能正常，故曰"脾宜升则健"。如脾气不能升清，则水谷不能运化，气血生化无源，可出现神疲乏力、眩晕、泄泻等症状。脾气下陷（又称中气下陷）则可见久泄脱肛甚或内脏下垂等。

脾喜燥恶湿：脾主湿而恶湿，因湿邪伤脾，脾失健运而水湿为患者，称为"湿困脾土"，可见头重如裹、脘腹胀闷、口黏不渴等证。若脾气虚弱，健运无权而水湿停聚，称"脾病生湿"（脾虚生湿），可见肢倦、纳呆、脘腹胀满、痰饮、泄泻、水肿等。总之，脾具有恶湿的特性，并且对于湿邪有特殊的易感性。

脾气与长夏相应：脾运湿又恶湿，若脾为湿困，运化失职，可引起胸脘痞满、食少体倦、大便溏薄、口甜多涎、舌苔滑腻等，反映了脾与湿的关系。故长夏之时，处方遣药，常常加入藿香、佩兰等芳香化浊、醒脾燥湿之品。此外，脾为后天之本，气血生化之源，脾气虚弱则会出现倦怠乏力、食欲不振等。

（二）道医解

当足太阴脾经从足走腹正运上升时，脾主运化，水谷精微上达于肺。脾主升清气于上焦，而生肺金之气（培土生金）。并主太阴为开，脾气不升则容易运化五谷蔬菜功能失常，导致消化吸收功能弱，化生气血不足；运化水饮不及则容易生湿或脾虚水肿，导致脾气虚，脉口缓弱无力或沉弱无力，则容易四肢疲乏无力。

负运从腹走足下降时，脾主归藏，主统血。人左侧主血分，右侧主气分，故脾主血的负运功能主要针对左侧而言，当左侧脾经负运统血时，左侧肝同时负运主藏血，二者有协同作用。

《素问·刺法论》："脾者，谏议之官，知（通智）周出焉。"脾主意、为地为土，天动地静。

三、手少阴心

《素问·灵兰秘典论》："心者，君主之官也，神明出焉。"

（一）中医基础理论

心与小肠、脉、面、舌等构成心系统。心在五行属火，为阳中之阳脏，藏神志，为五脏六腑之大主、生命之主宰。心与四时之夏相通应。

心有肉团之心与神明之心之别，少阴心为神明之心，神志之心；厥阴心包为血肉之心，即解剖学之心脏。我们以此为别。心主血脉，即心包之主；藏神志，即少阴神明之心所主。

（1）心主神志，即是心主神明，又称心藏神。在现代的中医学讲述中，"神"有三义：其一，指自然界物质运动变化的功能和规律，所谓"阴阳不测谓之神"（《素问·天元纪大论》）。其二，指人体生命活动的总称，一般称之为广义的神。整个人体生命活动的外在表现，如整个人体的形象以及面色、眼神、言语、应答、肢体活动姿态等，无不包含于神的范围。换言之，凡是机体表现于外的"形征"，都是机体生命活动的外在反映。其三，是指人们的精神、意识、思维活动，即心所主之神志，一般称为狭义的神。

（2）神的生成：神是人体形体的机能或功用。由精气构成的形体是人身的根本。"生之来谓之精，两精相搏谓之神。"（《灵枢·本神》）神随着个体的发生、发育、成长、消亡而发生、发展和消亡。神由先天之精气所化生，在胚胎形成之际，生命之神也就产生了。出生之后，在个体发育过程中，神还必须依赖于后天水谷精气的充养。所以说："神

者,水谷之精气也。"(《灵枢·平人绝谷》)

神并不是超物质的东西,它的产生是有物质基础的。精气是产生神的物质基础。形具而神生,形者神之体,神者形之用。形存则神存,形谢则神灭。总之,神是物质自然界的产物,是天地间的一种自然现象。

(3)心主神志的生理作用:心藏神,为人体生命活动的中心。其生理作用有二:其一,主思维、意识、精神。在正常情况下,神明之心接受和反映客观外界事物,进行精神、意识、思维活动。这种作用称之为"任物"。任,是接受、担任、负载之意,即心具有接受和处理外来信息的作用。有了这种"任物"的作用,才会产生精神和思维活动,对外界事物做出判断。其二,主宰生命活动。"心为身之主宰,万事之根本。"(《饮膳正要·序》)神明之心为人体生命活动的主宰。五脏六腑必须在心的统一指挥下才能进行统一协调的正常的生命活动。心为君主而脏腑百骸皆听命于心。心藏神而为神明之用。"心者,五脏六腑之大主也,精神之所舍也。"(《灵枢·邪客》)

(4)心主神志与五脏藏神的关系:中医学从整体观念出发,认为人体的一切精神意识思维活动,都是脏腑生理功能的反映。故把神分成五个方面,并分属于五脏,即"心藏神,肺藏魄,肝藏魂,脾藏意,肾藏志"(《素问·宣明五气论》)。人的精神意识思维活动,虽五脏各有所属,但主要还是归属于心主神志的生理功能,故曰:"心为五脏六腑之大主,而总统魂魄,兼赅意志。"(《类经·疾病类》)

心主神志与心包主血脉的关系:气、血、精、津液等是人体脏腑功能活动的物质基础。神志是心脏生理功能之一,心脏运送血液以营养全身,也包括为自身提供生命活动必要的物质,所以就这个意义讲,又说血液是神志活动的物质基础,故曰"血气者,人之神"(《素问·八正神明论》),"血者,神气也"(《灵枢·营卫生会》)。因此,心主血脉的功能异常,亦必然出现神志的改变。

(5)心主神志与脑为元神之府的关系:脑为髓海,髓由精生,精源于五脏六腑之气血。

因此,脑的功能与五脏相关。人之灵机记性、思维语言、视、听、嗅等均为脑所主，故称脑为元神之府，脑为人体生命活动的中枢。神明之心实质就是脑。心主血，上供于脑。故心脑相系，常心脑并称，心脑同治。

人的精神、意识和思维活动属于大脑的生理功能，是大脑对外界事物的反映。这在中医文献中早已有明确的论述。但藏象学说则将人的精神、意识和思维活动归属于五脏而且主要归属于心的生理功能。因此，心主神志的实质是指大脑通过感觉器官，接受、反映客观外界事物，进行意识、思维情志等活动。因为藏象学说中脏腑的概念虽然包含着若干解剖学成分，但从主要方面看，却是一个标示各种功能联系的符号系统，是人体的整体功能模型。中医学将思维活动归之于心，是依据心血充盈与否与精神健旺程度有密切关系而提出来的。心是中国古代哲学心性论的重要范畴。“心之官则思”(《孟子·告子上》)，古人以心为思维器官，故后沿用为脑的代称。心这个器官是用来思考的。心之为心，只有在人之“思”的实际活动中才有意义。血肉之心是指心之本体，神明之心则是从心之本体所产生的主体意识，实为大脑的功能。因此，中医学心的概念反映了中国传统文化中心性哲学的鲜明特色。中医学的心神论长期以来一直在指导着中医的临床实践，具有重要的科学和实践价值。

神在人体生命活动中非常重要：“得神者昌，失神者亡。”(《素问·移精变气论》)心主神志的生理功能正常，则精神振奋、神志清晰、思维敏捷，对外界信息的反应灵敏和正常。如果心主神志的生理功能异常，不仅可以出现精神意识与思维活动的异常，如失眠、多梦、神志不宁甚至谵狂，或反应迟钝、精神萎靡甚至昏迷、不省人事等，还会影响其他脏腑的功能活动，甚至危及生命。所以说“主明则下安……主不明则十二官危”(《素问·灵兰秘典论》)，“心动则五脏六腑皆摇”(《灵枢·口问》)。清心静神可以祛病延年，防止早衰。

心为阳脏主阳气，心气与夏气相通。

(1)心为阳脏而主阳气：“心为火脏，烛照万物。”(《血证论·脏腑病机论》)故凡脾胃之腐熟运化，肾阳之温煦蒸腾，以及全身的水液代谢、汗液的调节等，心阳皆起着重要作用。

(2)心气与夏气相通应:心应夏气,“通”即相互通应之意。人与自然是一个统一整体,自然界的四时阴阳消长变化与人体五脏功能活动系统是通应联系着的。心与夏季、南方、热、火、苦味、赤色等有着内在联系。心为阳脏而主阳气。天人相应,自然界中在夏季以火热为主,在人体则与阳中之太阳的心相通应,了解心的这一生理特性,有助理解心的生理病理,特别是病理与季节气候的关系。心通于夏气,是说心阳在夏季最为旺盛,功能最强。

我们赞同张东博士的观点:阴阳不测之为神。两精相搏谓之神。阴阳相交即是三,三生万物,引出万物故曰神。三乃阴阳之中,即圜道之圆心,居中央掌控圆的一切,所有的点都要围绕圆心。因此,神有两层含义,一曰生万物,二曰掌控万物。神创造万物,也控制万物。人体的思维意识称之为神,也是如此。意识可以创造出无尽的思想、情景、感情等,就像万物,同时意识也能控制人体。古人将人之神又分为元神和识神。人的意、志、思、虑、智,以及喜、怒、忧、思、悲、恐、惊等皆是识神的范畴。[①]

(二)道医解

当手少阴心经正运上升从胸走手时,心主神明之喜悦,如心经上升不及则神气虚,虚则易悲伤与恐惧、惊悸、神疲。

当心经负运从手走胸下降时,心主藏神,神喜静而恶浮躁,虚静通神,静则神安;心经下降不及,心不藏神则容易心浮气躁,失眠睡眠浅,或者心神不宁而杂念丛生,睡眠中乱梦纷纭。心经负运下行时主心火下交于肾,心肾不交容易心烦失眠。

《素问·调经论》:“神有余则笑不休,神不足则悲。”

四、足少阴肾

《素问·灵兰秘典论》:“肾者,作强之官,技巧出焉。”

(一)中医基础理论

肾位于腰部脊柱两侧,左右各一,右微下,左微上,外形椭圆弯曲,

---

① 张东:《道生医:中医的顶层理论》,世界图书出版西安有限公司2023年版,第187页。

状如豇豆，与膀胱、骨髓、脑、发、耳等构成肾系统。肾主藏精，主水液，主纳气，为人体脏腑阴阳之本，生命之源，故称为先天之本；在五行属水，为阴中之阳。在四时与冬季相应。

1.肾的生理功能

(1)肾藏精。肾藏精是指肾具有贮存、封藏人身精气的作用。

精的含义有广义和狭义之分。广义之精是构成人体且维持人体生长发育、生殖和脏腑功能活动的有形的精微物质的统称。广义之精包括禀受于父母的生命物质，即先天之精，以及后天获得的水谷之精，即后天之精。先天之精又称肾本脏之精，禀受于父母，与生俱来，是生育繁殖、构成人体的原始物质。"人始生，先成精"(《灵枢·经脉》)，"两神相搏，合而成形，常先身生，是谓精"(《灵枢·决气》)。后天之精又称五脏六腑之精，来源于水谷精微，由脾胃化生并灌溉五脏六腑。人出生以后，水谷入胃，经过胃的腐熟、脾的运化而生成水谷之精气，并转输到五脏六腑，使之成为脏腑之精。脏腑之精充盛，除供给本身生理活动所需外，其剩余部分则贮藏于肾，以备不时之需。当五脏六腑需要这些精微物质给养时，肾脏又把所藏之精气重新供给五脏六腑。一方面不断贮藏，另一方面又不断供给，循环往复，生生不已。

狭义之精是禀受于父母而贮藏于肾的具生殖繁衍作用的精微物质，又称生殖之精。

先天之精为后天之精准备了物质基础，后天之精不断地供养先天之精。先天之精只有得到后天之精的补充滋养才能充分发挥其生理效应；后天之精也只有得到先天之精的活力资助才能源源不断化生。即所谓"先天生后天，后天养先天"，二者相辅相成，在肾中密切结合而组成肾中所藏的精气。肾为先天之本，接受其他脏腑的精气而贮藏起来。脏腑的精气充盛，肾精的生成、贮藏和排泄才能正常。故曰："精者，一身之至宝，原于先天而成于后天者也，五脏俱有而属于肾。"(《医编·遗精》)

精的生理功能：肾中精气不仅能促进机体的生长、发育和繁殖，而且还能参与血液的生成，提高机体的抗病能力。

①促进生殖繁衍：肾精是胚胎发育的原始物质，又能促进生殖机

能的成熟。肾精的生成、贮藏和排泄，对繁衍后代起着重要的作用。人的生殖器官的发育及其生殖能力均有赖于肾。人出生以后，由于先天之精和后天之精相互滋养，从幼年开始，肾的精气逐渐充盛，发育到青春时期，随着肾精的不断充盛，便产生了一种促进生殖功能成熟的物质，称作天癸。于是，男子就能产生精液，女性则月经按时来潮，性功能逐渐成熟，具备了生殖能力。以后，随着人从中年进入老年，肾精也由充盛而逐渐趋向亏虚，天癸的生成亦随之而减少，甚至逐渐耗竭，生殖能力亦随之而下降，以至消失。这充分说明肾精对生殖功能起着决定性的作用，为生殖繁衍之本。如果肾藏精功能失常就会导致性功能异常，生殖功能下降。

所以说，男子“二八，肾气盛，天癸至，精气溢泻，阴阳和，故能有子”，“七八……天癸竭，精少，形体皆极”；女子“二七而天癸至，任脉通，太冲脉盛，月事以时下，故有子”，“七七，任脉虚，太冲脉衰少，天癸竭，地道不通，故形坏而无子”（《素问·上古天真论》）。

总之，男女生殖器官的发育成熟及其生殖能力均有赖于肾精的充盛，而精气的生成、贮藏和排泄均由肾所主，故有肾主生殖之说。根据这一理论，固肾保精便成为治疗性与生殖机能异常的重要方法之一。

②促进生长发育：生、长、壮、老、已是人类生命的自然规律。人从出生经过发育、成长、成熟、衰老以至死亡前机体生存的时间，称为寿命，通常以年龄作为衡量寿命长短的尺度。中医学称寿命为天年、天寿，即先天赋予的寿命限度。健康长寿是人类有史以来奋斗的目标。“健康不仅为疾病或羸弱之消除，而系体格、精神与社会之完全健康状态。”这是世界卫生组织（WHO）对健康的最新定义。“阴阳匀平，以充其形，九候若一，命曰平人”（《素问·调经论》），“平人者不病，不病者脉口、人迎应四时也，上下相应而俱来也，六经之脉不结动也，本末之寒温之相守司也，形肉血气必相称也，是谓平人”（《灵枢·终始》），平人即健康者。健康意味着机体内部以及机体与外界环境的阴阳平衡，脏腑经络功能正常，气血和调，精神内守，形神合一。人的脏腑气血盛衰直接关系着人的强弱寿夭。人以五脏为本，而肾为五脏之根。肾所藏之精气为生命的基础，在人的生、长、壮、老、已的过程中起主导作

用。故曰:“天寿过度,气脉常通而肾气有余也。”(《灵枢·天年》)生、长、壮、老、已的过程称为生命的历程。一般,根据年龄把生命的历程分为少年、青年、中年和老年四个阶段。

③参与血液生成:肾藏精,精能生髓,精髓可以化而为血。“血即精之属也,但精藏于肾,所蕴不多,而血富于冲,所至皆是”(《景岳全书·血证》),“夫血者,水谷之精微,得命门真火蒸化”(《读医随笔·气血精神论》)。故有血之源头在于肾之说。因此,在临床上治疗血虚常用补益精髓之法。

④抵御外邪侵袭:肾精具有抵御外邪而使人免于疾病的作用。“足于精者,百病不生,穷于精者,万邪蜂起”(《冯氏锦囊秘录》)。精充则生命力强,卫外固密,适应力强,邪不易侵。反之,精亏则生命力弱,卫外不固,适应力弱,邪侵而病。故有“藏于精者,春不病温”(《素问·金匮真言论》)之说。冬不藏精,春必病温,肾精这种抵御外邪的能力属正气范畴,与“正气存内,邪不可干”“邪之所凑,其气必虚”的意义相同。

(2)肾主水液。水液是体内正常液体的总称。

肾主水液,从广义来讲,是指肾为水脏,泛指肾具有藏精和调节水液的作用。从狭义而言,是指肾主持和调节人体水液代谢的功能。本节所及,属于后者。肾主水的功能是靠肾阳对水液的气化来实现的。肾脏主持和调节水液代谢的作用,称作肾的“气化”作用。

人体的水液代谢包括两个方面:一是将水谷精微中具有濡养滋润脏腑组织作用的津液输布周身;二是将各脏腑组织代谢利用后的浊液排出体外。这两方面,均赖肾的气化作用才能完成。

在正常情况下,水饮入胃,由脾的运化和转输而上输于肺,肺的宣发和肃降而通调水道,使清者(有用的津液)以三焦为通道而输送到全身,发挥其生理作用;浊者(代谢后的津液)则化为汗液、尿液和气等,分别从皮肤汗孔、尿道、呼吸道排出体外,从而维持体内水液代谢的相对平衡。在这一代谢过程中,肾的蒸腾气化使肺、脾、膀胱等脏腑在水液代谢中发挥各自的生理作用。被脏腑组织利用后的水液(清中之浊者)从三焦下行而归于肾,经肾的气化作用分为清、浊两部分。清者再通过三焦上升，归于肺而布散于周身；浊者变成尿液，下输膀胱，从尿道排出体外，如此循环往复，以维持人体水液代谢的平衡。

肾的开阖作用对人体水液代谢的平衡有一定影响。“开”就是输出和排出，“阖”就是关闭，以保持体液相对稳定的贮存量。在正常生理状态下，由于人的肾阴、肾阳是相对平衡的，肾的开阖作用也是协调的，因而尿液排泄也就正常。综上所述，人体的水液代谢与肺、脾胃、小肠、大肠、膀胱、三焦等脏腑有密切关系，而肺的宣肃、脾的运化和转输、肾的气化则是调节水液代谢平衡的中心环节。其中，以肺为标，以肾为本，以脾为中流砥柱。肾的气化作用贯穿于水液代谢的始终，居于极其重要的地位，所以有“肾者主水”“肾为水脏”之说。

在病理上，肾主水功能失调，气化失职，开阖失度，就会引起水液代谢障碍。气化失常，关门不利，阖多开少，小便的生成和排泄发生障碍可引起尿少、水肿等病理现象；若开多阖少，又可见尿多、尿频等证。

(3)肾主纳气。纳即固摄、受纳的意思。

肾主纳气，是指肾有摄纳肺吸入之气而调节呼吸的作用。人体的呼吸运动虽为肺所主，但吸入之气必须下归于肾，由肾气为之摄纳，呼吸才能通畅、调匀。“气根于肾，亦归于肾，故曰肾纳气，其息深深。”(《医碥·气》)正常的呼吸运动是肺肾之间相互协调的结果。所以说：“肺为气之主，肾为气之根，肺主出气，肾主纳气，阴阳相交，呼吸乃和。”(《类证治裁·卷之二》)

肾主纳气，对人体的呼吸运动具有重要意义。只有肾气充沛，摄纳正常，才能使肺的呼吸均匀，气道通畅。如果肾的纳气功能减退，摄纳无权，吸入之气不能归纳于肾，就会出现呼多吸少、吸气困难、动则喘甚等肾不纳气的病理变化。因此，咳喘之病，“在肺为实，在肾为虚”(《临证指南医案·卷四》)，初病治肺，久病治肾。

肾主纳气，是肾的封藏作用在呼吸运动中的体现。故曰：“化精，为封藏之本。”(《医学入门·脏腑》)

(4)肾主一身阴阳。

①肾精、肾气、肾阴、肾阳的关系：五脏皆有阴阳，就物质与功能言，则物质属阴，功能属阳。功能产生于物质，而物质表现功能。

肾精，即肾所藏之精气。其来源于先天之精，赖后天之精的不断充养，为肾功能活动的物质基础，是机体生命活动之本，对机体各种生理活动起着极其重要的作用。

肾气，肾精所化生之气，实指肾脏精气所产生的生理功能。气在中医学中指构成人体和维持人体生命活动的最基本物质，是脏腑经络功能活动的物质基础。气有运动的属性，气的运动表现为人体脏腑经络的功能活动。脏腑经络是结构与功能辩证统一的综合概念，它虽有解剖意义，而更重要的是一个人体功能模型，标志着人体脏腑经络的生理功能。精化为气，故肾气是由肾精产生的，肾精与肾气的关系实际上就是物质与功能的关系。为了在理论上、实际上全面阐明肾精的生理效应，又将肾气，即肾脏的生理功能概括为肾阴和肾阳两个方面。

肾阴又称元阴、真阴、真水，为人体阴液的根本，对机体各脏腑组织起着滋养、濡润作用。

肾阳又称元阳、真阳、真火，为人体阳气的根本，对机体各脏腑组织起着推动、温煦作用。

肾阴和肾阳相互制约、相互依存、相互为用，维持着人体生理上的动态平衡。从阴阳属性来说，精属阴，气属阳，所以有时也称肾精为“肾阴”，肾气为“肾阳”。这里的“阴”和“阳”是针对物质和功能的属性而言的。

②肾阴肾阳为脏腑阴阳之本：肾为五脏六腑之本，为水火之宅，寓真阴（即命门之水）而涵真阳［命门之火，五脏六腑之阴，非肾阴不能滋助；五脏六腑之阳，非肾阳不能温养。故曰：“命门为元气之根，为水火之宅。五脏之阴气，非此不能滋；五脏之阳气，非此不能发。”（《景岳全书·传忠录·命门余义》）其中，命门即指肾。］“命门水火，即十二脏之化源。故心赖之，则君主以明；肺赖之，则治节以行；脾胃赖之，济仓廪之富；肝胆赖之，资谋虑之本；膀胱赖之，则三焦气化；大小肠赖之，则传导自分。”（《类经附翼·求正录》）肾阴充则全身诸脏之阴亦充，肾阳旺则全身诸脏之阳亦旺盛。所以说，肾阴为全身诸阴之本，肾阳为全身诸阳之根。

在病理情况下，由于某些原因，肾阴和肾阳的动态平衡遭到破坏而又不能自行恢复时，即能形成肾阴虚和肾阳虚的病理变化。肾阴虚则表现为五心烦热、眩晕耳鸣、腰膝酸软、男子遗精、女子梦交等症状；肾阳虚则表现为精神疲惫、腰膝冷痛、形寒肢冷、小便不利或遗尿失禁，以及男子阳痿、女子宫寒不孕等性功能减退和水肿等症状。

由于肾阴与肾阳之间的内在联系，在病变过程中，常互相影响，肾阴虚发展到一定程度时，可以累及肾阳，发展为阴阳两虚，称作“阴损及阳”；肾阳虚到一定程度的时候，也可累及肾阴，发展为阴阳两虚，称作“阳损及阴”。

2.肾的生理特性

(1)肾主闭藏：封藏，亦曰闭藏，固密储藏，封固闭藏之谓。

肾主封藏是指肾贮藏五脏六腑之精的作用。封藏是肾的重要生理特性。肾为先天之本，生命之根，藏真阴而寓元阳，为水火之脏。肾藏精，精宜藏而不宜泄；肾主命火，命火宜潜不宜露，故曰：“肾者主蛰，封藏之本，精之处也。”(《素问·六节藏象论》)人之生身源于肾，生长发育基于肾，生命活动赖于肾。肾是人体阴精之所聚，肾精充则化源足。肾又是生命活动之本原，肾火旺则生命力强，精充火旺，阴阳相济，则生化无穷，机体强健。肾为封藏之本，是对肾脏生理功能的高度概括，体现了肾脏各种生理功能的共同特点。如精藏于肾、气纳于肾，以及月经的应时而下、胎儿的孕育、二便的正常排泄等，均为肾封藏之职的功能所及。肾精不可泻，肾火不可伐，犹如木之根、水之源，木根不可断，水源不可竭，灌其根枝叶茂，澄其源流自清。因此，肾脏只宜闭藏而不宜耗泻。肾主闭藏的生理特性体现在藏精、纳气、主水、固胎等各方面。基于这一生理特性，前人提出了“肾无实不可泻”的学术观点，故治肾多言其补，不论其泻，或以补为泻。但是，肾病并非绝对无实而不可泻，确有实邪亦当用泻。然而，肾脏具有主蛰伏闭藏的特性，故其病虚多实少，纵然有实邪存在，也是本虚标实，因此，治肾还是以多补少泻为宜。肾主闭藏的理论对养生具有重要指导意义，养生学非常强调收心神、节情欲、调七情、省操劳以保养阴精，使肾精充盈固秘而延年益寿。

(2)肾气与冬气相应：肾与冬季、北方、寒、水、咸味等有内在联系。

如冬季寒水当令，气候比较寒冷。水在天为寒，在脏为肾。冬季的岁运，正常为“静顺”，万物归藏。在人应肾，阴平阳秘，封藏有节。不及为“涸流”，太过为“流衍”。不及与太过，四时阴阳异常，在人则肾之阴阳失调，封藏失职。在人体以肾气变化为著，故冬季以肾病、关节疾病较多为其特点。

总之，五脏与自然界的收受关系旨在说明人体生命活动的节律变化，是与自然密切相关的。

3.命门之辨

命门一词始见于《黄帝内经》，谓“命门者，目也”(《灵枢·根结》)。自《难经》始，命门被赋予“生命之门”的含义，它是先天之气蕴藏之所在，人体生化的来源，生命的根本。命门是藏象学说的内容之一，为历代医家所重视。

(1)命门的位置。关于命门的位置，历来有不少争论，归纳起来有以下几种。

①左肾右命门说：肾有二枚，左肾为肾，右肾为命门之说，始自《难经》。“肾两者，非皆肾也，其左者为肾，右者为命门。”(《难经·三十六难》)自此以后，晋王叔和《脉经》，宋陈无择《三因方》、严用和《济生方》，明李梴《医学入门》等均遵此说。

②两肾总号命门说：明虞抟否定左为肾右为命门之说，明确指出“两肾总号为命门”，谓：“夫两肾固为真元之根本，性命之所关，虽为水脏，而实为相火寓乎其中，愚意当以两肾总号命门。”(《医学正传》)明张景岳认为：“肾两者，坎外之偶也；命门一者，坎中之奇也。以一统两，两而包一。是命门总乎两肾，而两肾皆属于命门。故命门者，为水火之府，为阴阳之宅，为精气之海，为死生之窦。”(《类经附翼·求正录》)这一学说认为两肾俱为命门，并非在肾之外另有一个命门。

③两肾之间为命门说：以命门独立于两肾之外，位于两肾之间，实以明朝赵献可为首倡。他根据《素问·刺禁论》“七节之旁，中有小心”，认为：“此处两肾所寄，左边一肾属阴水，右边一肾属阳水，各开一寸五分，中间是命门所居之官，其右旁即相火也，其左旁即天一之真水也。”(《医贯》)这种论点也影响了清代医家，如陈修园《医学三字经》、

林佩琴《类证治裁》、张路玉《本经逢原》、黄宫绣《本草求真》等均宗此说。

④命门为肾间动气说：此说虽然认为两肾中间为命门，但其间非水非火，而只是存在一种原气发动之机，同时又认为命门并不是具有形质的脏器。倡此说者首推明朝孙一奎，他认为："命门乃两肾中间之动气，非水非火，乃造化之枢纽，阴阳之根蒂，即先天之太极，五行以此而生，脏腑以继而成。若谓属水、属火、属脏、属腑，乃是有形之物，则外当有经络动脉而形于诊，《灵》《素》亦必著之于经也。"(《医旨绪余》)

(2)命门的功能。明代以前，在《难经·三十九难》"命门者……其气与肾通"之说的影响下，把命门的功能笼统地包括在"肾气"概念之中，认为命门的功能与肾的功能有相同之处。直到明代，命门学说得到进一步发展。综合前人的论述，对命门的功能有以下几种认识：

①命门为原气所系，是人体生命活动的原动力："命门者，精神之所含，原气之所系也。"(《难经·八难》)

②命门藏精舍神，与生殖功能有密切关系："命门者，精神之所舍也；男子以藏精，女子以系胞。"(《难经·三十九难》)说明命门是人体藏精舍神之处，男子以贮藏精气，女子以联系子宫。命门藏精舍神的功能实为肾主生殖的一部分功能。陈修园则明确指出："凡称之曰门，皆指出入之处而言也。况身形未生之初，父母交会之际，男子施由此门出，女子受由此门入，及胎元既定，复由此门而生。故于八门即飞门、户门、吸门、贲门、幽门、阑门、魄门等七冲门(加上溺窍空门)之外，重之曰命门也。"(《医学实在易》)他认为命门在女为产门，在男为精关。

③命门为水火之宅，包括肾阴、肾阳的功能："命门为元气之根，为水火之宅，五脏之阴气，非此不能滋，五脏之阳气，非此不能发。"(《景岳全书·传忠录·命门余义》)"命门之火，谓之元气，命门之水，谓之元精。"(《类经附翼·求正录》)可见，张景岳认为命门的功能包括肾阴、肾阳两方面作用。

④命门内寓真火，为人身阳气之根本："命门者，先天之火也……心得命门而神明有主。如可以应物：肝得命门而谋虑，胆得命门而决

断，胃得命门而受纳，脾得命门而转输，肺得命门而治节，大肠得命门而传导，小肠得命门而布化，肾得命门而作强，三焦得命门而决渎，膀胱得命门而收藏，无不借命门之火而温养也。”(《石室秘录》)这种观点把命门的功能称为命门真火，或命火，也就是肾阳，是各脏腑功能活动的根本。因此，周省吾进一步强调：“命门者，人身之真阳，肾中之元阳是已，非另是一物。”(《吴医汇讲》)

纵观历代医家对命门的认识：从形态言，有有形与无形之争；从部位言，有右肾与两肾之间之辨；从功能言，有主火与非火之争。但历代医家对命门的主要生理功能，以及命门的生理功能与肾息息相通的认识是一致的。我们认为肾阳即命门之火，肾阴即张景岳所谓“命门之水”。肾阴亦即真阴、元阴；肾阳亦即真阳、元阳。古人言命门，无非是强调肾中阴阳的重要性。

按照张东博士的观点，右肾是命门，表达的是圜道之终始，肾间动气表达的是元气乃至三生万物，目为命门表达的是原神对元气的引领，是修道的起点。[①]

(二)道医解

当足少阴肾经正运从足走腹上升时，右侧肾经主肾阳温煦五脏，推动五脏产生阳气功能活动，排出小便；当右侧肾经负运下降时，肾主纳气，并藏纳元阳命门之火，同时肾经下降主温煦六腑，肾经下降时则膀胱经上升，膀胱经阳气来源于肾中元阳，膀胱经阳气不升则表阳不足，而六腑失于温煦。

当左侧肾经正运上升时，肾阴表化生肝血，肾水上济于心而滋养心阴，以制约心火太过，并濡润五脏。当左侧肾经负运下降时，主藏纳五脏之阴精(肾受五脏之精而藏之)，主生命的生殖、繁衍、发育，并制约统摄精液与大小二便，肾阴不足制约不及，则容易遗精早泄、大小二便偏多，甚至失禁。

五、足厥阴肝

《素问·灵兰秘典论》：“肝者，将军之官，谋虑出焉。”

① 张东：《道生医：中医的顶层理论》，世界图书出版西安有限公司 2023 年版，第 204 页。

(一)中医基础理论

肝位于腹部,横膈之下,右胁下而偏左。与胆、目、筋、爪、肝胆经络系统等构成肝脏系统。主疏泄、主藏血生血、主藏魂,体阴用阳。在五行属木,为阴中之阳。肝与四时之春相应。

1.肝主疏泄

肝主疏泄是指肝具有疏通、舒畅、条达以保持全身气机疏通畅达、通而不滞、散而不郁的作用。肝主疏泄在人体生理活动中的主要作用是:

(1)调畅气机:肝主疏泄的生理功能关乎人体全身的气机调畅。

(2)调节情志:情志主要包括喜、怒、忧、思、悲、恐、惊,亦称为七情。肝通过其疏泄功能对气机的调畅作用,可调节人的精神情志活动。“肝主谋虑”(《素问·灵兰秘典论》),谋虑就是谋思虑,深谋熟虑。肝主谋虑就是肝辅佐心神参与调节思维、情绪等神经精神活动的作用。疏泄不及,则表现为郁郁寡欢、多愁善虑等。疏泄太过,则表现为烦躁易怒、头胀头痛、面红目赤等。故曰:“七情之病,必由肝起。”(《柳州医话》)肝主疏泄失常与情志失常,往往互为因果。肝失疏泄而情志异常,称为因病致郁。因情志异常而致肝失疏泄,称为因郁致病。

(3)促进消化吸收:脾、胃是人体主要的消化器官。胃主受纳,脾主运化。肝主疏泄是保持脾胃正常消化吸收的重要条件。肝对脾胃消化吸收功能的促进作用,是通过协调脾胃的气机升降和分泌、排泄胆汁而实现的。肝的疏泄功能正常是保持脾胃升降枢纽能够协调的重要条件。饮食的消化吸收与肝的疏泄功能有密切关系,故肝的疏泄功能既可以帮助脾之运化,使清阳之气升发,水谷精微上归于肺,又能助胃之受纳腐熟,促进浊阴之气下降,使食糜下达于小肠。若肝失疏泄,犯脾克胃,必致脾胃升降失常,临床上除具肝气郁结的症状外,既可出现胃气不降的嗳气脘痞、呕恶纳减等肝胃不和症状,又可现脾气不升的腹胀、便溏等肝脾不调的症状。

(4)分泌排泄胆汁:胆附于肝,内藏胆汁,胆汁具有促进消化的作用。胆汁是肝之余气积聚而成。胆汁来源于肝,贮藏于胆,胆汁排泄到肠腔内,以助食物的消化吸收。故曰:“凡人食后,小肠饱满,肠头上逼胆囊，胆汁渍入肠内，利传渣滓。”（《医原》）若肝的疏泄功能正常，则胆汁能正常分泌和排泄，有助于脾胃的消化吸收功能。如果肝气郁结，影响胆汁的分泌和排泄，可导致脾胃消化、吸收障碍，出现胁痛、口苦、纳食不化，甚至黄疸等。总之，脾为阴中之至阴，非阴中之阳不升，土有敦厚之性，非曲直之木不达。肝气升发，疏达中土，以助脾之升清运化，胃之受纳腐熟。

(5)维持气血运行：肝气舒畅条达，血液才得以随之运行，藏泄适度，“血随气行，周流不停”（《风劳臌膈四大证治》）。血之源头在于气，气行则血行，气滞则血瘀。若肝失疏泄，气机不调，必然影响气血的运行。如气机阻滞，则气滞而血瘀，则可见胸胁刺痛，甚至瘕积、肿块、痛经、闭经等。若气机逆乱，又可致血液不循常道而出血。

(6)调节水液代谢：水液代谢的调节主要是由肺、脾、肾等脏腑共同完成的，但与肝也有密切关系。因肝主疏泄，能调畅三焦的气机，促进上中下三焦之肺、脾、肾三脏调节水液代谢的机能，即通过促进脾之运化水湿、肺之布散水津、肾之蒸化水液，以调节水液代谢。

(7)调节性与生殖：

①调理冲任：妇女经、带、胎、产等特殊的生理活动，关系到许多脏腑的功能，其中肝脏的作用甚为重要，向有“女子以肝为先天”之说。妇女一生以血为重，由于行经耗血，妊娠血聚养胎、分娩出血等，无不涉及血，以致女子有余于气而不足于血。冲为血海，任主胞胎，冲任二脉与女性生理机能休戚相关。肝为血海，冲任二脉与足厥阴肝经相通，而隶属于肝。肝主疏泄可调节冲任二脉的生理活动。肝的疏泄功能正常，足厥阴经之气调畅，冲任二脉得其所助，则任脉通利，太冲脉盛，月经应时而下，带下分泌正常，妊娠孕育，分娩顺利。若肝失疏泄而致冲任失调，气血不和，从而形成月经、带下、胎产之疾以及性功能异常和不孕等。

②调节精室：男性精室的开合、精液的藏泄，与肝肾的功能有关。“主闭藏者，肾也，司疏泄者，肝也。”（《格致余论·阳有余阴不足论》）肝之疏泄与肾之闭藏协调平衡，则精室开合适度，精液排泄有节，使男子的性与生殖机能正常。若肝之疏泄失常，必致开合疏泄失度。其不

及，可见性欲低下、阳痿、精少、不孕等；其太过，则性欲亢奋、阳强、梦遗等。故曰："肝为阴中之阳，其脉绕阴器，强则好色，虚则妒阴，时憎女子。"（《类经·藏象类》）

2.肝藏血生血

（1）肝主藏血：肝藏血是指肝脏具有贮藏血液、防止出血和调节血量的功能。故肝有血海之称。

①贮藏血液：血液来源于水谷精微，生化于脾而藏受于肝。肝内贮存一定的血液，既可以濡养自身，以制约肝的阳气而维持肝的阴阳平衡、气血和调，又可以防止出血。因此，肝不藏血，不仅可以出现肝血不足，阳气升腾太过，而且还可以导致出血。

②调节血量：在正常生理情况下，人体各部分的血液量是相对恒定的。所谓"人动则血运于诸经，人静则血归于肝脏"。因肝脏具有贮藏血液和调节血量的作用，故肝有"血海"之称。

肝藏血功能发生障碍时，可出现两种情况：一是血液亏虚。肝血不足，则分布到全身各处的血液不能满足生理活动的需要，可出现血虚失养的病理变化。如目失血养，则两目干涩昏花，或为夜盲；筋失所养，则筋脉拘急，肢体麻木，屈伸不利，以及妇女月经量少，甚至闭经等。二是血液妄行。肝不藏血可发生有出血倾向的病理变化，如吐血、衄血、月经过多、崩漏。

肝的疏泄与藏血之间的关系：肝主疏泄又主藏血。藏血是疏泄的物质基础，疏泄是藏血的功能表现。肝的疏泄全赖血之濡养作用，又赖肝之功能正常才能发挥其作用。因此，肝的疏泄与藏血功能之间有着相辅相成的密切的关系。在病理情况下，肝之藏血不足或肝不藏血而出血，终致肝血不足。肝血不足，血不养肝，疏泄失职，则夜寐多梦、女子月经不调等症相继出现。

（2）肝主生血：肝主生血是指肝参与血液生成的作用。肝不仅藏血，而且还能生血。"肝……其充在筋，以生血气。"（《素问·六节藏象论》）可见，肝参与血液的生成。

肝主疏泄与肝主生血：肝以血为体，以气为用。"肝主血，肝以血为自养，血足则柔，血虚则强。"（《温病条辨·卷六》）故曰："肝血不足，

则为筋挛、为角弓、为抽搐、为爪枯、为目眩、为头痛、为胁肋痛、为少腹痛、为疝痛诸证。”(《质疑录》)

(二)道医解

当足厥阴肝经正运上升从足走腹时,肝主升发气机,疏泄气血,调达情志以舒畅,并主疏泄妇女经期经血而行月经;肝上升不及,容易肝郁气滞血瘀,情志不畅喜叹气,以及女子乳腺增生、乳腺结节等。肝郁的情志因素包括紧张、压力大、抑郁、生闷气、焦虑、多愁善感等。

当肝经负运时,肝主藏血与藏魂,并主厥阴之阖。肝不藏血则易吐血、衄血、月经量偏多、崩漏等,肝不藏魂则会急躁易怒、多梦易醒甚至失眠。

《素问·调经论》:“血有余则怒,不足则恐。”肝有余则肝经上盛,而寸部弦盛有力,不足则弦细寸弱。

六、手厥阴心包

《灵枢·胀论》:“膻中者,心主之宫城也。”

(一)中医基础理论

心包络,简称心包,心包就是解剖学意义上的心脏。心主血脉。

心主血脉指心有主管血脉和推动血液循行于脉中的作用,包括主血和主脉两个方面。血就是血液。脉即是脉管,又称经脉,为血之府,是血液运行的通道。心脏和脉管相连,形成一个密闭的系统,成为血液循环的枢纽。心脏不停搏动,推动血液在全身脉管中循环无端,周流不息,成为血液循环的动力。所以说:“人心动,则血行于诸经……是心主血也。”(《医学入门·脏腑》)由此可见,心脏、脉和血液所构成的这个相对独立系统的生理功能都属于心所主,都有赖于心脏的正常搏动。

心脏有规律的跳动,与心脏相通的脉管亦随之产生有规律的搏动,称为“脉搏”。中医通过触摸脉搏的跳动来了解全身气血的盛衰,作为诊断疾病的依据之一,称之为“脉诊”。在正常生理情况下,心脏的功能正常、气血运行通畅、全身的机能正常,则脉搏节律调匀、和缓有力。否则,脉搏便会出现异常改变。

心要完成主血脉的生理功能，必须具备两个条件：其一，心之形质无损与心之阳气充沛。心气与心血、心阳与心阴既对立又统一，构成了心脏自身的矛盾运动，以维持心脏的正常生理功能。心脏的正常搏动主要依赖于心之阳气作用。心阳气充沛，才能维持正常的心力、心率和心律，血液才能在脉内正常运行。其二，血液的正常运行也有赖于血液本身的充盈和脉道的滑利通畅。因此，心阳气充沛，血液充盈和脉道通利，是血液运行的最基本的前提条件。其中任何一个因素异常，都可改变血液循行状态。

心主血脉的生理作用有二：一是行血以输送营养物质。心气推动血液在脉内循环运行，血液运载着营养物质以供养全身，使五脏六腑、四肢百骸、肌肉皮毛等都获得充分的营养，从而维持身体正常的功能活动。二是生血，使血液不断得到补充。胃肠消化吸收的水谷精微，通过脾主运化、升清散精的作用，上输给心肺，在肺部吐故纳新之后，贯注心脉变化而成为血液，故有“心生血”(《素问·阴阳应象大论》)，“血生于心”(《质疑录》)之说。

心脏功能正常，则心脏搏动如常，脉象和缓有力，节律调匀，面色红润光泽。若心脏发生病变，则会通过心脏搏动、脉搏、面色等方面反映出来。如心气不足，血液亏虚，脉道不利，则血液不畅，或血脉空虚，而见面色无华，脉象细弱无力等，甚至发生气血瘀滞，血脉受阻，而见面色灰暗，唇舌青紫，心前区憋闷和刺痛，脉象结、代、促、涩等。

心为火，不受诸邪，故心包有代心受邪的作用。藏象学说认为，心为君主之官，邪不能犯，所以当外邪侵袭于心时，首先侵犯心包络，故曰：“诸邪之在于心者，皆在于心之包络。”(《灵枢·邪客》)其临床表现主要是心藏神的功能异常，如在外感热病中，因温热之邪内陷，出现高热神昏、谵语妄言等心神受扰的病态，称为“热入心包”。由痰浊引起的神志异常，表现为神昏模糊、意识障碍等心神昏乱的病态，称为“痰浊蒙蔽心包”。实际上，心包受邪所出现的病变与心是一致的，故在辨证和治疗上也大体相同。

(二)道医解

当手厥阴心包经正运从胸走手时，主运行血液，兼舒肝、调达气血，并主情志之喜乐。正运不及则容易心血不足，从而导致心悸、心慌。心包经下降不及，容易导致心中生热瘀，其脉为脉口寸部弦劲有力而寸浮沉皆挺。

少阴心经主神明为君主之官，精神神志疾病多从少阴心经治疗，手厥阴心包主行血，气血运行不畅多从心包论治。

《素问·刺法论》："膻中者，臣使之官，喜乐出焉，可刺心包络所流。"

七、足阳明胃

《素问·灵兰秘典论》："脾胃者，秉仓之官，五味出焉。"

（一）中医基础理论

胃主受纳腐熟水谷，为水谷精微之仓、气血之海，胃以通降为顺，与脾相表里，脾胃常合称为后天之本。胃与脾同居中土，但胃为燥土属阳，脾为湿土属阴。

1.胃的生理功能

（1）胃主受纳水谷：受纳是接受和容纳之意。

胃主受纳是指胃接受和容纳水谷的作用，故又称胃为"太仓""水谷之海"。"人之所受气者，谷也，谷之所注者，胃也。胃者，水谷气血之海也。"（《灵枢·玉版》）"胃司受纳，故为五谷之府。"（《类经·藏象类》）机体的生理活动和气血津液的化生，都需要依靠食物的营养，所以又称胃为水谷气血之海。胃主受纳功能是胃主腐熟功能的基础，也是整个消化功能的基础。若胃有病变，就会影响胃的受纳功能，而出现纳呆、厌食、胃脘胀闷等症状。

胃主受纳功能的强弱，取决于胃气的盛衰，反映于能食与不能食。能食，则胃的受纳功能强；不能食，则胃的受纳功能弱。

（2）胃主腐熟水谷：腐熟是食物经过胃的初步消化，形成食糜的过程。

胃主腐熟指胃将食物消化为食糜的作用。"中焦者，在胃中脘，不上不下，主腐熟水谷。"（《难经·三十一难》）胃接受由口摄入的食物并使其在胃中短暂停留，进行初步消化，依靠胃的腐熟作用，将水谷变成食糜。食物经过初步消化，其精微物质由脾之运化而营养周身，未被消化的食糜则下行于小肠，不断更新，形成了胃的消化过程。如果胃的腐熟功能低下，会出现胃脘疼痛、嗳腐食臭等食滞胃脘之候。

胃主受纳和腐熟水谷的功能，必须与脾的运化功能相配合，才能顺利完成。所以说："脾，坤土也。坤助胃气消腐水谷，脾气不转，则胃中水谷不得消磨。"（《注解伤寒论》）脾胃密切合作，"胃司受纳，脾司运化，一纳一运"（《景岳全书·饮食》），才能使水谷化为精微，以化生气血津液，供养全身，故脾胃合称为后天之本，气血生化之源。饮食营养和脾胃的消化功能对人体生命和健康至关重要。所以说："人以水谷为本，故人绝水谷则死。"（《素问·平人气象论》）

中医学非常重视"胃气"，认为"人以胃气为本"。胃气强则五脏俱盛，胃气弱则五脏俱衰，有胃气则生，无胃气则死。所谓胃气，其含义有三：其一，指胃的生理功能和生理特性。胃为水谷之海，有受纳腐熟水谷的功能，又有以降为顺，以通为用的特性。这些功能和特性的统称，谓之胃气。由于胃气影响整个消化系统的功能，直接关系到整个机体的营养来源。因此，胃气的盛衰有无，关系到人体的生命活动和存亡，在人体生命活动中，具有十分重要的意义。因此，在临床治病时，要时刻注意保护胃气。其二，指脾胃功能在脉象上的反映，即脉有从容和缓之象。由于脾胃有消化饮食，摄取水谷精微以营养全身的重要作用，而水谷精微又是通过经脉输送的，故胃气的盛衰有无可以从脉象表现出来。临床上有胃气之脉以和缓有力、不快不慢为其特点。其三，泛指人体的精气。"胃气者，谷气也，荣气也，运气也，生气也，清气也，卫气也，阳气也。"（《脾胃论·脾胃虚则九窍不通论》）

胃气可表现在食欲、舌苔、脉象和面色等方面。一般食欲如常，舌苔正常，面色荣润，脉象从容和缓、不快不慢，称为有胃气。临床上，往往以胃气之有无作为判断预后吉凶的重要依据，即有胃气则生，无胃气则死。所谓保护胃气，实际上是指保护脾胃的功能。临证处方用药应切记"勿伤胃气"，否则胃气一败，百药难施。

2.胃的生理特性

(1)胃主通降:胃主通降与脾主升清相对。

胃主通降是指胃脏的气机宜通畅、下降的特性。“凡胃中腐熟水谷,其滓秽自胃之下口,传入于小肠上口。”(《医学入门·脏腑》)食物入胃,经过胃的腐熟,初步进行消化之后,必须下行入小肠,再经过小肠的分清泌浊,其浊者下移于大肠,然后变为大便排出体外,从而保证了胃肠虚实更替的状态。这是由胃气通畅下行作用而完成的。故曰:“水谷入口,则胃实而肠虚;食下,则肠实而胃虚。”(《素问·五脏别论》)“胃满则肠虚,肠满则胃虚,更虚更满,故气得上下。”(《灵枢·平人绝谷》)因此,胃贵乎通降,以下行为顺。中医的藏象学说以脾胃升降来概括整个消化系统的生理功能。胃的通降作用还包括小肠将食物残渣下输于大肠和大肠传化糟粕的功能在内。脾宜升则健,胃宜降则和,脾升胃降,彼此协调,共同完成饮食物的消化吸收。

胃之通降是降浊,降浊是受纳的前提条件。因此,胃失通降,可以出现纳呆脘闷、胃脘胀满或疼痛、大便秘结等胃失和降之证,或恶心、呕吐、呃逆、嗳气等胃气上逆之候。脾胃居中,为人体气机升降的枢纽。因此,胃气不降,不仅直接导致中焦不和,影响六腑的通降,甚至影响全身的气机升降,从而出现各种病理变化。

(2)喜润恶燥:指胃喜于滋润而恶于燥烈的特性。

中医运气学说认为:风寒热火湿燥六气分主三阴三阳,即风主厥阴,热主少阴,湿主太阴,火主少阳,燥主阳明,寒主太阳。三阴三阳之气又分属五运,即厥阴风气属木,少阴热气属君火,少阳火气属相火,太阴湿气属土,阳明燥气属金,太阳寒气属水。“阳明之上,燥气主之”(《素问·天元纪大论》),此为六气分阴阳,即燥主阳明,指运气而言。人与天地相应,在人体,阳明为六经之阳明经,即足阳明胃经、手阳明大肠经。胃与大肠皆禀燥气,“人身禀天地之燥气,于是有胃与大肠,二者皆消导水谷之府,惟其禀燥气,是以水人则消之使出,不得停胃”(《伤寒论浅注补正·卷二》)。火就燥,水就湿,阳明燥土必赖太阴湿土以济之,则水火相济,阴阳平衡,胃能受纳,腐熟水谷而降浊。故曰:“胃与大肠,在天属申酉二辰,申当坤方属土,酉当兑方属金,在四时当七八月，为燥金用事之候。盖天地只是水火二气化生万物，水火相交，则蒸而为湿，湿与燥交，乃水火不变之气也。火不蒸水，则云雨不来，水不济火，则露降不降。”（《伤寒论浅注补正·卷二》）概言之，胃喜润恶燥的特性，源于运气学说中的标本中气理论，即“阳明之上，燥气主之，中见太阴”（《素问·天元纪大论》）。胃禀燥之气化，方能受纳腐熟而主通降，但燥赖水润湿济为常。所谓“恶燥”，恶其太过之谓。“喜润”，意为喜水之润。胃禀燥而恶燥，赖水以济燥。故曰：“胃喜柔润。”“阳明燥土，得阴自安。”（《临证指南医案·卷二》）胃之受纳腐熟，不仅赖于胃阳的蒸化，更需胃液的濡润。胃中津液充足，方能消化水谷，维持其通降下行之性。由于胃为阳土，喜润而恶燥，故其病易成燥热之害，胃阴每多受伤。因此，在治疗胃病时，要注意保护胃阴，即使必用苦寒泻下之剂，也应中病即止，以祛除实热燥结为度，不可妄施苦寒以免化燥伤阴。

总之，胃喜润恶燥之性主要体现在两个方面：一是“胃以阳体而合阴精，阴精则降”（《四圣心源》），胃气下降必赖胃阴的濡养；二是胃之喜润恶燥与脾之喜燥恶湿，阴阳互济，从而保证了脾升胃降的动态平衡。

（二）道医解

当胃经正运下行从头走足时，主通降和顺，保持胃气下降，推动水谷下行肠道，并使肠道通顺，胃经以正运下行时，有引在表之阳入五脏之里的功能，以阳明经为在阳之阖；当胃经负运上行时，主受纳、腐熟水谷，胃中阳气行使胃阳功能。

八、手阳明大肠

《素问·灵兰秘典论》：“大肠者，传道之官，变化出焉。”

（一）中医基础理论

大肠居腹中，其上口在阑门处接小肠，其下端紧接肛门，包括结肠和直肠，主传化糟粕和吸收津液，属金、属阳。另据王居易先生讲，从胚胎发生学角度看，食道与广肠同源，为广肠之一部分，与肺经相表里。

大肠的生理功能如下：

(1)传导糟粕：大肠主传导是指大肠接受小肠下移的饮食残渣，使之形成粪便，经肛门排出体外的作用。大肠接受由小肠下移的饮食残渣，再吸收其中剩余的水分和养料，使之形成粪便，经肛门而排出体外，属整个消化过程的最后阶段，故有"传导之腑""传导之官"之称。因此，大肠的主要功能是传导糟粕，排泄大便。大肠的传导功能与胃的通降、脾之运化、肺之肃降以及肾之封藏有密切关系。

大肠有病，传导失常，主要表现为大便质和量的变化和排便次数的改变。如大肠传导失常，就会出现大便秘结或泄泻。若湿热蕴结于大肠，大肠气滞，又会出现腹痛、里急后重、下痢脓血等。

(2)吸收津液：大肠接受由小肠下注的食物残渣和剩余水分之后，将其中的部分水液重新再吸收，使残渣糟粕形成粪便而排出体外。大肠重新吸收水分，参与调节体内水液代谢的功能，称为"大肠主津"。大肠这种重新吸收水分的功能与体内水液代谢有关。因此，大肠的病变多与津液有关。如大肠虚寒，无力吸收水分，则水谷杂下，出现肠鸣、腹痛、泄泻等。大肠实热，消烁水分，肠液干枯，肠道失润，又会出现大便秘结不通之症。机体所需之水，绝大部分是在小肠或大肠被吸收的，故"大肠主津，小肠主液，大肠、小肠受胃之荣气，乃能行津液于上焦，灌溉皮肤，充实腠理"(《脾胃论·大肠小肠五脏皆属于胃胃虚则俱病论》)。

(二)道医解

大肠经正运下行从手走头时，主通降传导，排除糟粕与体内浊气，促进肠道收缩；负运上行时受纳糟粕并吸收糟粕中多余水液，促进肠道舒张。肠道舒张收缩交替进行，则能传导大便排出。大肠有热而伤阴，经气上升太过，舒张有余收缩不及，推动挤压糟粕外出无力，则大便滞留而为便秘；大肠阳虚有寒，经气上升不及，肠道为寒所凝收缩有余舒张不及，肠道紧缩则水谷糟粕下行不畅，则大便亦滞留肠道而为便秘，此为大肠阳虚便秘，需温大肠经阳气，负运上行以散寒。

九、手太阳小肠

《素问·灵兰秘典论》："小肠者，受盛之官，化物出焉。"

(一)中医基础理论

小肠居腹中，上接幽门，与胃相通，下连大肠，包括回肠、空肠、十二指肠，主受盛化物和泌别清浊，与心相表里，属火、属阳。

1.小肠生理功能

(1)主受盛化物：小肠主受盛化物是小肠主受盛和主化物的合称。受盛，接受，以器盛物之意。化物，变化、消化、化生之谓。小肠的受盛化物功能主要表现在两个方面：一是小肠盛受了由胃腑下移而来的初步消化的食物，起到容器的作用，即受盛作用；二是经胃初步消化的食物，在小肠内必须停留一定的时间，由小肠对其进一步消化和吸收，将水谷化为可以被机体利用的营养物质，精微由此而出，糟粕由此下输于大肠，即"化物"作用。在病理上，小肠受盛功能失调，传化停止，则气机失于通调，滞而为痛，表现为腹部疼痛等。如化物功能失常，可能导致消化、吸收障碍，表现为腹胀、腹泻、便溏等。

(2)主泌别清浊：泌，即分泌；别，即分别；清，即精微物质；浊，即代谢产物。所谓泌别清浊，是指小肠对承受胃初步消化的食物，在进一步消化的同时，分别进行水谷精微和代谢产物的过程。分清，就是将食物中的精华部分，包括饮料化生的津液和食物化生的精微，进行吸收，再通过脾之升清散精的作用，上输心肺，输布全身，供给营养。别浊，则体现为两个方面：其一，是将食物的残渣糟粕，通过阑门传送到大肠，形成粪便，经肛门排出体外；其二，是将剩余的水分经肾脏气化作用渗入膀胱，形成尿液，经尿道排出体外。"膀胱与肾为表里，俱主水，水入小肠，下于胞，行于阴，为溲便。"(《诸病源候论·诸淋候》)因为小肠在泌别清浊过程中，参与了人体的水液代谢，故有"小肠主液"之说。所以张景岳说："小肠居胃之下，受盛胃中水谷而分清浊，水液由此而渗入前，糟粕由此而归于后，脾气化而上升，小肠化而下降，故曰化物出焉。"(《类经·藏象类》)

小肠分清别浊的功能正常，则水液和糟粕各走其道而二便正常。若小肠功能失调，清浊不分，水液归于糟粕，即可出现水谷混杂、便溏泄泻等。因"小肠主液"，故小肠分清别浊功能失常不仅影响大便，而且也影响小便，表现为小便短少。因此，泄泻初期常用"利小便即所以实大便”的方法治疗。

小肠的受盛化物和泌别清浊即消化吸收过程,是整个消化过程的最重要阶段。在这一过程中,食糜进一步消化,将水谷化为清(即精微,含津液)和浊(即糟粕,含废液)两部分,前者赖脾之转输而被吸收,后者下降入大肠。在藏象学说中,往往把小肠的消化吸收功能归属至脾胃纳运的范畴内。脾胃纳运功能实际上包括现代消化生理学的全部内容,以及营养生理学的部分内容,故曰:“人纳水谷,脾化精微之气以上升,小肠化糟粕传于大肠而下降。”(《医原》)所谓“脾化精微之气以上升”,实即小肠消化吸收的功能。因此,小肠消化吸收不良之候属脾失健运范畴之内,多从脾胃论治。

2.小肠生理特性

小肠具升清降浊的生理特性:小肠化物而泌别清浊,将水谷化为精微和糟粕,精微赖脾之升而输布全身,糟粕靠小肠之通降而下传入大肠。升降相因,清浊分别,小肠则司受盛化物之职。否则,升降紊乱,清浊不分,则现呕吐、腹胀、泄泻之候。小肠之升清降浊,实为脾之升清和胃之降浊功能的具体体现。

(二)道医解

当小肠经正运下行时,主泌浊,把五谷之糟粕上输大肠;负运上行时,主分清,吸收水谷精微与水液。脾主运化,小肠主化物,二者阴阳别通相配合,共同化生饮食精微为气血营卫。

十、足太阳膀胱

《素问·灵兰秘典论》:“膀胱者,州都之官,津液藏焉,气化则能出矣。”

(一)中医基础理论

膀胱位于下腹部,在脏腑中居最下处。主贮存尿液及排泄尿液,与肾相表里,在五行属水,其性为阳。肾合膀胱,开窍于二阴,膀胱的贮尿和排尿功能,全赖于肾的固摄和气化功能。所谓膀胱气化,实际上属于肾的气化作用。若肾气的固摄和气化功能失常,则膀胱的气化失司,开合失权,可出现小便不利或癃闭,以及尿频、尿急、遗尿、小便不禁等，故曰："膀胱不利为癃，不约为遗尿。"（《素问·宣明五气篇》）所以，膀胱的病变多与肾有关，临床治疗小便异常，常从肾治之。

（二）道医解

膀胱经从头走足正运下降时，主行水，完成尿液的排泄，下降不及，容易小便不利或小便尿不尽，甚则癃闭，治疗当通利小便；负运上行时化气，升腾阳气行于体表为三阳之开，并贮存尿液，约束膀胱闭合，以防止小便不禁或尿频。

膀胱经负运上行不及而表阳虚，则容易背部酸沉僵硬、畏风怕寒、自汗、头部昏沉。

十一、足少阳胆

《素问·灵兰秘典论》："胆者，中正之官，决断出焉。"

（一）中医基础理论

胆居六腑之首，又隶属于奇恒之府。胆属阳属木，与肝相表里，肝为脏、属阴木，胆为腑、属阳木。胆贮藏排泄胆汁，主决断，调节脏腑气，又称"中精之腑"（《灵枢·本脏》），"清净之腑"（《千金要方》），"中清之腑"（《难经·三十五难》）。有人主张，胆主肉与肉之间、筋肉之间、筋骨之间的筋膜，所以有少阳主骨之说，是讲骨与骨之间链接的稳定性，当然是关涉到筋与骨之间的筋膜了。"少阳厥逆，机关不利，机关不利者，腰不可以行，项不可以顾。"（《素问·厥论》）而肾主骨，则是指骨的坚实闭藏之性，就是骨的坚硬性。

1.胆的生理功能

(1)贮藏和排泄胆汁：胆汁，别称"精汁""清汁"，来源于肝脏。"肝之余气，泄于胆，聚而成精。"（《脉经》）胆汁由肝脏形成和分泌出来，然后进入胆腑贮藏、浓缩之，并通过胆的疏泄作用而进入小肠。若肝胆功能失常，胆的分泌与排泄受阻，就会影响脾胃的消化功能，而出现厌食、腹胀、腹泻等消化不良症状。若湿热蕴结肝胆，以致肝失疏泄，胆汁外溢，浸渍肌肤，则发为黄疸，以目黄、身黄、小便黄为特征。胆气以下降为顺，若胆气不利，气机上逆，则可出现口苦、呕吐黄绿苦水等。

(2)主决断：胆主决断，指胆在精神意识思维活动过程中，具有判断事物、做出决定的作用。胆主决断对于防御和消除某些精神刺激(如大惊大恐)的不良影响,以维持和控制气血的正常运行,确保脏器之间的协调关系有着重要的作用。故曰:“胆者,中正之官,决断出焉。”(《素问·灵兰秘典论》)精神心理活动与胆之决断功能有关,胆能助肝之疏泄以调畅情志。肝胆相济,则情志和调稳定。胆气豪壮者,剧烈的精神刺激对其所造成的影响不大,且恢复也较快。所以说,气以胆壮,邪不可干。胆气虚弱的人,在受到精神刺激的不良影响时,则易于形成疾病,表现为胆怯易惊、善恐、失眠、多梦等精神情志病变,常可从胆论治而获效。故曰:“胆附于肝,相为表里,肝气虽强,非胆不断。肝胆相济,勇敢乃成。”(《类经·藏象类》)

(3)调节脏腑气机:胆合于肝,助肝之疏泄,以调畅气机,则内而脏腑,外而肌肉,升降出入,纵横往来,并行不悖,从而维持脏腑之间的协调平衡。胆的功能正常,则诸脏易安,故有“凡十一脏取决于胆”(《素问·六节藏象论》)之说。肝为阴木,胆为甲木,为阳中之少阳。“阳予之正,阴为之主。”(《素问·阴阳离合论》)阴为阳基,阳为阴统,阳主阴从,即阴之与阳,阳为主导。胆为阳木,而肝为阴木,阳主阴从,故谓“十一脏取决于胆”。

总之,“十一脏取决于胆”旨在说明在思维活动中,肝主谋虑,胆主决断。肝胆相互为用,而非指胆具“五脏六腑之大主”的作用。胆之决断必须在心的主导下,才能发挥正常作用。

2.胆的生理特性

就胆的特性而言,胆气主升、性喜宁谧。

(1)胆气主升:胆为阳中之少阳,禀东方木德,属甲木,主少阳春升之气,故称胆气主升。胆气主升,实为胆的升发条达之性,与肝喜条达而恶抑郁同义。甲子为五运六气之首,其时应春,且为阳中之少阳。“胆者,少阳春升之气,春气升则万物化安,故胆气春升,则余脏从之。胆气不升,则飧泄、肠澼不一而起矣。”(《脾胃论·脾胃虚实传变论》)

(2)性喜宁谧:宁谧,清宁寂静之谓。胆为清净之府,喜宁谧而恶烦扰。宁谧而无邪扰,胆气不刚不柔,禀少阳温和之气,则得中正之职,而胆汁疏泄以时,临事自有决断。邪在胆,或热,或湿,或痰,或郁之扰，胆失清宁而不谧，失其少阳柔和之性而壅郁，则呕苦、虚烦、惊悸、不寐，甚则善恐如人将捕之状。临床上用温胆汤治虚烦不眠、呕苦、惊悸，旨在使胆复其宁谧温和之性而得其正。

（二）道医解

当胆经从头走足正运下行时，疏泄胆汁进入小肠以帮助小肠化物；胆经不降，容易口苦、咽干、目眩，咽中如有异物或少量黄痰，当疏肝利胆。

负运上行时，主贮藏胆汁并主决断。胆位于东方，胆经负运上行时可帮助阳气由里出表，下行正运时可帮助太阳经阖在表之阳气，以完成阳气由表入里，胆经的正负运即胆经的少阳为枢的功能。

十二、手少阳三焦

《素问·灵兰秘典论》："三焦者，决渎之官，水道出焉。"

（一）中医基础理论

三焦，是藏象学说中的一个特有名称。三焦是上焦、中焦、下焦的合称，为六腑之一，属脏腑中最大的腑，又称外腑、孤脏。三焦的位置及实质，历代颇有歧义，张锡纯主张三焦为腹部之油膜，也有主张为在皮与肉之间的筋膜……主升降诸元气和通行水液，在五行属火，其阴阳属性为阳。

总观三焦，膈以上为上焦，包括心与肺；横膈以下到脐为中焦，包括脾与胃；脐以下至二阴为下焦，包括肝、肾、大小肠、膀胱、女子胞等。其中肝脏，按其部位来说，应划归中焦，但因它与肾关系密切，故将肝和肾一同划归下焦。三焦的功能实际上是五脏六腑全部功能的总体。

1.三焦的生理功能

三焦主通行元气、疏通水道且运行水谷精微。

（1）通行元气：元气（又名原气）是人体最根本的气，根源于肾，由先天之精所化，赖后天之精以养，为人体脏腑阴阳之本，是生命活动的原动力。元气通过三焦而输布到五脏六腑，充沛于全身，以激发、推动各个脏腑组织的功能活动。所以说，三焦是元气运行的通道。气化运动是生命的基本特征。三焦能够通行元气，元气为脏腑气化活动的动力。因此，三焦通行元气的功能，关系到整个人体的气化作用。故曰："三焦者，人之三元之气也……总领五脏六腑营卫经络，内外上下左右之气也。三焦通，则内外上下皆通也。其于周身灌体，和调内外，营左养右，导上宣下，莫大于此者也。"(《中藏经》)

(2)疏通水道："三焦者，决渎之官，水道出焉。"(《素问・灵兰秘典论》)三焦能"通调水道"，调控体内整个水液代谢过程，在水液代谢过程中起着重要作用。人体水液代谢是由多个脏腑参与，共同完成的一个复杂生理过程。其中，上焦之肺，为水之上源，以宣发肃降而通调水道；中焦之脾胃，运化并输布津液于肺；下焦之肾、膀胱，蒸腾气化，使水液上归于脾肺，再参与体内代谢，下形成尿液排出体外。三焦为水液的生成敷布、升降出入的道路。三焦气治，则脉络通而水道利。三焦在水液代谢过程中的协调平衡作用称为"三焦气化"。三焦通行水液的功能，实际上是对肺、脾、肾等脏腑参与水液代谢功能的总括。

(3)运行水谷："三焦者，水谷之道。"(《难经・三十一难》)三焦具有运行水谷，协助输布精微，排泄废物的作用。其中，上焦"开发，宣五谷味，熏肤，充身，泽毛"(《灵枢・决气》)，有输布精微之功；中焦"泌糟粕，蒸津液，化其精微，上注于肺脉"(《灵枢・营卫生会》)，有消化吸收和转输之用；下焦则"成糟粕而俱下于大肠。而成下焦。渗而俱下。济泌别汁。循下焦而渗入膀胱焉"(《灵枢・营卫生会》)，有排泄粪便和尿液的作用。三焦运化水谷、协助消化吸收的功能，是对脾胃、肝肾、心肺、大小肠等脏腑完成水谷消化吸收与排泄的功能的概括。

2.三焦的生理特性

就三焦特性而言，上焦如雾、中焦如沤、下焦如渎。

(1)上焦如雾：上焦如雾是指上焦主宣发卫气，敷布精微的作用。上焦接受来自中焦脾胃的水谷精微，通过心肺的宣发敷布，布散于全身，发挥其营养滋润作用，若雾露之溉，故称"上焦如雾"。因上焦接纳精微而布散，故又称"上焦主纳"。

(2)中焦如沤：中焦如沤是指脾胃运化水谷，化生气血的作用。胃受纳腐熟水谷，由脾之运化而形成水谷精微，以此化生气血，并通过脾的升清转输作用，将水谷精微上输于心肺以濡养周身。由于脾胃有腐熟水谷、运化精微的生理功能，故喻之为“中焦如沤”。因中焦运化水谷精微，故称“中焦主化”。

(3)下焦如渎：下焦如渎是指肾、膀胱、大小肠等脏腑主分别清浊、排泄废物的作用。下焦将饮食物的残渣糟粕传送到大肠，变成粪便，从肛门排出体外，并将体内剩余的水液，通过肾和膀胱的气化作用变成尿液，从尿道排出体外。这种生理过程具有向下疏通，向外排泄之势，故称“下焦如渎”。因下焦疏通二便，排泄废物，故又称“下焦主出”。

综上所述，三焦关系到饮食水谷受纳、消化吸收与输布排泄的全部气化过程，所以三焦是通行元气、运行水谷的通道，是人体脏腑生理功能的综合，为“五脏六腑之总司”(《类经附翼·求正录》)。

(二)道医解

三焦经从手经头正运下降时通调水道，运行水液进入膀胱；负运时帮助肾藏通行原气，输布于五脏六腑十二经脉之原穴。

管理就是服务，服务即管理；自我管理自我服务，是每一个生命体的基本特征。我们每个人的身体也是如此，身体是一个自组织系统，而且是一个自组织的巨系统。最高的管理境界即无为，不枉为则身体自组织、自运作。我们的调理也是以不枉为而为，助力身体自我运化。

《黄帝内经》用政府之组织架构来比拟脏腑之相应关系与功能，非常形象有趣。而且以阴阳之互含互具，五行之生克制化来详述之，由此而以脏腑为主轴，关联全身而组成一个生生不息的巨系统。

第四节　平衡阴阳，环转五行：疾病及其筋骨调理方案

一、何谓病？何谓治？

阴阳失衡即为病，阴阳平衡即为常，平衡阴阳即为治。阴阳失和即为病，阴阳和谐即为常，和谐阴阳即为治。五行失制即为病，五行制化即为治。五行失运即为病，五行环转即为治。平人无病，真人无病，圣人无病，至人无病。

《素问·上古天真论》云：

余闻上古有真人者，提挈天地，把握阴阳，呼吸精气，独立守神，肌肉若一，故能寿敝天地，无有终时，此其道生。中古之时，有至人者，淳德全道，和于阴阳，调于四时，去世离俗，积精全神，游行天地之间，视听八达之外，此盖益其寿命而强者也，亦归于真人。其次有圣人者，处天地之和，从八风之理，适嗜欲于世俗之间。无恚嗔之心，行不欲离于世，被服章，举不欲观于俗，外不劳形于事，内无思想之患，以恬愉为务，以自得为功，形体不敝，精神不散，亦可以百数。其次有贤人者，法则天地，象似日月，辨列星辰，逆从阴阳，分别四时，将从上古合同于道，亦可使益寿而有极时。

译文：黄帝说："我听说上古时期有称为真人的人，掌握了天地阴阳变化的规律，能够调节呼吸，吸收精纯的清气，超然独处，令精神守持于内，锻炼身体，使筋骨肌肉与整个身体达到高度的协调，所以他的寿命同于天地而没有终了的时候，这是他修道养生的结果。

中古的时候，有称为至人的人，具有醇厚的道德，能全面掌握养生之道，和调于阴阳四时的变化，离开世俗社会生活的干扰，积蓄精气，集中精神，使其远驰于广阔的天地自然之中，让视觉和听觉的注意力守持于八方之外，这是他延长寿命和强健身体的方法，这种人也可以归属真人的行列。

其次，有称为圣人的人，能够安处于天地自然的正常环境之中，顺从八风的活动规律，使自己的嗜欲同世俗社会相应，没有恼怒怨恨之情，行为不离开世俗的一般准则，穿着普通的衣服，举动也没有炫耀于世俗的地方，在外，他不使形体因为事物而劳累，在内，没有任何思想负担，以安静、愉快为目的，以悠然自得为满足，所以他的形体不益衰惫，精神不益耗散，寿命也可达到百岁左右。

其次，有称为贤人的人，能够依据天地的变化，日月的升降，星辰的位置，以顺从阴阳的消长和适应四时的变迁，追随上古真人，使生活符合养生之道，这样的人也能增益寿命，但有终结的时候。"

这是《素问·上古天真论》里，对超级健康人群的界定。其他篇章对一般健康人——“平人”也有论述。

《素问·平人气象论》云：

人一呼脉再动，一吸脉亦再动，呼吸定息脉五动，闰以太息，命曰平人。平人者，不病也。常以不病调病人，医不病，故为病人平息以调之为法。

译文：正常的人，一次呼气一次吸气，叫作一息，一呼气时脉跳动两次，一吸气时脉也跳动两次。另外，在呼吸之间还有一个间隙，所以共有五次脉的搏动，有时也偶尔有一次长呼吸，所以又会有多一次的脉搏跳动，这就是正常人的呼吸情况。正常的人就是无病的人，通常是以正常人的呼吸情况，来诊断病人的脉象，医生无病，所以可以调匀自己的呼吸以诊断病人的脉搏次数，这是脉诊的基本法则。

《素问·调经论》云：

夫阴与阳，皆有俞会，阳注于阴，阴满之外，阴阳匀平，以充其形，九候若一，命曰平人。

译文：阴经和阳经都有俞有会，以互相沟通。如阳经的气血灌注于阴经，阴经的气血盛满则充溢于外，能这样运行不已，保持阴阳平调，形体得到充足的气血滋养，九候的脉象也表现一致，这就是正常的人。

《灵枢·终始》云：

所谓平人者不病，不病者，脉口人迎应四时也，上下相应而俱往来也，六经之脉不结动也，本末之寒温之相守司也。形肉血气必相称也，是谓平人。

译文：所谓平人，就是没有得病的正常人。没有得病的正常人，其脉口和人迎的脉象都是与四季的阴阳盛衰相适应的；其脉气也是上下呼应而往来不息的；其手足六经的脉搏，既没有结涩不足，也没有动疾有余等病象；其属于本的内在脏气与属于末的外在肌肤，都能在寒温之性上保持协调一致；而其外表的形体肌肉与体内的血气也都能够均衡相称。这样的人就被称作“平人”。

《灵枢·禁服》云：

寸口主中，人迎主外，两者相应，俱往俱来，若引绳大小齐等，春夏人迎微大，秋冬寸口微大，如是者名曰平人。

寸口脉主诊察在内的五脏，颈部的人迎脉主诊察在外的六腑，寸口脉和人迎脉彼此呼应、共同往来不息，它们的搏动就像牵引一根绳索那样一致。春季和夏季人迎脉稍微盛大一些，秋季与冬季寸口脉稍微盛大一些，出现以上的脉象，就是健康无病的人。

《灵枢·平人绝谷》云：

平人则不然，胃满则肠虚，肠满则胃虚，更虚更满，故气得上下，五藏安定，血脉和则精神乃居，故神者水谷之精气也。故肠胃之中，当留谷二斗，水一斗五升，故平人日再后，后二升半，一日中五升，七日五七三斗五升，而留水谷尽矣。故平人不食饮七日而死者，水谷精气津液皆尽故也。

译文：但一般人却不是肠胃中都充满水谷，因为胃中充满水谷时，肠中是空虚的，而当肠中充满胃中排出的水谷时，胃中空虚了，肠胃交替地虚和满，才使得气机上下升降正常，五脏安定，气血和脉络协调通畅，人们精神正常安定。因此，所谓人的神气，就是水谷的精气。因此，肠胃之中应常存谷物二斗，水一斗五升。一般人每天大便两次，每次排便二升半，一天中共排便五升，七天共排便三斗五升，这样就将留在肠胃中的水谷都排尽了。因此，一般人不吃不喝七天就死的原因，是因为水谷精气和津液都竭尽的缘故。

也就是说，《黄帝内经》先界定“平人”即健康人的健康标准，也就是健康人的脉象——人迎脉、寸口脉的标准，而后以此来断定病人之所病，然后再拟定调理方案。

二、气血：人体最大的阴阳

宇宙间最可珍贵者，当然是人的存在，天地可以长久，而人的生命在呼吸之间。人体中最重要的存在当然是气血，“人之所有者，血与气耳”（《素问·调经论》）。气为阳，血为阴；血气是人体最重要的阴阳，此为本也，治病就是调和阴阳，具体就是丰盈畅通气血，所谓“疏其血气，令其条达，而至和平”（《素问·至真要大论》）。此其实质也，不是聚焦于是何病何症。

三、调理原则：回归太极、和谐阴阳、轮转五行

调理原则有先天和后天之别。先天与后天之说，始见于《周易》的《文言传》，“先天而天弗违，后天而奉天时”。先天之法与道合真，万物归于阴阳，阴阳归于元气，元气无为而治。万物为元气所化，元气归元，就能调理一切。后天之法在于奉天时，天以时显，道以时成。后天而奉天时，合于天道之演化。易道生生，生生之法有先天与后天两种路径，简单称为太极原则与阴阳原则。先天之学，惟辨阴阳，由阴阳而返归元气。后天之学，亦辨阴阳，由阴阳再分阴阳，才有五脏、六气、八纲之辨。辨证施治，精准调理。

（一）太极原则

太极原则，也可称为混沌原则，亦可以称之为先天原则，后天反先天必须进入炼精化气、炼气化神、炼神返虚、炼虚合道的过程，做到精气神合一。所谓阴阳未分、天地未开之混沌状态，人也是如此。“复归于婴儿。”我们可以将人不做任何分别，浑然一体，称之为太极。

此法实修炼之人追求与修养的道路。由形气神视之，由形而气，有若干的内家功法、诸家气功；医家用药，有张东博士的归一饮与观复汤。其基础理论即元气生万有，元气乃人体生化之源。故而，得元气者，得天下；得元气者，得健康。

（二）阴阳原则

阴阳原则，也即后天原则，乃天地生生之大道也。阴阳再分阴阳，则有脏腑辨证、六经辨证、八纲辨证等。我们则主张最大的平衡原则，就是筋骨平衡原则，即骨正筋柔。人体最大的阴阳即气血。调理气血最大的原则，即筋骨平衡原则，就是“骨正筋柔，气血以流”。因为这是“至道之要：病伤五脏，筋骨以消”。所谓的病就是阴阳失衡，具体说，就是气滞血瘀，何处不通，何处必病。

《素问·阴阳应象大论》云：

> 黄帝曰：阴阳者，天地之道也，万物之纲纪，变化之父母，生杀之本始，神明之府也。治病必求于本。故积阳为天，积阴为地。

阴静阳燥；阳生阴长；阳杀阴藏；阳化气，阴成形。寒极生热，热极生寒；寒气生浊，热气生清；清气在下，则生飧泄；浊气在上，则生䐜胀。此阴阳反作，病之逆从也。

故清阳为天，浊阴为地。地气上为云，天气下为雨；雨出地气，云出天气。故清阳出上窍，浊阴出下窍；清阳发腠理，浊阴走五脏；清阳实四肢，浊阴归六腑。

水为阴，火为阳，阳为气，阴为味。味归形，形归气，气归精，精归化。精食气，形食味，化生精，气生形。味伤形，气伤精，精化为气，气伤于味。

译文：黄帝说道：阴阳，是天地宇宙的大道，是万事万物的纲领，是所有变化的来源，是生长和死亡的根本，是主宰万物生息的大本营。所以医治疾病，必须遵从阴阳变化的根本。拿自然界变化来比喻，清阳之气聚于上而成为天，浊阴之气积于下而成为地。阴主静，阳主动；阳主生发，阴主成长；阳主肃杀，阴主收藏；阳能化生气，阴能构成形体。寒到极点会生热，热到极点会生寒；寒气能产生浊阴，热气能产生清阳；清阳之气居下而不升，就会发生飧泄之病；浊阴之气居上而不降，就会发生胀满之病。这就是阴阳的正常和反常变化，因此，疾病也就有逆证和顺证的分别。

因此，大自然的清阳之气上升为天，浊阴之气下降为地。地气蒸发上升为云，天气凝聚下降为雨；雨是地气上升水气转变而成的，云是由天气蒸发水气而成的（人体的阴阳变化也是这样）。清阳之气出于上窍，浊阴之气出于下窍；清阳之气发泄于腠理，浊阴之气内注于五脏；清阳之气充实于四肢，浊阴之气内走于六腑。

水性润下故为阴，火性炎上故为阳，天供给人属阳的五气（无形的寒、热、温、凉、平），地供给人属阴的五味（有形的酸、苦、甘、辛、咸），五味入胃滋养形体，形体外现人的精气，人的精气滋养依靠水谷精微，水谷精微由五味化生，水谷精微滋养人的精气，人的形体由五味供养，人的精气由水谷精微化生，人的精气外化于形体。如果饮食不节反能损伤形体，机能活动太过亦可以使人的精气耗伤，人的精气由水谷精微化生，水谷精微可以因为五味不周而受到损害。

《素问·阴阳应象大论》云：

> 故曰，天地者，万物之上下也；阴阳者，血气之男女也；左右者，阴阳之道路也；水火者，阴阳之征兆也；阴阳者，万物之能始也。故曰，阴在内，阳之守也；阳在外，阴之使也。

译文：天地上下，使万物生化其间；阴阳在人，构成血气形体之男女；左右，为阴阳运行不息的道路；水火，是阴阳的象征；阴阳的变化，是万物生长的本源和开始。所以说：阴阳是互相为用的，阴在内，为阳之镇守；阳在外，为阴之役使。

《素问·天元纪大论》云：

> 夫五运阴阳者，天地之道也，万物之纲纪，变化之父母，生杀之本始，神明之府也，可不通乎！故物生谓之化，物极谓之变，阴阳不测谓之神，神用无方谓之圣。夫变化之为用也，在天为玄，在人为道，在地为化，化生五味，道生智，玄生神。神在天为风，在地为木；在天为热，在地为火；在天为湿，在地为土；在天为燥，在地为金；在天为寒，在地为水；故在天为气，在地成形，形气相感而化生万物矣。然天地者，万物之上下也；左右者，阴阳之道路也；水火者，阴阳之征兆也；金木者，生成之终始也。气有多少，形有盛衰，上下相召，而损益彰矣。

译文：五运和阴阳是天地自然界变化的一般规律，是自然万物的一个总纲，是事物发展变化的基础和生长毁灭的根本，是宇宙间无穷尽的变化所在，这些道理哪能不通晓呢？因此，事物的开始发生叫作“化”，发展到极点叫作“变”，难以探测的阴阳变化叫作“神”，能够掌握和运用这种变化无边的原则的人叫作“圣”。阴阳变化的作用，在天表现为玄妙深远无穷，在人表现为认识事物的自然规律，在地表现为万物的生化，物质的生化而产生五味，认识了自然规律而产生智慧，深远的宇宙空间而产生神明。神明的作用，在天为风，在地为木；在天为热，在地为火；在天为湿，在地为土；在天为燥，在地为金；在天为寒，在地为水。所以在天为无形之气，在地为有形之质，形和气相互感召，就能变化和产生万物。天复于上，地载于下，所以天地是万物的上下；阳升于左，阴降于右，所以左右是阴阳的道路；水属阴，火属阳，所以水火是阴阳的象征；万物生发于春属木、成实于秋属金，所以金木是生成的终始。阴阳之气并不是一成不变的，它有多少的不同，有形物质在发展过程中也有旺盛和衰老的区别，在上之气和在下之质互相感召，事物太过和不及的形象就都显露出来了。

（三）归属五脏：《黄帝内经》的病机学说

治病，首先就是要归脏，就是症状的脏腑归属，然后通达其经脉。五脏属五行，木火土金水，相生相克相成。

《素问·至真要大论》云：

> 帝曰：愿闻病机何如？
>
> 岐伯曰：诸风掉眩，皆属于肝。诸寒收引，皆属于肾。诸气膹郁，皆属于肺。诸湿肿满，皆属于脾。诸热瞀瘛，皆属于火。诸痛痒疮，皆属于心。诸厥固泄，皆属于下。诸痿喘呕，皆属于上。诸禁鼓慄，如丧神守，皆属于火。诸痉项强，皆属于湿。诸逆冲上，皆属于火。诸胀腹大，皆属于热。诸躁狂越，皆属于火。诸暴强直，皆属于风。诸病有声，鼓之如鼓，皆属于热。诸病胕肿，痛酸惊骇，皆属于火。诸转反戾，水液浑浊，皆属于热。诸病水液，澄澈清冷，皆属于寒。诸呕吐酸，暴注下迫，皆属于热。故《大要》曰：谨守病机，各司其属，有者求之，无者求之，盛者责之，虚者责之，必先五胜，疏其血气，令其调达，而致和平，此之谓也。

译文：黄帝道：希望听您说说病机是什么。

岐伯说：凡是风病而发生的颤动眩晕，都属于肝；凡是寒病而发生的筋脉拘急，都属于肾；凡是气病而发生的烦满郁闷，都属于肺；凡是湿病而发生的浮肿胀满，都属于脾；凡是热病而发生的视物昏花，肢体抽搐，都属于火；凡是疼痛、搔痒、疮疡，都属于心；凡是厥逆，二便不通或失禁，都属于下焦；凡是患喘逆呕吐，都属于上焦；凡是口噤不开，寒战、口齿叩击，都属于火；凡是痉病颈项强急，都属于湿；凡是气逆上冲，都属于火；凡是胀满腹大，都属于热；凡是躁动不安，发狂而举动失常的，都属于火；凡是突然发生强直的症状，都属于风邪；凡是病而有声如肠鸣，在触诊时，发现如鼓音的，都属于热；凡是浮肿、疼痛、酸楚、惊骇不安，都属于火；凡是转筋挛急，排出的水液浑浊，都属于热；凡是排出的水液感觉清亮、寒冷，都属于寒；凡是呕吐酸水，或者突然急泄而有窘迫的感觉，都属于热。因此《大要》说：要谨慎地注意病机，了解各种症状的所属，有五行之邪要加以推求，没有五行之气也要加以推求，如果是盛要看为什么盛，如果是虚要看为什么虚。一定得先分析五气中何气所胜，五脏中何脏受病，疏通其血气，使其调和畅通，而归于平和，这就是所谓疾病的机理。

这就是有名的病机十九条，将所有的病症进行了五脏归属，然后拟定方案令五脏调和，则病自消。其实无论是什么样的调理，无论是药物还是非药物，都是平衡阴阳。既然气血是最大的阴阳，平衡气血就是最大的调理原则。平衡气血包括两方面的因素：一是要气血能量充足，就是正能量满满，所谓“正气内存，邪不可干”；二是气血的运行通道要畅通，也就是经络经脉畅通。大道至简，无论是药物或者非药物，都需要达到正气充足、经脉畅通。

其实有人总结的平时就医原则，感觉比较可行：无病不检查，微恙不用药，小病不就医，大病不大治。但是不可操作的是，对于微恙、小病、大病，怎么界定，由谁界定。因此，倒逼我们每个人都是自己健康的第一责任人，也就是说每个人都应该学习一定的中医保健知识。“为人父母者不知医，谓不慈；为人子女者不知医，谓不孝。”（《论语·为政篇》）

第四章　心为大医：筋骨复心法秉持的心性学说

身心对于健康而言，孰为大？自古以来，多有讨论。或者以身为重，历史上杨朱“拔一毛利天下不为也”，“名与身孰重，身与货孰多，得与亡孰病，甚爱必大费，多藏必厚亡”(《道德经》)。或者以心为重，人心惟危，道心唯微，以及心外无物、心外无理、心生万法。实事求是地讲，因天时地利人和三者不同而不同也。东方的智慧，讲形气神三者合一，三者互相影响，共同构成一个完整的人。我们可以调形以调气和调神，也可以调气以调形和调神，也可以调神以调气和调形，由此而衍生出不同的养生、调病理念。本章谈到阴阳二十五人模型，将人进行形而上、形而下的分类。

第一节　阴阳二十五人模型

《黄帝内经》辟专章论人之分类，其《灵枢·阴阳二十五人》将人按五行分为五大类，每一大类分为五小类，总共二十五类人，因其先天之性、先天之质，辨别而施治。“先立五形金木水火土，别其五色，异其五形之人，而二十五人具矣。”(《灵枢·阴阳二十五人》)《玄隐遗密》对此也有论述，可以取长补短，互为增益，以达真谛。二者都是从阴阳五行的角度来整体看待人生，看待具体每一个生命。阴阳失衡即为病，阴阳平衡则祛病，“有病不治，常得中医”。俗语云：“江山易改，禀性难移。”心性的调理，需要以对身体的调理为先，修行人也是透过调身、调息、调整言行来化性成德、化性成道。我们先介绍《黄帝内经》和《玄隐遗密》对人进行的五行分类，然后探讨其平衡阴阳、轮转五行的调病康养之道。

《黄帝内经》不但把五音引入中医领域，并且把五音和五行、五脏联系起来，以肝、心、脾、肺、肾分别对应角、徵、宫、商、羽，再分别对应呼、笑、歌、哭、吟，以声音的不同来判断五脏精气的盛衰，作为诊断疾病的方法，成为中医闻诊的一个重要组成部分。《黄帝内经》按照五行、五音、五色等把人体禀赋归纳为二十五种类型，概括了此二十五型人的生理、病理特点，二十五音便是二十五型人体质分类模型中重要的组成部分。古人根据古琴演奏位置、发音的不同，把角、徵、宫、商、羽五调中每调又分为五种调式，如角调有上角、大角、右角、钛角、判角之分，五调共分为二十五种调式，以此与二十五型人相对应，作为辨证二十五型人的重要诊断依据之一。另一方面，二十五型人根据气之盛衰分为金金、金木、金火、金土、金水、木木、木火、木土、木水、木金等二十五种类型，分别与二十五音对应（见表 4-1）。[①]

表 4-1　二十五型人与二十五音对应关系

木		火		土		金		水	
木木	上角	火火	上徵	土土	上宫	金金	上商	水水	上羽
木土	左角	火金	少徵	土金	少宫	金土	少商	水火	少羽
木火	钛角	火土	右徵	土水	左宫	金火	左商	水木	桎羽
木金	判角	火木	判徵	土木	加宫	金水	右商	水土	众羽
木水	大角	火水	质徵	土火	大宫	金木	钛商	水金	大羽

木曰曲直，主生发，取其形体相貌，为木形，其音配角。将角音分为五，故有上角、大角、左角、钛角、判角之人，其形不同。二者（《黄帝内经》《玄隐遗密》）以形为主区别众人，在现代不太好理解。性理调病以木性取人，论其形音相貌，且分甲乙阴阳之木，一阴一阳，两面论人，

① 张浩鹏、王丽华、李季等：《基于二十五音理论诊疗耳鸣》，《中医学报》2022 年第 10 期。

颇为中肯。其言语通俗易懂，颇接地气，与时下亦近；因人居于五德之一，而由其德而成道。其论也与《黄帝内经》多有相通之处。故应当多加研习揣摩，观、察、感、悟，知己知彼，服务众生。

一、木

【《黄帝内经》】：木形之人，比于上角，似于苍帝，其为人，苍色，小头，长面，大肩背，直身，小手，足好，有才，劳心，少力，多忧，劳于事。能春夏，不能秋冬，感而病生，足厥阴佗佗然。大角之人，比于左足少阳，少阳之上遗遗然，左角之人，比于右足少阳，少阳之下随随然。钛角之人，比于右足少阳，少阳之上推推然。判角之人，比于左足少阳，少阳之下栝栝然。

【《玄隐遗密》】：木形之人，毓秀上角。小头色苍，长面大肩。身少背直，手止申好。才气善计，疲志劳心。事能多忧，为敢孤直。其能春夏，不能秋冬。春感厥阴，佗佗然。大角人，比左足少阳上，遗遗然。左角人，比右足少阳下，随随然。钛角人，比右足少阳上，推推然。判角人，比左足少阳下，栝栝然。

【汇集体会】：木性人，面色青，长瘦而露骨，上宽下窄，肩耸背直，身量高长，脚步高压有声，说话直硬倔强，语声直短、齿音，坐立时不斜不倚、气度轩昂。

木处东方，有甲乙之分。甲木为阳，乙木为阴。形同而气质之清浊，随时变易。乙木为阴木，仁柔寡断，妇人女子之仁，性多偏私，独持己见，因小失大，以私害公，以情悖礼，盖以执拗顽梗，我见太深，不服人，好毁谤，掘人隐私，出言撞人，器量窄小，不耐激触，平生遇事多难，常不如意，因之怒气填胸，愤世嫉俗，长此以往，愈形乖戾矣。

乙木人好怒，阴气藏于筋。按生理说，好怒伤肝，肝气不舒，血无所藏，头迷眼干，两臂沉重，四肢麻木无力，胸肋痛疼，胃腹膨胀，此乃受阴木之灾。欲病愈须变阴木为阳木，要生出仁德心，亲亲仁民而爱物，合群爱众，能受屈，遇事服人，问性问主意，以疏淘阴气，久则甲木生矣。

甲木为阳性，主仁德。好生恶杀，公正无私，心直口快，心口如一，有主意，有恒心，能立万物，遇事不盲从，而有定见，处人不谄谀，更无苟行，己立立人，己达达人。故甲木性人，常怀悲天悯人之心，化俗救世之愿，舍己从人，杀身成仁，由仁德而成道。

二、火

【《黄帝内经》】：火形之人，比于上徵，似于赤帝。其为人，赤色，广，脱面，小头，好肩背髀腹，小手足，行安地，疾心，行摇，肩背肉满，有气，轻财，少信，多虑，见事明，好颜，急心，不寿暴死。能春夏，不能秋冬，秋冬感而病生手少阴，核核然。质徵之人，比于左手太阳，太阳之上肌肌然。少徵之人，比于右手太阳，太阳之下慆慆然。右徵之人，比于右手太阳，太阳之上鲛鲛然。质判之人，比于左手太阳，太阳之下支支颐颐然。

【《玄隐遗密》】：火形之人，离明上徵。小头庿庭，脱面庿斟（月引，紫纹若蚓）。好背髀腹，手止小促。行则动摇，言行湍急。气燥少信，明事多虑。傅白沉重，不寿暴死。其能春夏，秋冬不能。冬感少阴，核核而然。大征人，比左手太阳上，肌肌然。少征人，比右手太阳下，慆慆然。右征人，比右手太阳上，熊熊然。质征人，比左手太阳上，赜赜然。

【汇集体会】：火性人，面红，上尖下宽多丰盈，坐立摇摆不安，行动疾而摇，脚步急快，说话急躁或着理，语音尖高破，舌音，气度岸然。

火处南方，有丙丁之分，形同而气质之清浊，随时变易。

丁火为阴，心小性偏急，不让人而好争，多猜忌，好夸张，喜虚荣，性主贪，奔高爱好，行多狂妄，有始无终，多事多败。性中多一分阴火，便有一分见思惑，便含有一浮躁性。火主上炎，外明内暗，见人不见己，知进不知退，以屑锁细故，而不能忍，致使人离心离，多主错失，屡改屡犯，老死犹且悔恨无及。

丁火好恨，阴气藏于血内。按生理说，多恨伤心，心跳心慌，心热吐血，头晕目眩，癫狂谵语，惊悸不眠，神经错乱等病，此系受阴火之灾。欲变阴火为阳，须以恭敬辞让为心，遇事回光返照，克己复礼，问性问明礼，常则丙火生矣。

丙火为阳性，主明礼而不争理，达天时，而尚礼让，刚强纯正，光明正大，克己复礼，颇有志气，善能化万物，大事化小，小事化无，切磋琢磨，潜心自修，动容周旋，从容中道，制礼乐定制度，以治化国家，而旋转乾坤，是由明礼以成道。

三、土

【《黄帝内经》】：土形之人，比于上宫，似于上古黄帝。其为人，黄色，圆面，大头，美肩背，大腹，美股胫，小手足，多肉，上下相称，行安地，举足浮安，心好利人，不喜权势，善附人也。能秋冬，不能春夏，春夏感而病生，足太阴敦敦然。大宫之人，比于左足阳明，阳明之上婉婉然。加宫之人，比于左足阳明，阳明之下坎坎然。少宫之人，比于右足阳明，阳明之上枢枢然。左宫之人，比于右足阳明，阳明之下兀兀然。

【《玄隐遗密》】：土形之人，德厚上宫。色黄面圆，头正行方。乙臀腰美，隆准广腹。手止小肉，上下当称。稳健安行，轻申利人。不善势筹，醇和附品。其能秋冬，不能春夏。夏感太阴，敦敦而然。大宫人，比左足阳明上，婉婉然。加宫人，比左足阳明下，坎坎然。少宫人，比右足阳明上，枢枢然。左宫人，比右足阳明下，兀兀然。

【汇集体会】：土性人，面黄，丰厚多方，背隆腰厚，坐立沉稳，行动重实，说话实稳死板，语音宏亮，鼻音，气度厚重。

土处中央，成戊己之分，形同而气质之清浊，随时变易。

己土为阴性，假忠厚，不开通，不明礼，蛮横不能言，蠢笨扑拙，不尚外表，思想简断，近于愚直，言信行果，未必中理，器局狭隘，孤陋寡闻，心疑死板，虚伪妄言。性中有一分阴土，便有一分固执照着气，是非不分，执一害道，自是其是，固步自封，既不能开物成务，容纳众思广智，以资互助，复郁结生阴，刚愎自持，动辄怨人，失土阳和之气，而不能生生不息。

己土好怒，阴气藏于肉内。按生理说，怨人伤脾，脾胃软弱，膨闷胀饱，上吐下泻，胃口痛疼，或大肚子病，及伤元气等症，是为受阴土之灾。欲变阴土为阳土，须明因果，遇事生出信心，宽宏大量，问性问信实，常则化为阳土矣。

戊土为阳性，主信实，笃诚宽厚，朴素稳重，识因果而信人容物，尽职责而任重致远，为人谋而忠，与人交而久，出言任事，内外如一，执中守道，始终不渝。故戊土为成事之母，长养一切众善根，盖以恺悌慈祥，容而能化，奇才异能，兼收并蓄，各用所长。其度量之广大，博厚配地，犯而不校，以德报怨，人之有技，若己有之，人之彦圣，其心好之，万物并育，而不相害，是从信德以成道。

四、金

【《黄帝内经》】：金形之人，比于上商，似于白帝。其为人，方面，白色，小头，小肩背，小腹，小手足，如骨发踵外，骨轻，身清廉，急心静悍，善为吏，能秋冬，不能春夏，春夏感而病生，手太阴敦敦然。钛商之人，比于左手阳明，阳明之上廉廉然。右商之人，比于左手阳明，阳明之下脱脱然。左商之人，比于右手阳明，阳明之上监监然。少商之人，比于右手阳明，阳明之下严严然。

【《玄隐遗密》】：金形之人，洁说上商。方面色白，头肩背小。等腹骨外，目手止小。骨轻身廉，急心静悍。善为长吏，多劳少支。其能秋冬，不能春夏。秋感太阴，纯纯然。钛商人，比左手阳明上，廉廉然。右商人，比左手阳明下，脱脱然。大商人，比右手阳明上，监监然。少商人，比右手阳明下，严严然。

【汇集体会】：金性人，色白，面长方，颧骨高，唇薄齿利，身量不高，坐立时灵捷轻佻，行动灵便，说话爽利好辩，语声响亮，唇薄气度清爽。

金处西方，有庚辛之分，形成而气质之清浊，随时变易。

辛金为阴性，多诡诈，好分辨，喜变更，性善妒，言词僻佞，习于谄骄，更或心逆而险，言伪而辩，记丑而博，胁肩谄笑，嫉功害能，巧言令色，掩人善行，喜闻人过，好言人短，挟势恣横，凶狠成性。是故性中有一分阴金，便有一分假，一分嫉妒，与一分残忍。刻薄寡恩，狡猾无义，得权在位，便能乱世，凶奸之徒，多由此出。

辛金好恼，阴气藏于气内。按生理说，恼则伤肺，咳嗽痰喘，气不足，肺痈肺痨，肺结核等病，一交秋冬，病益加剧，是受阴金之灾。欲转阴为阳，须生出大义，遇事找人好处，问性问响亮，则庚金自生矣。

庚金为阳性，主义气，事君、敬长、尊贤、为义之道，好善恶恶，知过必改，见善勇为，见得思义，敏捷伶俐，制裁适宜，刚毅果决，有谋善断，知人好处，片言可以折狱，事无巨细，泛应曲当，义涵万有，富于责任心，视天下之物，皆备于我，宇宙内事，皆备性中事，古来怀经邦济世之才，饱经患难，终成大功，名垂金石，盖满人寰者，是从义德而成道。

五、水

【《黄帝内经》】：水形之人，比上羽，似于黑帝。其为人，黑色，面不平，大头，廉颐，小肩，大腹，动手足，发行摇身，下尻长，背延延然，不敬畏，善欺绐人，戮死，能秋冬，不能春夏，春夏感而病生，足少阴，汗汗然。大羽之人，比于右足太阳，太阳之上颊颊然。少羽之人，比于左足太阳，太阳之下纡纡然。众之为人，比于右足太阳，太阳之下洁洁然。桎之为人，比于左足太阳，太阳之上安安然。是故五形之人二十五变者，众之所以相欺者是也。

【《玄隐遗密》】：水形之人，敏慧上羽。大头廉颐，曲面色黑。手动足摇，肩小腹大。下尻长背，行为阴屈。机变技巧，随易善伏。不以敬畏，善欺绐(音代)人。心险行鄙，诸多戮死。其能秋冬，不能春夏。夏感少阴，汗汗而然。大羽人，比右足太阳上，颊颊然。少羽人，比左足太阳下，纡纡然。加为人，比右足太阳下，洁洁然。桎为人，比左足太阳上，安安然。

【汇集体会】：水性人，面黑，多肥胖，漫圆下稍宽，堕露脸，眉粗目大，坐立时好依伏，颓靡不振，说话滞涩，行动迟缓，语音慢长而低，喉音，气度缓和。

水处北方，有壬癸之分，形同而气质之清浊，随时变易。

癸水为阴性，好退缩，多愚鲁，性迟钝，言词滞涩，行多迂阔，自卑自弃，激溜发烦，被欺受气，好生回头气，是非不明，善恶不知，思虑后悔，昏懦萎靡，无独立事功之能力。以故性中有一分阴水，便含一分迂缓，便不活泼，处事失机后时，言动进退失据，不能周旋中规，接物以礼，抑郁终身，无所短长。

癸水好烦，阴气藏于骨髓。按生理说，烦人伤肾，腰腿痛，偏身痛，肾虚虚劳，腹痛，痿症，有亏精神，则浑憨痴状，终身愚滞，是受阴水之灾。欲转阴为阳，须矮和，生出明智，遇事认不是，问性问柔和，而壬水自生矣。

壬水为阳性，主智慧，善别是非邪正，喜柔和，能认不是，和万缘而不变，活泼自然，恬淡儒雅，聪明睿智，穷理知命，随圆就方，和而不流。盖以滋润功探，涵养德大，助人而不现好，事成而不居功，淡泊明志，宁静致远，心灵思巧，擅精艺术，故凡发明声光电热，创制一切物象之科哲家，是从智慧而成道。

六、察人之道

《黄帝内经》除了以五行论人，还以阴阳论人，将人分为阴人、阳人，细分为太阴之人、少阴之人、太阳之人、少阳之人、阴阳平和之人。

察人之法，全体形状，观一生荣枯；面部气色，定流年之祸福。道贵活用，有法不为法所拘。见人先识其形状，察其颜色，便可知其形质。因有何形，便蕴何性；因有何色，即蕴藏何情。兹定一研究之次序，以免紊乱。然此不过为初学者入门式，若久经熟练，活用在其人耳。

(1)先观其形态。对于五行中，金木水火土各形，究似何形。

(2)次观是生是克。以形言之，若头部上尖下阔，声音尖高，火形也。在益以身形清秀，瘦直露骨，木形也，是谓木生火。若面长瘦露骨，四肢修长，木形也；再益以腰背圆厚，是谓木克土。余以类推。

(3)观颜色。若面色莹洁浑厚，光泽炫耀是阳。若惨白灰暗，枯干昏浊，浮色欲动者是阴。按气色定其生克顺逆，以辨灾病祸福。除本性本色外，如青色主忧思，黑色主死，红色主口舌是非，白色主哭泣孝服，黄色主喜庆。

(4)听其言语缓急。辨声音之高、低、长、短、平。因舌为心苗，言为心声，循声捉语，以别其生克顺逆。如木形人木声为兄弟音，火声为子孙音，水声为父母音，金声为官鬼音，土声为妻财音。

(5)观其行走坐立之相，以辨其为何性，是否确凿。

(6)谈其阴面之性质。

(7)谈其病症。

(8)谈以变性之方法。

(9)谈阳面之性质。

(一)五行简断法

木性人,直率,能立功,善经营,心直口快,喜正直,憎恶邪恶与虚假。

火性人,做事爽快,勇猛不辞劳苦,惟好踏这山望那山高,悦意多贪外事。

土性人,诚实,不会欺妄,一做到底,出力不讨好,受劳受怨不少。

金性人,人情圆到,看风使舵,不得罪人,做活不用人操心。

水性人,细密稳当,缓和,永远不会慌张,不会出风头,好生回头气。

(二)五行阴面分别断法

木性人面白,不服有才能的,妒功害能,以小失大,掘人隐私。木性人面红,不服亲近人,以情悖理,性偏直,好挑礼。木性人面黄,好抗上,独持己见,我见太深,出言撞人,毁谤人,以私害公。木性人面黑,不服在下的,仁柔寡断,妇人女子之仁,性执拗,主意短。

水性人面白,活泼伶俐,漫无限制,和而流(用定位制之)。水性人面黄,迂滞(应活泼),退缩(应竞进),后悔(找将来道),混浊(宜静)。水性人面青,思虑多忧(以寡欲清心制之),自卑无主意(要立志)。水性人面红,激溜(耐劳),发烦(柔和),自欺(去爱好心,不怕贬)。

金性人面黑,假而妒,喜谄骄,外假乐而内发烦。金性人面黄,假圆到,好疑而不实,喜变更,言伪心逆。金性人面红,残忍,好分争,喜辩论。金性人面青,不让人,找棱缝,刻薄寡恩,好诡诈,言词僻佞。

土性人面白,言信行果,未必中理。土性人面青,思想简断,固步自封,执一害道。土性人面黑,器局较隘,滞塞不通,孤陋寡闻。土性人面红,实诚,能容而不能化,近于愚直。

火性人面青,好夸张,喜虚荣,知进不知退。火性人面黑,浮躁见思惑,见人不见己,有始无终。火性人面白,多猜忌,好纷争,言词疏阔冗长,行动狂妄。火性人面黄,多事多败,爱"好"心大,爱贪。

（三）五行阳面的功能

五行的阴面有恨怨恼怒烦，阳面是仁义礼智信，暂研究阳面。

木主元性，处东方，属仁的，本身含有生机，更能使好些的人、好些的物生生不息。在天性流露时，先生出恻隐之心，爱人爱物，总言之，就是仁德心。木能立万物，能立的原因可分为两方面：一方面对建筑修造等事，缺木就没有栋梁的材料；一方面赋在人身上，在风狂雨骤时，众人不能立住脚跟，却能居之安安然然的。不但自己能立，还能使千万人都借着他的力量，得以能立住，是因为有真主意，尤其是大公无私，所以说赋阳木性的人，永远怀着悲道悯人的心，合化俗救世之愿。如耶稣钉在十字架上，犹拿很可实宝贵的血，赎人民的罪。至于寡妇守志、代夫养亲、世运乱离、忠臣死节，那些人也知自己命为可贵，也知死不能再生，也知享那清闲福、温柔福为最美，可是被仁心所激，以天命为归宿，决不能以私心为去留，临危授命，杀身成仁，刀斧临头，视死如归，断不能以财帛动心，妻妾乱志，能为万人所不能为，才为万人所景仰，这叫着仁之至德之盛。

水主元精，处北方，属智，能养万物。可是对物，虽有调和的功能，事后却不居功，譬如造酒用水，酒成而不名之曰水，又如打泥墙，墙成而不说水筑的，这是不居功的。水性柔和，准得蔼和到极处，随圆就方，无可无不可，能受屈，能受辱，居下不怒，能忍人所不能忍，总叫着涵养性成，能受大辱，方得大福，能受大屈，方能大伸。韩信受胯下辱，岳武穆含冤而殁，娄师德唾面自干，百忍禅师代人受侮，都能处之安然，毫不生计较心及争强争理心，故能名留万古，为后人所称赞。水有滋润的功，遇人有过有恶，或蠢笨不堪，我当用道德慢慢浸润他、感化他，所说的以志为根罢了。水的聚处，其面常平，淡泊明志，宁静致远。惟静惟柔，光可鉴人，文王作《周易》，诸葛武侯事能先知，再进一层说，还得知道，能让过去就能过得去，就得过得去。

金主元情，处西方，属义，能分万物，可得人无伤，物无伤，我无伤，一切无伤，方为功德。金属秋，主成，有收缩性，譬如做事，专以伸张为能，而不知收缩，必走到坏的境域。金有制裁力，果断力，做事有责任心，善善恶恶，片言可以折狱，在佛普济众生，对于愈恶愈坏的，偏要度化他，在人世可得除暴安良，那才是法律的公平。那么，在恶人生杀予夺时，要标定在天理，在国法，在当地人事，在所处的境域上。在不可原谅中，加以原谅；不能原情中，加以原情；能让人所不能让，刚正无私，大义参天。如太伯让国，还不居让名，方叫着盛德。然世人论人，每有大人小人之分，愈能让人的义愈大，叫着大人；不能让人的是义小，加上为非作歹，因羞而缩，灵光因小而小，就叫着小人。得新忘旧叫作假，还能果断人所不能果断谓之真，如孔子相鲁，先斩少正卯。可是朋友相处，亲邻相交，若穷困到极处，在这极处的时候不断，总是真不断，故曰义。

火主元神，处南方，属礼，能化万物。惟后天火外向，专挑人的不是，可是先天火有克己复礼的功夫，应人接物，如春风拂面，暖暖煦煦，不即不离，正大光明。如此存心，久之则神不外驰，未来心，过去心，一概不起，念头纯一不杂，那些阴浊的气质，在无形中自消，如此神清心净，元神充足，发于心中的，纯善无恶，由外来的，似浮云过眼，毫不动心，闻风而化，虞芮让田，秉烛达旦，奸凶心折。讲天理，说人道，和乐人的家庭，使父子有亲，男女有别，叫作化，叫作复礼。

土主元气，位居中央，属信，能生万物。诚实敦厚，对人无谎，对己不自欺，宽量大度，悠然自得，载华岳而不重，振河海而不泄；与物相生，各不相害，视人有技，若己有之，因他能生万物。五行中各行均含有土气，木无土不立，金无土不生，水无土则散，火无土不起，万物土中生，土为万善功德母。

第二节　性理调病：情绪对身体影响的儒学研究

“性理调病”，“性”是指人的秉性与气质，“理”是规律或法则。“性理”是用五行来说明人的气质与性格的阴阳消长变化的规律。简单来讲，“性理调病”便是掌握和运用这个规律分析致病的精神因素，通过语言为人劝病或用以自我治疗，化除恼怒恨怨烦，从而提升正能量，来调理疾病。“性理调病”将仁义礼智信五德、怨恨恼怒烦五毒与肝心脾肺肾五脏联系起来，与君臣、父子、兄弟、夫妇、朋友五伦关系联系起来，通过反省、忏悔、认错的积极的态度，和谐人与自己、他人、社会的关系，进而调理自己的身心，消除身心疾病。

病就是过，改过就好。疾病的发生过程是，习性不遂，惹动禀性，禀性一动，淹没天性，天性淹没，丧失德性。不仅德性丧失，而且怨恨恼怒烦累积的结果就是疾病上身。禀性的发动，往往是各种伦常关系没有处理好。

中医讲，百病由气生，也讲百病由心生，因为气由心生，内五行包括五脏与六腑。五脏就是心肝脾肺肾，这些都是实的，属阴。六腑就是胆、胃、膀胱、大肠、小肠、三焦，这些都是空的，属阳。女人属阴，老人属阳，男人属阳。五脏的病多半是跟女人生气上火来的；六腑的病，多半是跟老人与男人生气上火来的。阴阳是相对的。

肝与胆相表里，怒气伤肝，会引发头晕眼花、耳聋、嘴眼歪斜、两臂发沉、四肢麻木、前胸痛、两肋痛、乳腺病等，严重者可能中风不语、半身不遂，甚至是肝癌。这怒气的毒会存到人体周身的筋里，往外排的时候，毒的味道是酸的，颜色是青的。因为肝主筋，为青色。

心与小肠相表里，恨气伤心，表现有心忙心慌、心跳心热、夜晚失眠、做怪梦、咳嗽、癫狂失语等症状，更严重了，就是精神病。还有冠心病，心脏偷停，心肌炎，心包积水，二尖瓣、三尖瓣病变，心肌梗死，先天性心脏病等，都是从恨气上来的。恨气存在血液里，往外吐时味道是苦的，颜色是红的。因为心主血，为红色。

肺与大肠相表里，恼人伤肺，可能导致气喘咳嗽、吐血、肺炎、肺结核和皮肤病等，这股恼气存在肺的经络与周身的皮肤里，往外排的时候，味道是辣的，颜色是白的。

脾与胃相表里，怨气伤脾，容易导致膨闷胀饱、噎嗝转食、上吐下泻、胃虚胃炎、胃寒胃溃疡、胃黏膜脱落和十二指肠溃疡等，严重了就是胃癌，这股怨气存在人体的肉里，排出来的时候味道是甜的，颜色是黄的。

肾与膀胱相表里，烦人伤肾，可能导致腰酸腿疼、肚腹疼痛、精神不振、水肿肾虚肾炎、腹膜炎、腰椎结核、腰椎间盘突出和骨头坏死、糖尿病、妇科病等。这股烦毒之气存在人体的骨髓里，外排的时候，味道是咸的，颜色是黑的。

此种理论，可由《黄帝内经》之《金匮真言论》《宣明五气篇》等篇得到解释。

《素问·金匮真言论》云：

> 帝曰：五脏应四时，各有收受乎？
>
> 岐伯曰：有。
>
> 东方青色，入通于肝，开窍于目，藏精于肝。其病发惊骇，其味酸，其类草木，其畜鸡，其谷麦，其应四时，上为岁星，是以春气在头也。其音角，其数八，是以知病之在筋也，其臭臊。
>
> 南方赤色，入通于心，开窍于耳，藏精于心，故病在五脏。其味苦，其类火，其畜羊，其谷黍，其应四时，上为荧惑星。是以知病之在脉也。其音徵，其数七，其臭焦。
>
> 中央黄色，入通于脾，开窍于口，藏精于脾，故病在舌本。其味甘，其类土，其畜牛，其谷稷，其应四时，上为镇星。是以知病之在肉也。其音宫，其数五，其臭香。
>
> 西方白色，入通于肺，开窍于鼻，藏精于肺，故病在背。其味辛，其类金，其畜马，其谷稻，其应四时，上为太白星。是以知病之在皮毛也。其音商，其数九，其臭腥。
>
> 北方黑色，入通于肾，开窍于二阴，藏精于肾，故病在溪。其味咸，其类水，其畜彘，其谷豆，其应四时，上为辰星。是以知病之在骨也。其音羽，其数六，其臭腐。

译文：黄帝说：五脏除与四时相应外，它们各自还有相类的事物可以归纳起来吗？

岐伯说：有。

比如东方青色，与肝相通，肝开窍于目，经气内藏于肝，发病常表现为惊骇，在五味为酸，与草木同类，在五畜为鸡，在五谷为麦，与四时中的春季相应，在天体为岁星，春天阳气上升，所以其气在头，在五音为角，其成数为八，因肝主筋。此外，在嗅味为臊。

南方赤色，与心相通，心开窍于耳，经气内藏于心，在五味为苦，与火同类，在五畜为羊，在五谷为黍，与四时中的夏季相应，在天体为荧惑星，它的疾病多发生在脉和五脏，在五音为徵，其成数为七。此外，在嗅味为焦。

中央黄色，与脾相通，脾开窍于口，经气内藏于脾，在五味为甘，与土同类，在五畜为牛，在五谷为稷，与四时中的长夏相应，在天体为镇星，它的疾病多发生在舌根和肌肉，在五音为宫，其成数为五。此外，在嗅味为香。

西方白色，与肺相通，肺开窍于鼻，经气内藏于肺，在五味为辛，与金同类，在五畜为马，在五谷为稻，与四时中的秋季相应，在天体为太白星，它的疾病多发生在背部和皮毛，在五音为商，其成数为九。此外，在嗅味为腥。

北方黑色，与肾相同，肾开窍于前后二阴，经气内藏于肾，在五味为咸，与水同类，在五畜为彘，在五谷为豆，与四时中的冬季相应，在天体为辰星，它的疾病多发生在溪和骨，在五音为羽，其成数为六。此外，在嗅味为腐。

《素问·宣明五气篇》云：

> 五味所入：酸入肝、辛入肺、苦入心、咸入肾、甘入脾，是为五入。
>
> 五脏所主：心主脉、肺主皮、肝主筋、脾主肉、肾主骨，是为五脏所主。

译文：五味与五脏的吸收关系：酸味入肝脏，辛味入肺脏，苦味入心脏，咸味入肾脏，甜味入脾脏。这就是所说的五味与五脏的吸收关系。

五脏所主（主：主宰、主管、相互关联）：心主脉，肺主皮，肝主筋，脾主肉，肾主骨。这就是所说的五脏所主的部位。

外五行是指人体外部的五行区分，人体左为阳右为阴。左边身体有病是跟男人生气来的，右边有病是跟女人生气来的。再从上往下分，头部有病，是为犯上，是跟父母长辈、老师、领导生气来的。膝盖以下的病为伤下，是跟晚辈生气来的。中间躯干部分有病，是与平辈生气来的。四肢为兄弟，上肢有病是跟哥哥、嫂嫂、姐姐、姐夫生气来的，腿有病是跟弟弟妹妹生气来的。腰上的病是夫妻之间生气得来的。

左上肢的病是跟平辈中比你大的男人生气得来的，右上肢的病是跟平辈中比你大的女人生气得来的，其他的以此类推。

外五行的病，可以说是五伦关系的人体细化，天人合一的别样解释，至少是比较强有力的解释。可以说，五伦关系是外五行病的充分条件，但不一定是必要条件。举例说明，一个没结婚的少年腰疼，肯定不是夫妻关系不和造成的，但是肾不好也可能引起腰疼，烦人伤肾，所以他可能是经常处于烦怨别人的状态，故而腰疼。另外，过度劳累后的外伤也能引起腰疼。

我们可以将疾病的原因归结为热能不足和体伤，情绪又能导致热能不足，热能不足影响体伤。这里的情绪主要是不良情绪，特别是怒恨怨恼烦，也就是禀性，所以这三者可以结合起来考虑。

《灵枢·通天第七十二》所记载的人之阴阳性分法：

> 黄帝问于少师曰：余尝闻人有阴阳，何谓阴人，何谓阳人。
>
> 少师曰：天地之间，六合之内，不离于五，人亦应之，非徒一阴一阳而已也，而略言耳，口弗能遍明也。
>
> 黄帝曰：愿略闻其意，有贤人圣人，心能备而行之乎？
>
> 少师曰：盖有太阴之人，少阴之人，太阳之人，少阳之人，阴阳和平之人。凡五人者，其态不同，其筋骨气血各不等。
>
> 黄帝曰：其不等者，可得闻乎？
>
> 少师曰：太阴之人，贪而不仁，下齐湛湛，好内而恶出，心和而不发，不务于时，动而后之，此太阴之人也。少阴之人，小贪而贼心，见人有亡，常若有得，好伤好害，见人有荣，乃反愠怒，心疾而无恩，此少阴之人也。太阳之人，居处于于，好言大事，无能而虚说，志发于四野，举措不顾是非，为事如常自用，事虽败，而常无悔，此太阳之人也。少阳之人，諟谛好自贵，有小小官，则高自宜，好为外交，而不内附，此少阳之人也。阴阳和平之人，居处安静，无为惧惧，无为欣欣，婉然从物，或与不争，与时变化，尊则谦谦，谭而不治，是谓至治。
>
> 古之善用针艾者，视人五态，乃治之，盛者泻之，虚者补之。
>
> ……

黄帝曰：别五态之人，奈何？

少师曰：太阴之人，其状黮黮然黑色，念然下意，临临然长大，䐃然未偻，此太阴之人也。少阴之人，其状清然窃然，固以阴贼，立而躁崄，行而似伏，此少阴之人也。太阳之人，其状轩轩储储，反身折，此太阳之人也。少阳之人，其状立则好仰，行则好摇，其两臂两肘，则常出于背，此少阳之人也。阴阳和平之人，其状委委然，随随然，颙颙然，愉愉然，𬌗𬌗然，豆豆然，众人皆曰君子，此阴阳和平之人也。

译文：黄帝问少师说：我曾听说人有属阴属阳之分，什么叫阴人？什么叫阳人？

少师说：天地之间，东南西北上下六合所构成的整个宇宙之内，都离不开五行，人也与五行相应和，并非只有一阴一阳两类而已。如果只用阴阳，只能简要地论述，但无法完全表达清楚。

黄帝说：我想知道大概的意思，有贤人圣人，他们所禀之气能够兼备阴阳并且两相和调而行天地自然之道吗？

少师回答说：人大致分为太阴、少阴、太阳、少阳、阴阳和平五种形态。这五种形态的人，他们的体态不同，筋骨的强弱、气血的盛衰也各不相同。

黄帝问：五种形态人的差异之处，我可以知道吗？

少师答道：太阴型的人，内心贪婪而不仁义，表面谦卑而内心险恶，喜好获取他人的东西而不喜欢付出，内心想法不外露，不识时务，行动上惯用后发制人的手段。这是太阴形态人的性格特征。

少阴型的人，喜欢贪图小利，暗藏贼心而生性嫉妒，看到别人有损失，好像自己受益而幸灾乐祸，好伤害别人，看到别人有了荣誉，自己就感到愤怒，心怀忌恨而从不感恩报德。这就是少阴形态人的性格特征。

太阳型的人，平时处处表现自己，洋洋自得，喜欢谈论大事，没有才干而喜空谈，好似志向高远在天下四方，做事却不顾及后果，行事刚愎自用，即使碰了壁也不悔悟。这就是太阳形态人的性格特征。

少阳型的人，虽然做事精细审慎，但自尊虚荣，有点小官职便沾沾自喜，好自我宣扬，喜欢与外人交接往来，对亲属反而冷淡疏远。这就是少阳形态人的性格特征。

阴阳和平型的人，平素心安意静，不为外物惊恐忧惧，也没有过分的欢悦，顺从事物发展的自然规律，不贪不争，善于适应形势的变化，如居高位，则谦恭以待下，注重用说服教育的方法感化人，不用政令刑罚统治人，具有高明的治理才能（这是阴阳和平形态人的性格特征）。

古代善于应用针刺、艾灸治病的人，便是根据人的这五种形态特征分别施治的，阴阳偏盛的用泻法，阴阳偏虚的用补法。

……

黄帝问：如何辨别五种形态的人呢？

少师回答说：太阴之人的体态特征是，肤色黑黑的，表面装出待人亲昵而谦下的样子，实则内心阴险，即便是身材很高大，也会膝腘做出弯曲的样子而并非伛偻（意为卑躬屈膝）。这是太阴之人的形态。

少阴之人的体态特征是，外貌状似清高，但行为鬼鬼祟祟，深藏害人之心，站立时躁动不安，走路时身体向前倾，像要伏到地上。这是少阴之人的形态。

太阳之人的体态特征是，昂首挺胸，挺膝腆腹，洋洋自得，显得高傲自负，妄自尊大。这是太阳之人的形态。

少阳之人的体态特征是，在站立时习惯于把头向后仰，行走时惯于摇摆身体，两条胳膊常常倒背在身后。这是少阳之人的形态。

阴阳和平之人的体态特征是，外貌从容稳重，举止大方，性格温和，善于适应环境，态度严肃，品行端正，待人和蔼，目光慈祥，作风光明磊落，举止适度，处事有条理，大家称之为有德行的人。这是阴阳和平之人的形态。

《灵枢·阴阳二十五人第六十四》所记载的阴阳二十五人分类：

> 岐伯曰：先立五形金木水火土，别其五色，异其五形之人，而二十五人具矣。
>
> 黄帝曰：愿卒闻之。
>
> 岐伯曰：慎之慎之，臣请言之。
>
> 木形之人，比于上角，似于苍帝，其为人，苍色，小头，长面，大

肩背，直身，小手，足好，有才，劳心，少力，多忧，劳于事。能春夏，不能秋冬，感而病生，足厥阴佗佗然。大角之人，比于左足少阳，少阳之上遗遗然，左角之人，比于右足少阳，少阳之下随随然。钛角之人，比于右足少阳，少阳之上推推然。判角之人，比于左足少阳，少阳之下栝栝然。

火形之人，比于上徵，似于赤帝。其为人，赤色，广，脱面，小头，好肩背髀腹，小手足，行安地，疾心，行摇，肩背肉满，有气，轻财，少信，多虑，见事明，好颜，急心，不寿暴死。能春夏，不能秋冬，秋冬感而病生手少阴，核核然。质徵之人，比于左手太阳，太阳之上肌肌然。少徵之人，比于右手太阳，太阳之下慆慆然。右徵之人，比于右手太阳，太阳之上鲛鲛然。质判之人，比于左手太阳，太阳之下支支颐颐然。

土形之人，比于上宫，似于上古黄帝。其为人，黄色，圆面，大头，美肩背，大腹，美股胫，小手足，多肉，上下相称，行安地，举足浮安，心好利人，不喜权势，善附人也。能秋冬，不能春夏，春夏感而病生，足太阴敦敦然。大宫之人，比于左足阳明，阳明之上婉婉然。加宫之人，比于左足阳明，阳明之下坎坎然，少宫之人，比于右足阳明，阳明之上枢枢然。左宫之人，比于右足阳明，阳明之下兀兀然。

金形之人，比于上商，似于白帝。其为人，方面，白色，小头，小肩背，小腹，小手足，如骨发踵外，骨轻，身清廉，急心静悍，善为吏。能秋冬，不能春夏，春夏感而病生，手太阴敦敦然。钛商之人，比于左手阳明，阳明之上廉廉然。右商之人，比于左手阳明，阳明之下脱脱然。左商之人，比于右手阳明，阳明之上监监然。少商之人，比于右手阳明，阳明之下严严然。

水形之人，比上羽，似于黑帝。其为人，黑色，面不平，大头，廉颐，小肩，大腹，大手足，发行摇身，下尻长，背延延然，不敬畏，善欺给人，戮死。能秋冬，不能春夏，春夏感而病生，足少阴汗汗然。大羽之人，比于右足太阳，太阳之上颊颊然。少羽之人，比于左足太阳，太阳之下纡纡然。众之为人，比于右足太阳，太阳之下洁洁然。桎之为人，比于左足太阳，太阳之上安安然。是故五形之人二十五变者，众之所以相欺者是也。

译文：岐伯说：首先明确木、火、土、金、水五种类型的人，然后按照五色的不同加以区别，就容易知道二十五种人的形态了。

黄帝说：我希望立即知道全部内容。

岐伯道：一定要慎而又慎啊！现在让我来详细地谈谈这个问题吧。

形体与性情禀承木性的人，属于木音中的上角（木木），这类人的形态特征是皮肤呈青色，像天空中东方的苍帝一样（木星的方位）。形体特点是，皮肤偏青色，头小，脸长，肩背宽大，身躯挺直，手足小。性情特点是，有才智，好施心机，体力不强，常为各种事务忧心劳神。对时令季节的适应是，耐受春夏不耐秋冬，秋冬季节容易感受病邪而发生疾病。在木音中属于上角（木木）的人，比类于足厥阴肝经，其情态是从容自得、不急不躁，是禀受木气最全的人。另外，还有四种禀受木气不全的人，分左右上下四种：在木音中属于大角（木水）的人，在左上方，比类于左足少胆阳经的上部，其情态是拖拖拉拉、畏缩不前；在木音中属于左角（木土）的人，在右下方，比类于右足少阳胆经的下部，其情态是过于随和、唯唯诺诺；在木音中属于釱角（木火）的人，在右上方，比类于右足少阳胆经的上部，其情态是喜欢冒进、急功近利；在木音中属于判角的（木金）人，在左下方，比类于左足少阳胆经的下部，其情态是过于刚直、缺乏灵活。

形体与性情禀承火性的人，属于火音中的上徵（火火），像天空中南方的赤帝一样（火星的方位）。这类人的形体特征是，皮肤偏红色，齿根宽广，尖脸，头小，肩、背、腰、腹及两腿发育匀称，手足小，步履急速，心性急，走路时身体摇摆，肩背肌肉丰满。性情特征是，好使气，轻钱财，不轻易相信他人，多疑虑，观察和分析事物敏锐而又透彻，容颜美好，性情急躁，不能长寿，往往暴亡。这类人对时令的适应是，耐春夏的温暖，不耐秋冬的寒冷，秋冬容易感受外邪而生病。在火音中属于上徵（火火）的人，比类于手少阴心经，是禀承火气最全的一类人，其情态是诚实可信。另有四种禀受火气不全的人，分为左、右、上、下四种：左上方，在火音中属于质徵（火水），比类于左手太阳小肠经的上部，其情态是开朗光明；右下方，在火音中属于少徵（火金），比类于右手太阳小肠经的下部，其情态是多疑多虑；右上方，在火音中属于右徵（火土），比类于右手太阳小肠经的上部，其情态是踊跃鲁莽；左下方，在火音中属于判徵（火木），比类于左手太阳小肠经的下部，其情态是逍遥自得。

形体与性情禀承土性的人，属于土音中的上宫（土土），像天空中央的黄帝一样（土星的方位）。这类人的形体特征是，皮肤偏黄色，圆脸，大头，肩背丰满而健美，腰腹壮大，两腿健壮，手足小，肌肉丰满，身体各部发育匀称，走路脚步稳健，步态轻盈。性情特征是，安稳自若，爱做对别人有利的事，不争逐权势，惯常依附他人。这种类型的人对时令的适应是，能耐秋冬的寒凉，不能耐春夏的温热，春夏容易感受外邪而生病。这一类型的人在土音中称为上宫，比类于足太阴脾经，是禀受土气最全的人，其情态是诚恳而忠厚。禀承土气不全者也分为左右上下四种：左上方，土音中属于太宫（土火）者，比类左足阳明胃经的上部，其情态是温柔和顺；左下方，土音中属于加宫（土木）者，比类于左足阳明胃经的下部，其情态是端庄持重；右上方，土音中属于少宫（土金）者，比类于右足阳明胃经的上部，其情态是圆转灵活；右上方，土音中属于左宫（土水）者，比类于右足阳明胃经的下部，其情态是独立不动摇。

形体与性情禀承金性的人，属于金音中的上商（金金），好比天空中西方的白帝一样（金星的方位）。这类人的形体特征是，方脸，皮肤偏白色，头小，肩背小，腹小，手足小，足跟部骨骼显露，行走轻快。性格特点是，禀性廉洁，办事不拖沓，外表柔静而内实悍勇，能够当好官吏。对时令的适应是，能耐受秋冬的寒凉，不能耐受春夏的温热，春夏易感受邪气而患病。这一类型的人，在金音中称为上商（金金），比类于手太阴肺经，是禀受金气最全的人，其情态是敦厚重义。此外，禀受金气不全的人分为左右上下四种：左上方，金音中属于钛商（金木）一类的人，比类于左手阳明大肠经的上部，其情态是锋芒毕露；左下方，金音中属于右商（金水）一类的人，比类于左手阳明大肠经的下部，其情态是清俊洒脱；右上方，金音中属于左商（金火）一类的人，比类于右手阳明大肠经的上部，其情态是善于明察秋毫；右下方，金音中属于少商（金土）一类的人，比类于右手阳明大肠经的下部，其情态是威严而庄重。

形体与性情秉承水性的人，属于水音中的上羽（水水），就像天空中北方的黑帝一样（水星的方位）。这类人的形体特征是，皮肤偏黑色，颜面凹凸不平，头大，面颊消瘦，肩小，腹大，手足喜动，走路时身体摇摆晃动，腰背及臀部修长。性格特点是，无所敬畏，善于欺诈，常因作恶而被杀身丧命。在对时令的适应上，耐秋冬的寒冷，不耐春夏的温热，春夏季节容易感受邪气而发病。这种人属于水音中的上羽（水水），比类于足少阴肾经，是禀受水气最全的人，其情态是卑下谦虚。水音中还有左右上下禀受水气不全的四种人：右上方，水音中属于太羽（水金）者，比类于右足太阳膀胱经的上部，其情态是意满自得；左下方，在水音中属于少羽（水火）者，比类于左足太阳膀胱经的下方，其情态是郁闷不舒畅；右下方，水音中属于众羽（水土）者，比类于右足太阳膀胱经的下部，其情态是洁身自好；左上方，水音中属于桎羽（水木）者，比类于左足太阳膀胱经的上部，其情态是安闲恬静。

第三节　庄周梦蝶：梦乃身心健康之潜显

“大梦谁先觉？平生我自知。”人生如梦，有先知先觉，后知后觉，不知不觉。知人者智，自知者明。可见能够了解自己是非常难的。了解自己就要知身、知心、知性。由梦而知己，也是一种方式。我们都希望自己能够梦想成真，如果没有持之以恒的努力，希望也会变成失望；但“梦”能显真是真的。人在深度睡眠时做的梦，由于在潜意识或者说是无意识的状态下，能够比较好地显示“本心本性”，甚至梦境中的意象能够表达出身体健康的情况，有点像平时所说的“酒后吐真言”。《黄帝内经》对梦有自己的解读，有《灵枢·淫邪发梦》篇专门论述，因篇幅短小，录之如下：

黄帝曰：愿闻淫邪泮衍，奈何？

岐伯曰：正邪从外袭内，而未有定舍，反淫于藏，不得定处，与营卫俱行，而与魂魄飞扬，使人卧不得安而喜梦。气淫于府，则有余于外，不足于内，气淫于藏，则有余于内，不足于外。

黄帝曰：有余不足有形乎？

岐伯曰：阴气盛，则梦涉大水而恐惧。阳气盛，则梦大火而燔。阴阳俱盛，则梦相杀。上盛则梦飞，下盛则梦堕，甚饥则梦取，甚饱则梦予。肝气盛，则梦怒。肺气盛，则梦恐惧，哭泣，飞扬。心气盛，则梦善笑，恐畏。脾气盛，则梦歌乐，身体重不举。肾气盛，则梦腰脊两解不属。凡此十二盛者，至而泻之，立已。

厥气客于心，则梦见丘山烟火。客于肺，则梦飞扬，见金铁之奇物。客于肝，则梦山林树木。客于脾，则梦见丘陵大泽，坏屋风雨。客于肾，则梦临渊，没居水中。客于膀胱，则梦游行。客于胃，则梦饮食。客于大肠，则梦田野。客于小肠，则梦聚邑冲衢。客于胆，则梦讼自刳。客于阴器，则梦接内。客于项，则梦斩首。客于胫，则梦行走而不能前，及居深地苑中。客于股肱，则梦礼节拜起。客于胞植，则梦便。凡此十五不足者，至而补之立已也。

译文：黄帝说：我想了解淫邪蔓延体内会怎么样呢？

岐伯说：六淫邪气从外侵袭人体，没有固定的侵犯部位和途径，邪气侵入内脏后，也不在固定的部位停留，而是随营气和卫气一起在体内流行运转，致使魂魄不能安定，让人睡卧不安而常常做梦。如果邪气侵入六腑，就会使在外的阳气（卫气）过盛而在里的阴气不足（营气）；如果邪气侵犯五脏，就会使在里的阴气过盛而在外的阳气不足。

黄帝问：阴阳二气的有余与不足有什么表现吗？

岐伯说：如果阴气盛，就会梦到涉大河而感到恐惧；如果阳气盛，就会梦见身处大火之中而感到灼热；如果阴阳二气俱盛，就会梦见挥刀格斗。身体上部气盛就会梦到向上飞翔，身体下部气盛就会梦到向下坠落。过于饥饿就会梦到索取东西，过饱就会梦到给予别人东西。如果肝气盛，就会梦见发怒；肺气盛就会梦到恐惧的事情，还会哭泣；心气盛就会梦到常令人发笑的事情；脾气盛就会梦到歌唱和奏乐，或身体沉重，手足难举；肾气盛就会梦到腰脊分离，不相连属。以上所述的十二种因气盛所引起的梦境，运用针刺的泻法治疗，可以马上治愈。

邪气侵入心，就会梦见山丘上充满烟火；邪气侵入肺，就会梦见飞扬升腾，或看到金属的奇怪东西；邪气侵入肝，就会梦见山林树木；邪气侵入脾，就会梦见丘陵和巨大的湖沼之地，或风雨毁坏房屋；邪气侵入肾，就会梦见身临深渊，或被水淹没；邪气侵入膀胱，就会梦见游荡不定；邪气侵入胃，就会梦见吃喝；邪气侵入大肠，就会梦见田野；邪气侵入小肠，就会梦见许多人聚集在居民区和交通要道；邪气侵入胆，就会梦见与人打官司和争斗；邪气侵入生殖器，就会梦见性交；邪气侵入脖颈，就会梦见杀头；邪气侵入小腿，就会梦见迈步向前走却不能前进，或居住在深深的地下；邪气侵入大腿，就会梦见行跪拜礼；外邪侵入尿道和直肠，就会梦见小便和大便。以上所述这十五种因气虚而引起的梦境，运用针刺的补法治疗，可以马上治愈。

《素问·脉要精微论》有论述：

> 是知阴盛则梦涉大水恐惧，阳盛则梦大火燔灼，阴阳俱盛则梦相杀毁伤；上盛则梦飞，下盛则梦堕；甚饱则梦予，甚饥则梦取；肝气盛则梦怒，肺气盛则梦哭；短虫多则梦聚众，长虫多则梦相击毁伤。

译文：阴气盛（肾气虚）则梦见渡大水而恐惧，阳气盛（心气虚）则梦见大火烧灼，阴阳俱盛则梦见相互残杀毁伤。上气太盛（心、肺气太盛）则梦飞腾，下气太盛（脾、肾气太盛）则梦下堕。过饱时会梦见送食物给人，饥饿时会梦见去取食物。肝气盛，则做梦好发怒气；肺气盛，则做梦悲哀啼哭。腹内蛲虫多，则梦众人集聚；腹内蛔虫多，则梦打架损伤。

《素问·方盛衰论》有论述：

> 是以肺气虚，则使人梦见白物，见人斩血藉藉，得其时，则梦见兵战。肾气虚，则使人梦见舟船溺人，得其时，则梦伏水中，若有畏恐。肝气虚，则梦见菌香生草，得其时，则梦伏树下不敢起。心气虚，则梦救火阳物，得其时，则梦燔灼。脾气虚，则梦饮食不足，得其时，则梦筑垣盖屋。此皆五藏气虚，阳气有余，阴气不足。合之五诊，调之阴阳，以在《经脉》。

译文：肺气虚则梦见悲惨的事物，或梦见人被杀流血，尸体狼藉，当金旺之时，则梦见战争。肾气虚则梦见舟船淹死人，当水旺之时，则梦见伏藏于水中，好像心怀恐惧。肝气虚，则梦见菌类生草，当木旺之时，则梦见趴在树下不敢起来。心气虚，则梦见救火等场景，当火旺之时，则梦见大火燔灼。脾气虚则梦饮食不足，得其土旺之时，则梦见作垣盖屋。这些都是五脏气虚，阳气有余，阴气不足所致。当参合五脏见证，调其阴阳，其内容已在《经脉》篇中论述过了。

我们看到《黄帝内经》还是以阴阳五行来解释梦境的，徐文兵先生有《梦与健康》一书，该书专门依《黄帝内经》论梦为据对梦进行了较详细的介绍。

阴阳的盛衰、五行的环转依然表现在睡梦之中。当然，在深度睡眠的时候做的梦，更具有诊断意义。

一、肝有问题时的梦境

肝属木，肝实火的人容易梦到森林、风、火，梦到自己打、砸、抢或发怒。在饮食上，肝实火的人应该多吃酸味的食品，如酸辣汤；不太适合饮酒，特别是白酒，因为酒气能够鼓动肝气、肝血让人燥热。医家有不生气的办法，可以立马把肝火降下来，就是“收下颌，鼻拉脐”。想发脾气的时候，把下颌微微往里收，后脑自然就是往上顶，想着鼻子有一根线拉着肚脐，火气就没有了。如果说有什么道理的话，就是肝经上通于百会。

肝实寒的人会梦见枯朽的树木，梦见树上长蘑菇、苔藓之类的东西，甚至家里的桌椅板凳开始发霉长毛。还有的人会梦见自己掉进厕所里。调治肝湿寒症的基本原则是给邪气出路，男人从胆出，女人从月经出。阳化气，阴成形。当人体能量足够的时候，那些阴滞成形的东西就会化成气、化成二便、化成痰涎，排出去。

肝虚寒的人会梦到在树林里迷路或草，或者梦见荒漠。调理肝虚寒的人需要鼓励病人把压抑的怒气书写出来，然后再吃点疏肝理气的药。平时多吃辛辣、辛温的食物，少吃寒性、酸性、收敛的食物。

肝虚火的人容易梦见枯木，梦见被火烧过的地方，梦见锅里的水烧干了，梦与鬼交（做性梦，梦遗）。在饮食上要注意滋补肝血，多吃一些猪蹄筋、牛蹄筋之类的东西。

二、心有问题时的梦境

心实火的人容易梦到火，梦见自己飞起来，梦见血红的颜色。在饮食上要多吃些苦寒的食物，如莲子心、黄连等，少吃辣、咸的食物。物理的办法就是在手指的末端放血。

心实寒的人通常会梦到脏东西，还有的人表现为梦磨牙，或者是梦到杀人、自杀。调治心实寒最好的办法就是扎针放血。

心虚寒的人容易梦见流浪；梦见被遗弃，特别是被父母遗弃；梦到自己陷进什么地方，然后没人拉，无人救。心虚寒的人最好就是要加热，艾灸神门、神阙是比较好的选择。饮食上也要多吃血肉有情之品，多吃辛辣的食物。

心虚火的人会梦见考试、找钱包、走在灼热的铁板上、找水喝等。调理的办法是鸡子黄（鸡蛋黄）入药，叫朱雀汤。后来张仲景把这个方子改名为黄连阿胶汤。鸡蛋黄入心，能滋补心阴。蛋黄入药，在水温九十摄氏度左右时效果最好。当然多吃点牡蛎也是不错的。

三、脾有问题时的梦境

脾胃实火的人，在梦中容易不停地找东西吃，想吃却又吃不着，现实中经常会半夜饿醒。可以按摩三阴交穴位来刺激肝脾肾三脏，可以吃辛凉的食物或药物。

脾胃湿寒的人容易梦到被人追杀，不停地收罗东西，给家里添置东西，或者意外中奖、赢钱等。调理脾胃湿寒，需要消肿、化痰、化湿。

脾胃虚寒的人，会梦到自己走着走着路就裂开了，或者自己家的房子被拆了，没有安全感。调理脾胃虚寒，可以吃小米干饭，也可以喝点牛肉汤，也可以加点黄芪、党参、甘草之类的药材。物理办法是艾灸足三里，效果会比较好。

脾胃虚火的人容易梦见土地干裂，房子倒塌或被烧，还有的人会梦到四处找水喝。调治脾胃虚火，可以选择甜的、寒性的食材，如牛奶、甘蔗、荔枝、龙眼等。

四、肺有问题时的梦境

肺实火的人容易梦见杀人。肺里有实火的人，容易不停地高烧出汗，可以用生石膏之类的寒凉药去之。

肺实寒的人，容易梦见一些阴寒肮脏的东西，而且颜色偏白，还会梦见死去的人和宠物之类的。肺湿的人要多吃热性食物，练习搓谷道。

肺虚寒的人梦中容易被追杀，总是跟心爱的人分手，或者生离死别之类的场景。调理肺虚寒的人，需要用温补肺气的药品或者食材，如山茱萸、五味子、山药、杏仁等。

肺虚火的人容易睡不着，睡着了还会盗汗，而且做的梦都是些艰难困苦的、愁得不行的梦。调理肺虚火的人不能用艾灸的办法，也不能扎针刮痧，而是要通过食补来滋养肺，如银耳、燕窝、秋梨膏，柿子也不错。

五、肾有问题时的梦境

肾实火的人梦比较少。有的人会梦见黄河发大水，但是里面淌的全是红色的火。调理肾实火需要用甘甜的、利尿的药，最好的就是老玉米须子，或者用玉米煮的水。

肾实寒的人，会梦见下大雨、冰雹。调理肾实寒，针刺的效果最好，可以选取气海穴、关元穴、中极穴。当然也可以吃化石的药来调理，像鸡内金。

肾虚寒的人会在梦里找厕所，做性梦。调理肾虚寒，需要补肾，可以用一些苦味坚肾的药物、食材；可以多喝茶，吃点坚果。肾虚寒的人最忌讳吃甜的食物。

肾虚火的人会做很多性梦。调理时可以选取六味地黄丸，地骨皮也是一味良药。

这一部分内容，多有借鉴《梦与健康》，在此对徐文兵先生深表感谢。

庄周梦蝶，蝶梦庄周，庄子为我们开启了生命真相、生命意义的深度思考。

第四节 性光朗照：儒、道、释、耶之人生超越

命，得之于天，成之于己。命，分身命、慧命。身命，乃是我们肉体的存在，遵循自然的法则，就其生长而言，有生、长、壮、老、已；就其生存而言，有生、长、化、收、藏。我们不仅有对身命的照顾与呵护，也有对慧命的呵护与成长。慧命，是一个人形而上的生命，慧命的成长是人完成纯然本性的过程，其最高境界就是天赋本性的完成。

对生命、对宇宙的追问，是地球人的好奇与本然。中国人追求的是天人合一，以人合天，与天同化。《中庸》云："天命之谓性，率性之谓道，修道之谓教。"天即昊天、昊天上帝，所谓"钦若昊天"，就是敬顺昊天上帝，天命之谓性，昊天上帝所赋予的就是"性"，是昊天上帝内置于人与万物的本性品质，非善非恶，湛然光洁，一片光明。人得其全，物得其偏。率者，循也；率性之为道，就是遵循天命之性而笃行就是道，修己合道就是教化。三教九流，全归于性天大道。

生命的意义，在于性合天道、合性于天，回归到来自老天的纯然至善的境界与状态。因为各教之教旨不同，而有不同的修行路径与追求目标，但都是对心性的调适。可以说是，非空非有非常道，无我无物无量光。

儒、道、释、耶都是对现实人生的超越，而且各有自己不同径路，都是对性、天、道、超凡的不同的把握。耶稣说："我就是道路、真理、生命。若不借着我，没有人能到父那里去。"（《圣经·新约·约翰福音》第十四章第六节）耶稣又对众人说："我是世界的光。跟从我的，就不在黑暗里走，必要得着生命的光。"（《圣经·新约·约翰福音》第八章第十二节）如果我们抛去其宗教的语言形式，其与陆九渊的"吾心即宇宙，宇宙即吾心"有多大差别呢？

《易传》云："先天而天弗违，后天而奉天时。"在与天合一的过程中，道家与儒家选择了不同的修行路径，道曰先天，儒曰后天。

道家，是帝王之学、帝王之术，代表了中国先人的最高思维智慧。内圣外王，是帝王的自我最高定位，也是道家的人格理想。道生一，一生二，二生三，三生万物。在道家的修为中更强调道的呈现：道生万物，返本归真，获得宇宙生命的元初动力。

儒家更加强调的是后天而奉天时，在宇宙的流中，与天合一、与道合一。在易道生生的过程中，与宇宙大化流行而起伏。“子在川上曰：逝者如斯夫，不舍昼夜。”（《论语·子罕》）“养浩然之气”，就是内圣，修身齐家治国平天下，就是外王。

释家是外来的宗教，经过千年的融合，已经完成了彻底的中国化，已经成为中国化的佛教。以出世为终极目标，往生为终极归宿。禅宗的出现，也取得了佛教的中国化成就。“佛法在世间，不离世间觉”，也完成了极高明而道中庸。

耶，乃基督教之简称。单纯从其教义来看，基督教还是不错的。其将人生的终极根据落实在上帝之处，从而为人们提供了一个灵魂归宿。

对于拥有不同的信仰的众生，我们也有不变的、共同的、超越世俗的期待。

第五章　天颐善人：筋骨复心法之养生学

三才和谐是养生之整体观念，可以将三才进行系统解读。天时、地利、人和，实养生之大要。

《周易》中有一卦“颐”专门谈论养生，《杂卦传》云：“颐者，养也。”其卦辞云：“贞吉。观颐，自求口实。”其彖曰：“颐，贞吉，养正则吉也。观颐，观其所养也。自求口实，观其自养也。天地养万物，圣人养贤以及万民。颐之时大矣哉。”其象曰：“山下有雷，颐。君子以慎言语，节饮食。”

“养正则吉”，“蒙以养正，圣功也”。何谓正？《说文解字》云：“是也。从止，一以止。凡正之属皆从正。正，古文正从二。二，古上字。疋，古文正从一足。足者亦止也。之盛切。徐锴曰：守一以止也。”即与一合，与道合，行于一，行于道。正知、正见、正心、正念、正气、正行，当从启蒙始，所谓“蒙以养正，圣功也”。《周易》作者有弘大的宇宙视野：有自养，有所养；且鼓励训导民众法天道而立人道，从天地寻得自己的立身之本，从天地学得自己的行事之道，自养与养它相结合。天地养万物，圣人养贤以及万民。天地之大德曰生，天地不仅创生万物，而且长养万物。圣王向天地学习就要养贤，乃至万民。在自养的过程中，要养护德性，“慎言语”。《周易》云：“乱之所生也，则言语以为阶。”“君不密则失臣，臣不密则失身，几事不密则害成。”“君子进德修业欲及时也。忠信所以进德也；修辞立其诚，所以居业也。”“言行，君子之枢机，枢机之发，荣辱之主也。可不慎乎？”在在处处都教导人们“慎言语”，教导人们“立言、立德、立功”，就是“立身、修身”。立身行道、修身养性还要“节饮食”，对饮食不仅要节制，而且要合于时节。“饮食男女，人之大欲存焉。”《周易》从立德养性、节欲养身的角度来系统地谈养生之道。法“天地养万物”，圣王“养贤，乃至万民”，也是上医治国的重要体现。故“颐之时，大矣哉”。有德、逢时、在位，就是正。自古以来，孟子善养“浩然之气”。如何养？配义与道，集义所生。《黄帝内经》讲“正气内存，邪不可干”，这是养生之第一原则，也是调病之第一原则。《道德经》云：“天道无亲，恒与善人。”佛家也讲，善为大铠，不畏刀兵。

古人有宏大的宇宙人生视野，谈天说地话人生，《周易》提倡“天地人三才之道”，《孟子》认为“天时地利人和”。这些都是把人放置在天地宇宙的大视野中思考问题，所以传统的养生法则就是：顺天时、用地利、致人和，则生生不息矣。我们要做的是顺生、养生、护生，而不是逆生、虐生、杀生。

因为我们将生命理解为性心身三界之合体，故而养生至少要从三方面进行展开。

第一节 天颐善人：合道者的幸福人生

颐者，养也。天颐善人，就是天养善人。《道德经》云：“天道无亲，恒与善人。”老天无心，无情无欲，自然无偏袒善人之理。但是为何“恒与善人”呢？其实，老天因无分别，对善人、恶人是一样的，对老天而言，无所谓善恶。但是《周易·系辞》云：“一阴一阳之谓道，继之者善也，成之者性也。”就是继承道的，循道而行的就是善；能够成就道的，就是性（本性）。善人因循道而行、继道而成，而得天之“颐”，得天之“与”。与天和，与地和，与人和，就能过上合道者的幸福人生。由小我而大我而无我，完成天人合一的“天地境界”（冯友兰的四境界说）。

一、德全无危：循道而行的德道观

人在世间，难得心安，为何？因有挂碍。佛教人如何心安呢？“无挂碍故，无有恐怖，远离颠倒梦想，究竟涅槃。”如何得“无挂碍”呢？要悟得“诸法空相”。何谓德？道之用也，人得之于道也。道者，一阴一阳之谓也。形而上者谓之道。《道德经》讲：“孔德之容，惟道是从。”孔德即大德，顺从道的就是大德。《周易·系辞》云：“一阴一阳之谓道，继之者善也，成之者性也。”这就是平时讲的“继善成性”，德性的展开是对道的顺承。

《素问·上古天真论》云：

> 夫上古之教下也，皆谓之虚邪贼风，避之有时，恬淡虚无，真气从之，精神内守，病安从来。是以志闲而少欲，心安而不惧，形劳而不倦，气从以顺，各从其欲，皆得所愿。故美其食，任其服，乐其俗，高下不相慕，其民故曰朴。是以嗜欲不能劳其目，淫邪不能惑其心，愚智贤不肖不惧于物，故合于道。所以能年皆度百岁，而动作不衰者，以其德全不危也。

译文：古代深懂养生之道的人在教导普通人时，总要讲到对虚邪贼风等致病因素，应及时避开，心要清净安闲，摒弃杂念妄想，以使真气顺畅，精神守持于内，这样，疾病就无从发生。

因此，人们就可以心志安闲，少有欲望，情绪安定而没有焦虑，形体劳作而不使疲倦，真气因而调顺，各人都能随其所欲而满足自己的愿望。

人们无论吃什么食物都觉得甘美，随便穿什么衣服也都感到满意，大家喜爱自己的风俗习尚，愉快地生活，社会地位无论高低，都不相倾慕，所以这些人称得上朴实无华。

因此，任何不正当的嗜欲都不会引起他们注目，任何淫乱邪僻的事物也都不能惑乱他们的心志。无论愚笨的，聪明的，能力大的还是能力小的，都不因外界事物的变化而动心焦虑，所以符合养生之道。

他们之所以能够年龄超过百岁而动作不显得衰老，正是由于领会和掌握了修身养性的方法而身体不被内外邪气干扰危害。

二、道转天命：由顺天命到改天命的天命观

《玄隐遗密》云：

> 故"针有其发，溪谷为君。针有其宣，络脉所主。针有其通，经筋为著。针有其泻，井荥本宗。时有所胜，中有命真，命中乂俞，道转天命"。针道乂乂，唯诚全之。穴之所需，聚疏以气。气之所致，命指则已矣。

此讲针道，针有其发、有其宣，有其通，有其泻，运用得当，针道能转天命。也就是说，道路决定命运。"针道乂乂，唯诚全之"，乂，割草之义，又整治安定之义，乂乂，应该是政府治理得当，太平无事；也就是说针道平治百病，唯有诚才能成之终始。"诚者，物之终始，不诚无物。""诚者不免而中，不思而得，从容中道。"(《中庸》)"诚全而归之。"(《道德经》)我命由天也由我，天命本定，但是也有变数，其变数在于合道而行，与道合一。

第二节　谨和五味：传统中国人的饮食之道

民以食为天，习近平总书记讲，"中国人要把饭碗端在自己手里，而且要装自己的粮食。"[①]袁隆平认为："一粒粮食能救一个国家，也可以绊倒一个国家，这就是粮食的重要性。"[②]可以想见，食品安全是多么的重要。我们不仅要食品安全，而且要健康饮食。《黄帝内经》认为，要"谨和五味"，要"食饮有节"。古人可以说是依天地人三才之道而养成适合自己的饮食习惯。天主要是指天时。也就是说，大家要吃应时令的粮食蔬菜。地利就是要因地制宜，因地而食，一方水土养一方人。古时由于交通的不便，多吃自己常居地的方圆百里左右的粮食及蔬菜、肉类。人和就是无论你吃什么、怎么吃，应根据自己的身体情况、饮食偏好决定吃什么，最后要让自己身心和泰。

---

① 任仲文编：《如何用活党的宝贵经验》，人民日报出版社 2022 年版，第 105 页。

② 全国干部培训教材编审指导委员会办公室组织编写：《乡村振兴政策法规解读》，党建读物出版社、中国农业出版社 2021 年版，第 35 页。

一、喝水的真谛

对人而言，水比饭更重要，因为水是生命之源，水为防病之本，水为治病之根，一方水土养一方人。但是，从古至今，水是上天的恩赐，多数情况下，是应有尽有，随处皆有，随时皆有。人体70%的成分是水，如同地球一样，海洋面积约占地球表面积的70%。这是"人法地"的再次证明。人体血液的微量元素与海水差不多。随着人类工业化的进程加快，世界各个地区水污染成为了一个严重的问题。我们现在也只能喝瓶装水，喝各种工业化之后的水了。我们现在更加感觉到"绿水青山就是金山银山"的重要性了。

除了凉白开，对于传统的中国人来讲，喝茶是一个比较好的习惯。经过几千年时间的沉淀，形成了博大精深的中国茶文化。当然，对于中国人来讲，茶酒不分家，所以酒文化也有着悠久的历史。有一点是可以肯定的，黄酒才是中华民族真正的国酒，上接5000年，甚至是8000年。圣龙山黄酒，作为周王室祭祀天地的祭酒，三千年后，再现人间，实在是我们中华民族后人的福分。圣龙山黄酒，用秫米酿制而成，因其为纯阳之物，能通奇经八脉，所以是真正的第一养生酒。《汉书·食货志》云："酒为百药之长。"应该指的是这种酒。

二、吃饭的真谛

（一）五谷为养：传统中国人的饮食结构

谨和五味，具体展开就是"五谷为养，五畜为益，五果为助，五菜为充"，这是我们中华民族根据数千年的饮食经验，结合天时地利人和而做的饮食总结。《素问·藏气法时论》："五谷为养，五果为助，五畜为益，五菜为充，气味合而服之，以补精益气。"饮食的效果是达到"补精益气"，不只是满足口腹之欲。但是，中国人的智慧往往能够把二者结合起来，讲究色香味俱全。在此过程中，已经照顾到人体的营养了。

为什么《黄帝内经》强调"五谷为养"？其实很简单，五谷者，植物之种子也；种子者，植物之精华也。种子内蕴生生之机，是植物生命展开的缘起。

如果说吃饭的真谛就是吃种子，这是一种自然的认知，科学的认知；吃饭的态度就是感恩心，就是毋不敬，这是吃饭时该有的文化。

中医饮食营养学认为，植物、动物的不同部位，所含的气和神是完全不一样的。最精华的东西都在种子里。而且，种子本身的蛋白质结构与其他部位的蛋白质结构完全不一样。也就是说，人把种子里面的这些物质转化成自己的精气神，所消耗的自身能量是最低的。如果人吃别的部位，还需要再去消耗自身更多的能量，才能将食物中的能量转化为自己的精气神，所以吃种子是非常正确的选择。

现在的人吃饭都是吃肉、吃菜，不吃或少吃主食，这样其实是不符合身体需求的。五谷对应于五脏，麦补肝、黍补心、粟（小米）补脾、稻补肺、菽（豆子）补肾。肝气虚时，宜吃麦，尤其是莜麦；心气虚时，多吃黍；脾气虚，多吃粟（小米）；肺气虚时，要多吃稻；肾气虚时，多吃菽（豆子），豆子的正确吃法是做成豆腐吃，并且最好吃卤水点的豆腐。因此，补肾吃豆腐、酱豆腐、臭豆腐，或者吃腐竹，都是很好的选择。但慢性肾炎、肾功能不全、痛风患者是不宜多食豆制品的。

（二）食饮有节：中国人的饮食观念

《黄帝内经》云："上古之人，其知道者，法于阴阳，和于术数，食饮有节。""节"可做两解，一是指时节，一是指节制。饮食当然要合于天道，天道以时显，因此首先要合于时节，吃合于时令的蔬菜水果，多吃以五谷为主的主食。这应该是中国人的基本常识。谦受益，满招损，在饮食方面也是如此。如果按饭量来讲，吃八成饱是最合适的。但是多数人都追求成为美食家，满足口腹之欲，口又不听腹的安排，做不到"为腹不为目"，就导致了"三寸之舌"做主，导致脾胃受苦，全身受累。

（三）补精益气：中国人的营养观念

精气神，神需要精、气来补，因此，补精益气成为中国人饮食文化的首条原则，也可以说是中国营养学的基本原则。这个原则的极致实现就是药食同源。以食为药，吃饭就是调病，吃出健康，是中国人的基本饮食原则。

（四）药食同源：中国人的药膳调理观念

以食为药，是古人的伟大创举。据说厨师的祖师是伊尹，著有《汤液经法》。现在中药的缘起与原理就出自这部书。书名除了有托古之意外，应该是代代相传的真意。汤液经法图如图 5-1 所示。

图 5-1　汤液经法图

汤液经法图的疾病诊疗思路是通过五脏虚实认识疾病，采用五味补泻的方法治疗疾病。所有的疾病都可以纳入五脏虚实辨证体系来诊断与定位。定位之后就可以采取相应的治疗方法，虚则补之，实则泻之。在此系统中，体为泻，用为补。例如，以厥阴风木肝脏为例，以辛为用，以辛为补；以酸为体，以酸为泻；以甘为化，以甘为缓。以治疗伤风感冒的桂枝汤为证。桂枝汤号称《伤寒杂病论》第一方，主治头痛发热，汗出恶风。桂枝汤组成为：桂枝三两，芍药三两，炙甘草二两，生姜三两，大枣 12 枚。再换算成今天的计量单位，就是桂枝 45 克，芍药 45 克，炙甘草 30 克，生姜 45 克，大枣12 枚（这是五天的量）。桂枝味辛，芍药味酸，甘草味甘，生姜味辛，大枣味甘。整个组方是“二辛一酸二甘”，符合《辅行诀》所谓的“肝德在散，以辛补之，酸泻之，甘缓之”。而且，桂枝、生姜的量是芍药的两倍，保证了以辛、甘为主，因此，桂枝汤是补肝的良方。辨别肝、心、脾、肺、肾五脏的虚实之后，对五脏的治疗，就可以得出以下结论：

肝木：肝虚病症，补肝木，辛补肝；肝实病症，泻肝木，酸泻肝；虚实病症，缓肝木，甘缓肝。

心火：心虚病症，补心火，咸补心；心实病症，泻心火，苦泻心；虚实病症，收心火，酸收心。

脾土：脾虚病症，补脾土，甘补脾；脾实病症，泻脾土，辛泻脾；虚实病症，燥脾土，苦燥脾。

肺金：肺虚病症，补肺金，酸补肺；肺实病症，泻肺金，咸泻肺；虚实病症，散肺金，辛散肺。

肾水：肾虚病症，补肾水，苦补肾；肾实病症，泻肾水，咸泻肾；虚实病症，润肾水，咸润肾。

因此，平常吃的酸辣汤、臊子面，都是可以预防乃至调理、治疗轻度伤风感冒的。

当然，五味还有配伍化合的理论，就是肝木病症，辛酸化甘；心火病症，咸苦化酸；脾土病症，甘辛化苦；肺金病症，酸咸化辛；肾水病症，苦甘化咸。

由此五行的生克，而生化出许多的食疗、食补的良方。

第三节　正骨柔筋：导引、健身养生功法推介

无论中医还是西医，养防医都是基本的价值追求。养，除了饮食之外，还有锻炼身体。这就有东西方的不同思路，西方人重视形，所以有健身、长跑、塑形、拳击等现代体育项目。中国人重视气，所以有太极拳、八卦掌等内家拳，也有若干气功修行，甚至古人通过修身而悟道。就健身健康而言，可以从形上走，就健康长寿而言，更应该从气上做文章。

我们推荐张至顺道长由秘传而广传的八部金刚功、八部长寿功。首先感恩张至顺道长，是道长出山弘道，我们才有缘得见道门绝学。当然也感谢为此而操劳弘扬的各位道友。张至顺道长，道号米晶子，又号九曲回阳道人，为道教全真龙门派第二十一代弟子。张至顺道长

一生悟道修真，获得了极高造诣，其主要著作有《炁体源流》《米晶子济世良方》《八部金刚功·八部长寿功》等。

金刚功功法的排列顺序，深含妙理。首先从“通利三焦”发动全身的气机开始。然后，逐个脏腑锻炼。按照《黄帝内经》的原理，先固肾腰。“肾为先天之本”，它是人的生命的根基。其顺用于外，可以生人；其逆用于已，可以自生。根深叶茂，欲枝叶繁茂，必须先培根本。脾为后天之本，故“固肾腰”之后，接之以“调理脾肤”(肤指皮肤与肌肉之间的隔膜细胞组织)。继而是“左肝右肺”。然后，对最主要的“君主之官”的心脏，用“回头望足去心疾”来调理。这个顺序正是《黄帝内经》五脏所示的顺序，有锻炼一脏、巩固一脏之功用。在此基础上，还要对一些潜伏的“五劳七伤”身疾，以“神光向后瞧”来扫除它。这样，就可以祛病健身，为使身体更加强壮，又通过“凤凰展翅周身力”和“两足顿顿饮嗜消”的功法锻炼，使全身经络血脉畅通，消除饮食阻滞，预防各种疾病，从而达到和谐圆满之功效。

八部金刚功分步图解见附录二，八部长寿功介绍见附录三。

附录一　筋骨复心法大事记

2017 年 5 月，成立“301”健康工作室，开启健康调理之路

2017 年 6 月，笔者提出“病伤五脏，筋骨以消”的新解释，创立筋骨复心法

2018 年 6 月，一周年座谈会举办

2018 年 6 月，在筋骨复心法运行一周年之际，笔者组织举办了周年回顾座谈会，有近 50 位嘉宾到场。座谈会上，首先回顾了一年来的收获；随后，进行了题为“筋骨复心法——健康幸福的人生从心开始”的讲座，将这套保健养生法的理念和操作方法与嘉宾们做了分享，主要包括筋骨复心法的缘起、经筋学之概要、内外五行之病、性理调病之《黄帝内经》解等，并分享部分康复案例；接下来，受益的病友们就筋骨复心法的疗效分享了自己的体会；最后，还给两位嘉宾进行了现场调理体验。

这次活动，是对筋骨复心法有效性的梳理和总结。一个个病愈的案例，见证了奇迹，近百人受益的实践证明，筋骨复心法是绿色的调理方法，没有不良反应，可以不断提高人们身体免疫力，使人们身心康泰。它是中医价值的深入发掘，在调理疑难杂症方面具有奇效。

在当前医疗难、医疗贵、过度治疗的情况下，筋骨复心法应时而生，简便易行，可实现全民保健。它的问世，实乃“民之福、国之幸”。筋骨复心法是一项利民利国的伟大事业，必将为人类健康做出重大贡献。弘扬筋骨复心法的事业任重而道远，让我们以博大的爱心和责任感加入到弘扬筋骨复心法的伟大事业中来，让更多的人受益！附图 1-1为作者推介筋骨复心法，开启第一次公益讲座。

附图 1-1　作者推介筋骨复心法

2018 年 11 月，对《黄帝内经》“至道之要”进行了深度阐释

《黄帝内经》有“至道之要”，但是历代方家鲜有论述，且每每错会真义，甚是遗憾。黄帝在《素问・著至教论》中说：“语子至道之要：病伤五脏，筋骨以消。”就是说，不需要进入针灸汤药的程序，只要揉通筋骨，就可以解除五脏六腑的毛病。按照现在的医疗条件，就是不需要吃药打针，就能治疗五脏六腑的疾病。如果属实，这应该是千古不传之秘。本文尝试解读“病伤五脏，筋骨以消”的真义。请诸位方家批评指正。

大道至简，小道至繁。《易》有易简之道，曰：“一阴一阳之谓道。”《黄帝内经》亦有至道，且有“至道之要”，《素问・著至教论》云：“黄帝坐明堂，召雷公而问之曰：子知医之道乎……雷公曰：阳言不别，阴言不理，请起受解，以为至道。帝曰：子若受传，不知合至道以惑师教，语子至道之要：病伤五脏，筋骨以消。子言不明不别，是世主学尽矣。肾且绝，惋惋日暮，从容不出，人事不殷。”黄帝在此篇开始就问“医之道”，最后归结为“至道之要：病伤五脏，筋骨以消”。“至道”就是最高原则，最高的道；要就是要领，要点，纲要，关键；“筋骨以消”，就是“以筋骨消”，就是用筋骨就能消除症状。就是说，医道最高原则的要领：五脏六腑为病所伤，以筋骨就可以消除。但是，筋骨如何消除五脏六腑之病，《素问・著至教论》则没有具体说明。历代注疏《黄帝内经》的资料都将“病伤五脏，筋骨以消”，解释为五脏六腑受到伤害之后，筋骨也消弱了。如果是这样理解的话，这根本不是什么“至道之要”。

《素问·痿论》云：“黄帝问曰：五藏使人痿，何也？岐伯对曰：肺主身之皮毛，心主身之血脉，肝主身之筋膜，脾主身之肌肉，肾主身之骨髓。故肺热叶焦，则皮毛虚弱急薄，著则生痿躄也；心气热，则下脉厥而上，上则下脉虚，虚则生脉痿，枢折挈，胫纵而不任地也；肝气热，则胆泄口苦筋膜干，筋膜干则筋急而挛，发为筋痿；脾气热，则胃干而渴，肌肉不仁，发为肉痿；肾气热，则腰脊不举，骨枯而髓减，发为骨痿。”

就是说，肺气热则生痿躄，心气热则生脉痿，肝气热则生筋痿，脾气热则生肉痿，肾气热则生骨痿。就是说，只要肝肾出问题了，筋骨就出问题了。哪里用得着五脏六腑都生病了，筋骨才消坏！况且，这是常识性的认知，怎么可能成为“至道之要”呢？

关键是，既然是“至道之要”，那就是治病救人的核心原则、第一原则。通过对筋骨的处理，就可以调治五脏六腑的疾病。可惜的是，《黄帝内经》本身没有再做进一步的阐述。这可能是错简或者漏简，甚至是作者有意为之。因为是“至道之要”，不会轻易传的。《黄帝内经》视医道为天宝，“非斋戒不敢发，慎传也。”（《素问·气交变大论》）

那么，筋骨何以能够消五脏六腑之病？

《黄帝内经》认为，“人之所有者，血与气耳。”（《素问·调经论》）“五藏之道，皆出于经隧，以行血气，血气不和，百病乃变化而生，是故守经隧焉。”（《素问·调经论》）“经脉者，所以能决死生，处百病，调虚实，不可不通。”（《灵枢·经脉》）就是说，血气丰盈畅通，则百病皆消。传统中医的针、灸、汤药是疏通气血的常用办法。舒筋正骨也是丰盈畅通气血的方法，而且效果更加明显。

武当山道长祝华英在《黄帝内经十二经脉揭秘与应用》中说：十二经脉与十二经筋的关系，若以有形的沟渠相比喻，分三种类型。一、经脉中往来运行的经气似渠中之流水（流水应想象成无形的，因为经脉的经气是无形的）。二、经脉路线似渠道里水层下面的沟槽。三、十二经筋则是有形质的渠道里的边岸。

如此看来，既要保证流水的充沛，又要保证流水的畅通。就是说经气要足，经脉要通。当然，按姚春鹏老师的看法，或者中医基础理论的看法，经脉中本身流通的就是气血。精气要足，至少要做到肾气足、脾气足，因为肾为先天之本、脾为后天之本。通经脉，我们可以从经脉角度着手，用针和灸的方式；也可以从拓宽渠道边岸的角度考虑，就是说可以揉通经筋。十二经筋不仅能从十二经脉当中的经气得到濡养，也能够拓宽十二经脉的通道。这是从十二经筋、十二经脉的角度考虑，保证气血的畅通。

还有阿是穴的问题。使用阿是穴的思路是绕开固定的经脉穴位，寻找解除病症的更有效的痛点，阿是穴往往在病灶附近的筋上。因此，“病伤五脏，筋骨以消”的筋既包括十二经筋的筋，也包括病灶附近骨旁的筋。骨的问题就是血的问题，骨能生血，肾又主骨，所以要肾经畅通。脾胃为营气之源、后天之本，要保证脾经、胃经畅通。因此，无论处理任何病症，首先都要保证脾经、胃经、肾经的畅通，可以通过按推各经之经筋及腹部各经之筋来实现。

由此可见，可通过舒筋正骨使气血丰足畅通，病症因此得到解除，所谓“病伤五脏，筋骨以消”就是这个意思。《素问·生气通天论》云：“是故谨和五味，骨正筋柔，气血以流，腠理以密。如是，则骨气以精，谨道如法，长有天命。”血气有自己的特质，“血气者，喜温而恶寒。”（《素问·调经论》）因此，针灸的灸就是为血气提供热能。中医提倡的使用内外热源（温敷、喝姜汤），也就是这个意思。

这就形成一整套完整的诊疗方案。通过按推与病症相关的经筋和病灶附近的筋，使气血得以畅通；通过温敷和喝姜汤提供的内外热源，为气血提供热能。这样血气充盈畅通之后，百病皆消。

问题的关键是，这样一套诊疗方案能够有多大效果呢？“病伤五脏，筋骨以消”是否可能呢？我们经过一年多的临床实践发现，效果非常明显。从五个月的孩子到80多岁的老人，从简单的感冒发烧到哮喘、肾炎、高血压、糖尿病甚至肿瘤等重症，通过按揉经筋、提供热能，都取得了非常好的疗效。

2019 年 1 月，新年贺词

天地日月，轮转有常。

一元复始，又见春光。

筋骨复心，福寿安康。

自度度他，四大五常。

普惠众生，其道大光。

利国利民，兴家安邦。

民族复兴，自立自强。

华夏一统，照耀四方。

皇天后土，永志莫忘。

2019 年 5 月，举办筋骨复心法全球推广公益培训班

2019 年 5 月 18～19 日，在筋骨复心法运行两周年之际，我们组织举办了以“学好筋骨复心法，家家都有保健医”为主题的筋骨复心法全球推广公益培训第一期培训班，为期两天，有近 60 位嘉宾到场参加了培训。这次培训活动也得到了山东大学博士志愿者团队和诸多爱心志愿者的倾力相助！

第一天：理论培训。主要包括筋骨复心法的缘起、阴阳之道及其与人的身心健康的关系、人体经络、内外五行性理调病追根溯源等。通过深入浅出、幽默风趣的讲解，学员们进一步理解筋骨复心法的内涵，它综合性地运用传统医学，从人的“性、心、身”三方面，调理阴阳、健康身心，达到治愈疾病、健康幸福的目的。

受益的学员们就筋骨复心法的疗效分享了自己康复的过程和体会，并用歌声表达了自己的感激与喜悦之情。

第二天：实操培训。笔者为学员们亲自示范讲解筋骨复心法的操作要领，学员们分组进行了操作学习。培训活动后，来宾们纷纷表达了自己的感动和感恩之情。一位来宾在群里深有感触地写到：“大师级的优质课，刘老师幽默风趣，言简义丰，词寡旨远，闻者了悟！”另一位也感慨地留言：“筋骨复心，有德得缘，众生受益，善莫大焉。”附图 1-2 为筋骨复心法公益培训班合影。

附图 1-2　筋骨复心法公益培训班合影

2019 年 7 月,在《姬氏祖传经》发布会上做精彩发言

2019 年 7 月 3 日晚,姬英明先生秘传宣纸版《姬氏祖传经》发布会于北京百万庄图书大厦文化空间隆重召开。出席发布会的嘉宾有各地相关学者、文化官员、社会文化团体代表,中新社、《人民日报》社、《中国文化报》社、《中国日报》社、《中国城市报》社、《中国青年报》社、光明网、搜狐网等十多家主流媒体出席并作了专题报道。笔者应邀参加了会议,并作了精彩发言。

笔者在发言中说:今天是《姬氏祖传经》发布会,我一早从山东赶过来,我想先对姬英明先生和他家族的列祖列宗表示一下感谢,他们 2000 多年来传承了中华民族的文脉,这个是功德无量的大事,怎么说都不为过。我在春节之前知道了《姬氏祖传经》,我的师弟张晓周跟我说了这个经过,我觉得这个是一个石破天惊的事情,如果这个是真的,那历史就要重写。姬氏家族 2000 多年保护了经典的纯正和传承,咱们华夏大地,乃至世界上其他的民族都没有这样的家族,所以我非常感动,一直期待到今天。我们不能因为后人的无知或者无能,就否定前人的伟大。

笔者还谈了传统文化之间的相互印证，指出：天道不以人的意志为转移，《姬氏道德经》讲“以无私取天下”，与目前版本《道德经》中的“以无事取天下”相互比较，其结果是显而易见的。老子是圣人，和孔子一脉相承，是师生关系，孙中山先生也一直强调“大道之行也，天下为公”，公就是无私。中华文化有一个特点，一旦成为“经”便是永恒，便是顶点，比如《周易》《道德经》《黄帝内经》，一形成文本便是泰山之巅，后人只能仰视和理解，望洋兴叹。我是听着徐文兵老师的讲座成长的，大道至简，“道生一，一生二，三生万物”。《黄帝内经》的“一”是什么，需要大家解读。但是《黄帝内经》有“至道之要”，所谓“病伤五脏，筋骨以消”。就是说，医道最高原则的要领是：五脏六腑为病所伤，以筋骨就可以消除。历代注疏《黄帝内经》的资料都将“病伤五脏，筋骨以消”解释为五脏六腑受到伤害之后，筋骨也消坏了。如果是这样理解的话，这根本不是什么“至道之要”！2017 年至今，我们通过按蹻导引，治愈了许多疑难杂症。一元复始，还要复我们的天地之心。天地之心是什么？就是公心。去除了私心，恢复了公心，身上的疾病就少了。

笔者认为：《姬氏祖传经》的问世，是中华民族的一大幸事、一大喜事。中华文明之文脉，纯正传承，亘古弥新，必定行若日月，灿若星河。此外，笔者有幸与《黄帝内经》研究名家徐文兵等名家同台论道，备受关注，国内主流媒体竞相转发，可喜可贺。附图 1-3 为笔者和华宗子姬英明先生合影，附图 1-4 为笔者和中医大家徐文兵先生合影。

附图 1-3　笔者和华宗子姬英明先生合影

附图 1-4　笔者和中医大家徐文兵先生合影

2019 年 9 月，在全国筋骨养护学术交流会上作精彩发言

2019 年 9 月 22 日，2019 全国筋骨养护学术交流大会暨《吴氏石华正骨》新书发布、吴石华先生从医 50 周年庆祝活动在南京金陵饭店隆重召开。参加大会的嘉宾有中国民族医药学会会长、国家中医药管理局医政司原司长许志仁，原北京军区总医院院长、原北京军区卫生部副部长申城民等政府官员以及医学社会团体代表等 200 余人，多家主流媒体出席并作了相关报道。笔者应邀参加了会议，并在会上作了题为《论〈黄帝内经〉“至道之要”》的精彩发言。

笔者发言中解读了《黄帝内经》“至道之要”的真义。黄帝在《素问·著至教论》中说：“语子至道之要：病伤五脏，筋骨以消。”就是说，不需要进入针、灸、汤药的程序，只要揉通筋骨，就可以解除五脏六腑的毛病。按照现在的医疗条件，就是不需要吃药打针，就能治疗五脏六腑的疾病。如果属实，这应该是千古不传之秘。

笔者依据《黄帝内经》中的十二经脉理论，剖析了“筋、骨”何以能消除五脏六腑之病的原因，论证了“骨正筋柔，气血以流”使得脏腑百病皆消的机理。“筋骨以消五脏之病，复心以灭疾病之因。”笔者阐述了自己依据《黄帝内经》《易经》等中华民族传统经典，在多年研究的基础上，经过几年的实践验证，形成的一整套完整的诊疗方案——筋骨复心法。附图 1-5 为作者在 2019 全国筋骨养护学术交流大会发言，附图 1-6 为作者与吴石华先生合影。

附图 1-5　作者在 2019 全国筋骨养护学术交流大会发言

附图 1-6　作者与吴石华先生合影

2019 年 12 月，恩师赐堂号，易医道永传——怀智堂记

（一）恩师亲赐堂号

2019 年 11 月 16 日，笔者一大早去探望恩师刘大钧先生。先生的时间太宝贵，简单的问候寒暄之后，就谈起了之前先生曾经讲过的为我的书房起斋号的事情。先生略微沉吟之后说，有几幅现成的，只是最后一个字是“堂”字而不是“斋”字。我赶忙说，堂号也很好。于是先生把我领到书房，找到三幅“堂号”，亲自选定“怀智堂”，我自己也是觉得此堂号甚好，而且写得大气磅礴、苍劲有力。得了宝贝，就赶紧辞别了先生和师母，真的不敢占用先生过多时间。先生名望太高，来拜见的人太多，也快八十的人了，虽然身体很好，自己也觉得年轻，但作为弟子，在不能帮上大忙的情况下，不过多打扰就是爱护先生了。

在回来的路上，妄想纷飞、浮想联翩。本来是求个斋号，结果先生赐了堂号，或许这就是天意吧。可以把怀智堂当作弘传筋骨复心法的旗号，怀智堂、怀仁堂、同仁堂……感觉应该把怀智堂做成像同仁堂等一样的百年字号、千年字号，护佑天下苍生。附图 1-7 为“怀智堂”牌匾。

附图 1-7 “怀智堂”牌匾

（二）难忘师生缘

1.第一次给刘先生写信

和先生交往的情景慢慢在眼前展现……

第一次给刘先生写信是在1996年，那时他已经是著名的易学家，名满天下。当时是想报考他的研究生，我还记得在信中给他写了一首诗，表达仰慕之情：

众卦之首乾元亨，
云行雨施天下平；
立雪程门已多日，
桃李何时沐春风。

附图1-8为作者写给刘大钧先生的书信原稿。

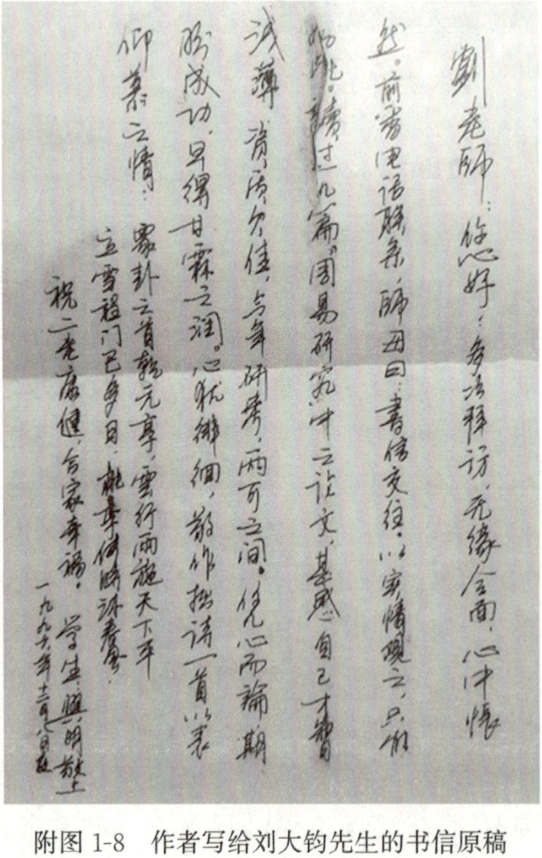

劉老師：您好！多次拜訪，无緣会面，心中怅然。前些电话联系，師母曰：书信交往，以实情现之，只能如此。读过几篇周易研究中之论文，甚感自己才智浅薄，资质欠佳，与其研究，两可之间。倘心而论，期盼成功，只得甘霖之润。心犹纤细，敢作拙诗一首，以表仰慕之情：

众卦之首乾元亨，云行雨施天下平
立雪程门已多日，桃李何时沐春风。

祝二老康健，合家幸福。学生：[illegible]明敬上

一九九六年十二月八日夜

附图 1-8 作者写给刘大钧先生的书信原稿

2.先生亲笔回信

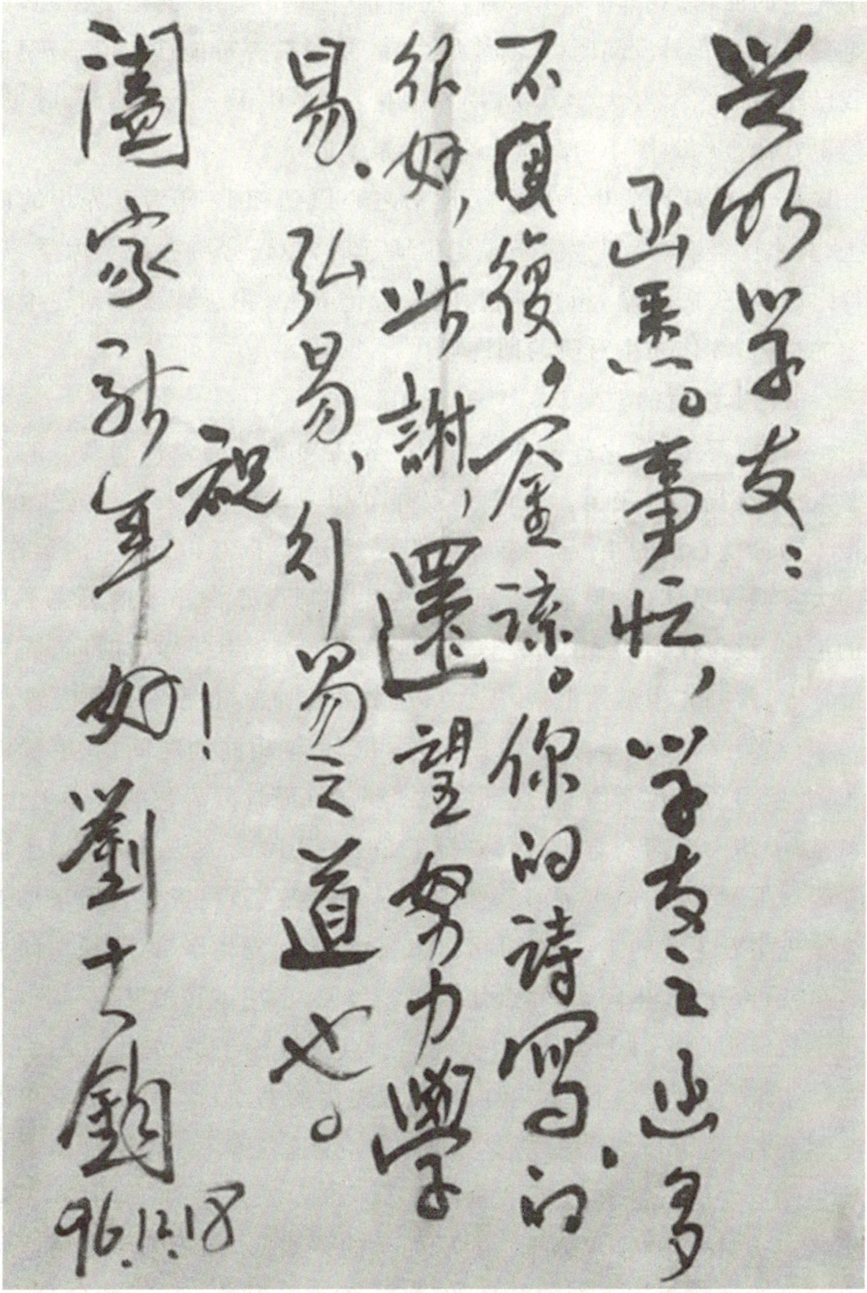

学明学友：函悉。事忙，学友之函多不覆，今读你的诗词很好，此谢，还望努力学易、弘易、行易之道也。阖家新年好！
祝
刘大钧
96.12.18

附图 1-9　刘大钧先生亲笔回信

刘先生回信，表扬我诗写得好，鼓励我学易、行易、弘易。当时，看了先生的回信，我非常感动，名人能回信，当时年轻的我颇受激励，但是觉得自己学易没问题，行易能尽力，弘易怎么有可能性？但是，现在我已经在山东财经大学开讲《周易概论》十多年了。不禁感慨，时也？运也？命也？附图 1-9 为刘大钧先生亲笔回信。

从 1996 年跟先生表明从师读书之心愿到 2017 年考上先生的博士，算来已经 21 年了。后来跟先生谈起时，他还夸赞我能努力学习、持之以恒、矢志不渝，想来惭愧，除了造化弄人，我还真没做到先生肯定的那样，算作先生对我的期许吧！

3.先生智慧的教导

(1)前两年，先生静听两次汇报。先生对弟子的爱护和调教的智慧，也是让我佩服之至。2017 年教师节和中秋节，我去看望先生，汇报了筋骨复心法的情况，当年五月份已经开始了 301 工作室的运作，为大家调理身体，效果不错。但是，先生和师母非常严肃地听完了我的汇报，没作任何表态，而是谈其他问题。2018 年同样的时间、同样的地点，跟刘先生继续汇报，先生只是微笑着听着，也没有任何表态。

(2)第三年，先生亲笔写下评语。2019 年相同的时间，我继续汇报，我撰写的《〈黄帝内经〉"至道之要"辩义》(筋骨复心法的核心理念)已被《中华中医药杂志》录用，安排于 2020 年 10 月发表。因为博士培养要填报"综合素质测评表"，需要导师评价签字，我带着表格来见先生。先生看了我的工作总结后，问怎么填，我怕先生辛苦，就说填同意签名就行了。先生问，不写点什么吗？我说，不用了。他又问一遍，我也不知导师们平时怎么填的，就说能写点更好。于是，先生就顺手拿过一张纸，边思考边书写。我向来钦佩先生的书法，待写完，我就求先生签上名，我留作纪念。先生哈哈一笑，说这是草稿，我说草稿更真实。先生就落款签名，于是我也留存了下来。先生很认真地抄在表格上，签字。我真的非常感恩！看了先生的评语，才知道先生是用这种方式表达对我两年半来的坚持的肯定，感恩先生教化弟子之智慧，润物细无声啊！细细想来，筋骨复心法毕竟是新鲜事物，处在研创阶段，而且人命关天、意义重大，先生不便表态。而且，如果先生轻易肯定我的研创，把握不准就表态不合科学精神；说我不务正业，我反倒平添了许多阻力。不表态就是最好的表态！智慧啊！附图 1-10为刘大钧先生亲笔写下的评语。

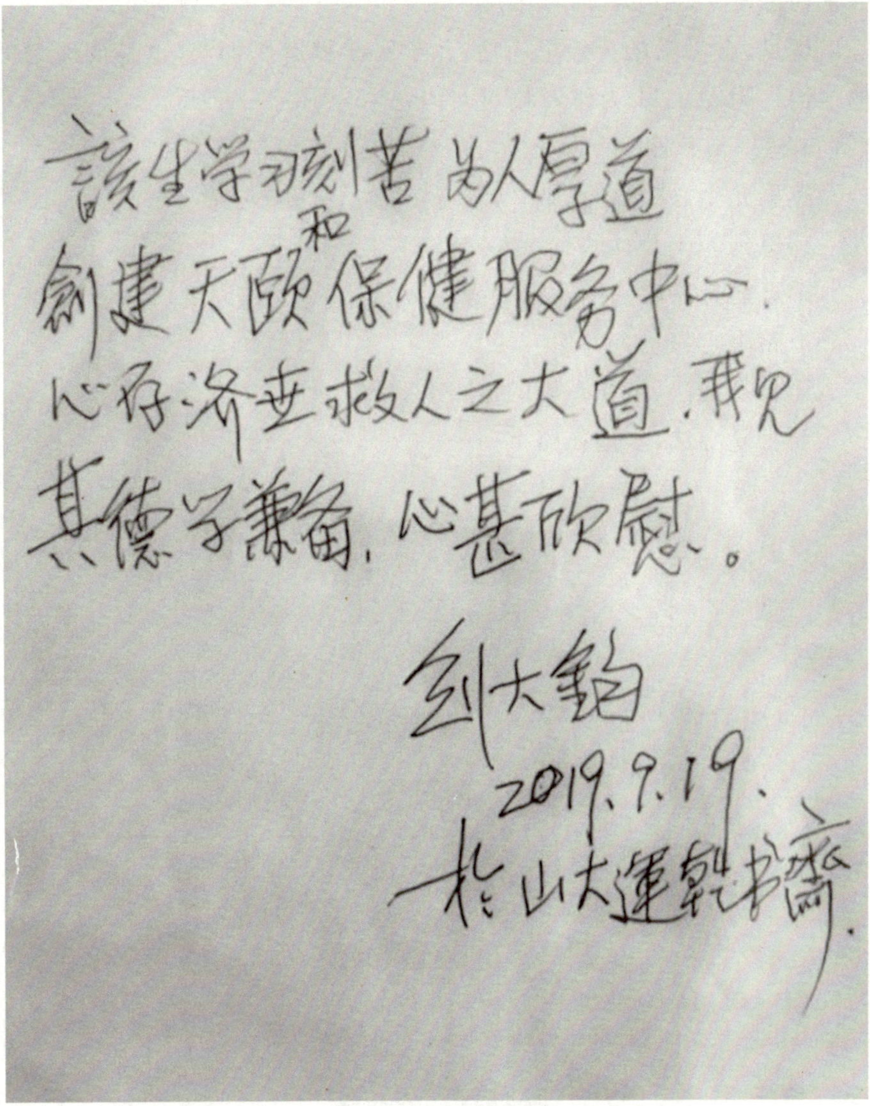
該生学习刻苦 为人厚道
创建天颐和保健服务中心.
心存济世救人之大道.我见
其德学兼备.心甚欣慰。
刘大钧
2019.9.19.
於山大運乾书斋.

附图 1-10　刘大钧先生亲笔写下的评语

4.难忘师恩

春风化雨，师恩难忘。医圣孙思邈说过："凡欲为大医，必须谙《素问》、《甲乙》、《黄帝针经》、明堂流注、十二经脉、三部九候、五脏六腑、表里孔穴、本草药对、张仲景、王叔和、阮河南、范东阳、张苗、靳邵等诸部经方。又须妙解阴阳禄命，诸家相法，及灼龟五兆，《周易》六壬，并须精熟，如此乃得为大医。”到后来，“不知易不足以为大医”成为大家的常识。

可见，在易学的天地里用功，并于医学界有所创获，也是情理之中的事情。附图1-11为作者与刘大钧先生合影。

5.感恩与感谢

感恩先生，感恩各位师长，

感恩到301公社的有缘人，

感恩筋骨复心法的所有助缘。

道路决定命运，

筋骨复心法，走在正确的道路上，

筋骨复心法，永远在路上……

附图1-11　作者与刘大钧先生合影

2020 年 1 月，庚子年新春祝语

春夏秋冬，四时轮转。

元亨利贞，万物顺安。

吉凶祸福，因时而彰。

德者无危，循道而倡。

正气内存，邪不可干。

筋骨复心，法地通天。

弘传正道，祛疾除妄。

普愿众生，福寿安康。

2020 年 5 月，科学无痕，人间有暖——新作《科学无痕》顺利出版

新作《科学无痕》由江西科学技术出版社顺利出版。附图 1-12 为《科学无痕》图书照片。

著作从以易学为根的中国哲学之维重新审视自然与人文两大科学的成长历程，秉持天人本一之信念，从“真、善、美、慧”四个角度展开人类发展之旅的探索，希望人类经过天人本一到天人二分，进而达到天人合一的新的发展高度，进入“天和、人和、心和”三和为一的“太和”之化境。

自从人类诞生以来，混而为一的世界转变为人的世界与自然的世界。人既来自于自然，又独立于自然；既是自然，又超于自然。在人类蒙昧的初期，每一个人都是“完整”的人，族群里的每一个人都是族群文化的完整继承者，每个人都完满具备当时族群所能达到的对世界和对自己的认知、感悟和实践的能力，“一即一切”。随着宗教的垄断、私产的形成、社会的分工，人群开始分层，社会开始分化，进而人类社会经历了农耕文明、工业文明、现代的信息文明，未来还将经历和谐文明。

随着时间的推移，自然科学从人文文化中分离出来，进而反噬人文科学，对人文学科进行科学化、格式化处理。人类因此而形成科学与人文的关系紧张，无论是中国上世纪的科玄之争，还是国际上的两种文化的争论，都是这个问题的历史展开。顶层对决应该是科学与宗教的对决，不仅科学家自身有宗教信仰问题，就理论层面而言，宗教与科学有"曲径通幽"之处,特别是佛教的教义,随着科学的进一步发展,有可能呈现科学的宗教表达与宗教的科学表达,未来在对世界的解读方面,科学与人文具有可通约性。

历史的发展趋势必将是两大科学趋向交流与融合。从一体不二,到分手分野,再到互相握手言和,作者给读者勾勒了一个又一个首尾相衔、环环相扣的魅力之圆。两大科学大美无痕,天衣无缝,共同演绎出和美天道。

现代科技的发展,使人类已经开始接近"上帝"权力的边缘,如果说人是上帝造的,现在基因工程的发展,已经使人具有或者部分具有了这样的能力。如何定义"人",又成了问题。总之,我是谁?我从哪里来?要到哪里去?所谓的哲学三问,又有了新的含义。

两大科学的和谐之道,为我们诠释了一个美丽的循环。刚柔理当相济,人文担当化成。对两大科学关系的圆解,囊括万有存在,烛照古往今来,是将两大科学导向和谐未来的明灯。因为,在这个奥妙无穷的圆道中,蕴藏着日日新、再日新的伟大史诗和自我再生的乳汁。于是,梦圆和谐之道,就成了作者的自然使命和人文使命!

曾经在山麓分手的两大科学,必须也必然在山顶重逢。我们期待着!

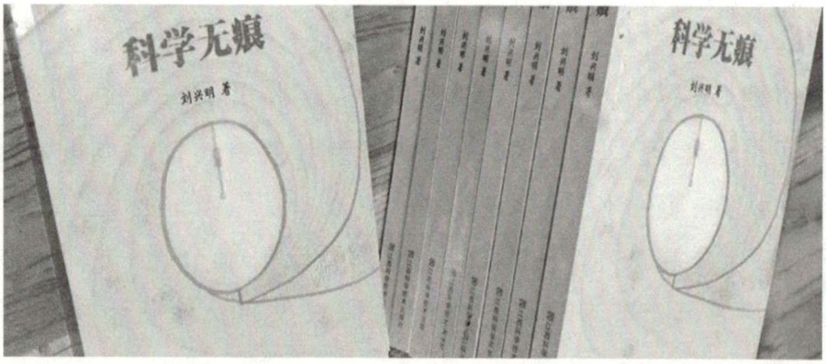

附图 1-12 《科学无痕》图书照片

2020 年 8 月,结缘正骨绝学,再修杏林妙术

笔者于 2020 年暑期参加了全国著名中医正骨专家吴石华老师于南京举办的正骨培训,亲历正骨绝学,收获颇丰,筋骨复心法再增仁

术，造福众生。以下是本人撰写的学习经历。

2020年火热八月，有缘参加了著名中医正骨专家吴石华老师举办的南京正骨培训。吴石华恩师历任中华中医学会南京分会理事、南京医学气功科学研究会主任委员、江苏省气功科学研究会理事；1993年加入中央保健局，负责中央领导的保健治疗工作；也曾担任奥运会及全国运动会集训特邀队医。

与吴石华恩师结缘于2019年召开的“2019全国筋骨养护大会”，当时我报名参加，并在大会上作了题为“论《黄帝内经》‘至道之要’”的主题发言，阐述“病伤五脏，筋骨以消”是“至道之要”之真义，提出按摩是全科医疗的观点，与会者颇受触动。然，本人虽然有六年以上的按推实践，且疗效显著，并在2017年创立“筋骨复心法”服务众生，但于正骨实在未有机缘修学。所以，此次大会与吴老师结缘之后，暗下决心，希望有朝一日能拜在吴老门下学习其“东魂西术”的正骨绝学。此后，教学工作诸事繁多，一直未能如愿。

俗家云，心想事成；释家云，心生万法；心动之处，天必成之。2020年8月，拜师学艺之缘圆成，顺利参加“一鼎筋骨”举办的为期一月的“跟诊班”，举办地点为南京丁山。南者离也，丁离也，离者光明也、文明也，上火下山为旅，看来此行必定得光明照耀，由无明而光明，幸甚。

2020年8月2日，我到南京市察哈尔路丁山宾馆5楼南京明星骨伤康复诊所报到。头四天是理论学习，由金牌讲师张贺彬老师为大家主讲。张老师玉树临风，毕业于南京中医药大学，精通英语，师从吴老师四年有余，深得吴师之精髓，又有自己宣讲之特色。他将人体解剖与吴师正骨手法揉为一体，将吴氏正骨三大特色（①融贯中西、整体观念；②辨证施术、定点复位；③瞬间牵引、寸间发力、无痛复位）生动诙谐地融入教学之中。零基础的我受益良多。

后期由王老师、单老师讲解示范按摩技法，赵老师讲艾灸技法，都是吴师之真传，业界之正脉。除了正课以外，班主任陈晓冬老师每天早上带领我们练习丹道养生功，受益良多。

四天之后，进入跟诊教学环节，理论学习与实操相结合，将所学落到实处。跟诊晨会时，吴老会为大家开示，讲解大家遇到的问题，教导大家如何做人做事，如何修行、提升自身境界。

因为我只能参加半个月的修学课程，在翟总和陈总的安排下，本来第三、第四周吴老给大家上的课提前在我离宁之前。作为学子，非常感恩各位学长的周全和吴老的厚爱。

2020 年 8 月 14 日下午，吴老为我们开讲演示了两个多小时。他现场连线指导在德国训练的一位运动员后，给我们正式授课；简单介绍了治疗过程中的变与不变。对我提出的病气问题作了详细讲解，首先他认为有医患互感互学的问题，还有病邪的问题，总之要“正气内存，邪不可干”。其次讲解了几种处理办法，最好要练功、有修为，持咒也是很好的办法。接下来，为我们详尽演示了一遍吴氏正骨的详细过程。吴师手把手地矫正我的动作，讲解定点复位的要点，如何用身体的五张弓、寸间发力，无痛复位……

正骨绝学，慈悲济世。非常感恩师父的精心教诲，也感谢各位同学的互相体贴照顾，特别是师妹乔志英全程录像，并分享给我。

来也匆匆，去也匆匆；缘聚缘散，大爱满满。我们的筋骨复心法也因吴氏正骨得以进一步完善。

正骨柔筋，和谐身心。让我们把吴氏正骨的慈悲之光普照天下，让有缘人早日脱离病痛的折磨，安享健康、快乐、幸福的人生。

2020 年 11 月，“至道之要”出世纪，筋骨复心法新起点

笔者新作《〈黄帝内经〉“至道之要”辩义》于 2020 年 10 月在《中华中医药杂志》发表。这篇论文的诞生代表着筋骨复心法得到中医学界专家的肯定，是筋骨复心法的新起点。以下从三个方面回顾这篇论文诞生的过程。

（一）鸿蒙初开：由术而道的艰难探索

我到底是如何步入了中医殿堂的？这实在是到现在也想不清楚的事情。2013 年，79 岁的母亲身心健康状态极度下滑，两脚不能着地，疼痛难忍；后背阵阵燥热，腹部也燥热难安；耳鸣，有西医所谓的幻听，听到头里有人说话；心情极度不安，有强烈的恐惧感。11 月初，我将母亲接到济南，用网上学习的中医理论与手法为母亲调理一个半

月，母亲身心大安。

2015 年下半年，我了解到耿建刚老师，能够不用针灸汤药，只通过按推就能调理疾病。2016 年初，我请教过几次，看过几次他调理的过程。耿老师用“暖气管线中有气导致热水阻滞”的例子来说明气滞血瘀，更重要的是让我好好通读《黄帝内经》，通读三遍后再去见他，很遗憾，到现在也没能完整连续通读三遍，故而也没再去请益。耿老师主张原文读诵《黄帝内经》，不要看任何一家的注解，因为看注解，可能阻碍了自己的悟处。从此之后，随时翻看中华书局出版的“中华经典普及文库”版《黄帝内经》（没有任何注解）。现在想来，非常感恩他的这番教导。如果看注解，“至道之要”的全新解读恐怕就很难面世了。

2016 年下半年，我开始准备博士考试，到 2017 年开春考上山东大学易学与古代哲学研究中心的博士，拜在易学泰斗刘大钧先生门下。

2017 年 3 月我于校内租房，5 月份开始为大家调理身体，比较努力地钻研《黄帝内经》。6 月 19 日晚，为两位朋友调理结束后，翻看《黄帝内经》，随手翻到 180 页，著至教论篇第七十五。因为篇幅小，仅有一页，所以很快看到最后一段：“帝曰：子若受传，不知合至道以惑师教，语子至道之要。病伤五脏，筋骨以消，子言不明不别，是世主学尽矣。肾且绝，惋惋日暮，从容不出，人事不殷。”

读到“至道之要”，读到“病伤五脏，筋骨以消”，知道断句有问题，知道“至道之要”之精义，知道肯定是历代注解有问题。拍案而起，击节赞叹，浑身哆嗦，眼中含泪，叹古真人智慧之高妙，叹历代医家之疏失，叹老天之护佑。此“至道之要”，是所有非药物疗法之理论根基，也是中医疗疾之首选方案。可叹，多少年来，谈中医就是开中药，针灸多作为辅助手段。其实按摩推拿是全科的治疗手段，可惜啊可惜！曾几何兮，按摩推拿作为中医治疗的最高境界（中医大家徐文兵倡言，也是实情），竟然沦落到只是调理腰腿痛，甚至人人皆可为业的雕虫小技！

没过多久，卜以此术服务天下如何？得复卦。

其卦辞云：亨。出入无疾。朋来无咎。反复其道，七日来复，利有攸往。

其《彖传》云：“复，亨，刚反，动而以顺行，是以出入无疾，朋来无咎。反复其道，七日来复，天行也。利有攸往，刚长也。复，其见天地之心乎。”

复卦，一阳复始，天地人皆然。七日来复，乃天道也；无论何病，最多七次之后都能回转，后期实践证明确实如此。复见天地之心，天地本无心，天地生万物；启示我们不动心，不动心而生气不绝。

身体的病，“病伤五脏，筋骨以消”；心理的病，复天地之心；故而“筋骨复心法”由此而诞生。而以后的任务就是完善、推广，让天下人都受益。大道至简，其用至妙。

(二)上下求索：文以弘道的艰辛路程

2017 年教师节前夕，我去拜望刘大钧先生，向刘先生和师母汇报了一下筋骨复心法的事情，其实已经有好多调理案例了。两位老人本来开心的笑容逐渐凝重，我知道兹事体大，刘先生不好表态。2018 年教师节，我继续汇报工作，这次先生和师母脸上都是笑容，也没有表态。2019 年教师节，我继续汇报工作，案例愈加丰富、理论愈加完善，并且汇报文章已被《中华中医药杂志》录用，次年 10 月份发表。刘先生很高兴，正好需要填写博士生考核评语，于是先生欣然拟题：“该生学习刻苦，为人厚道，创建天颐和保健中心，心存济世救人之道，我见其德学兼备，心甚欣慰。”感恩刘先生的不言之教，感恩刘先生的宽容等待。

其实文章真正被录用，过程还是蛮有故事的。2018 年春，博士开题，我准备写与《黄帝内经》相关的阴阳五行的题目。开论证会时，邓联合教授认为我准备的开题报告不够充分，且中医为专门之学，不是随便进入的，如果执着此题目，可以跟他的大师兄姚春鹏教授请益，姚教授是研究《黄帝内经》的大家，其在中华书局出版了《黄帝内经》全译本，并提供了联系方式。这样，我的开题报告虽然没有通过，却与姚教授结缘。本想当面请益，一直未能成行，电话联系后，在 2018 年 11 月 6 日下午 3:30 以“论《黄帝内经》至道之要”为题发给姚教授一篇短文，阐明自己的观点。没想到，姚教授当天下午 4:21 就给了回信，除了对文章进行了批注，提出两处表达不严谨的地方，还用蓝色字体做了如下回复：

观点很新颖，颇受教益。完全赞同。

补充点材料：

生气通天论：是故谨和五味，骨正筋柔，气血以流，腠理以密，如是则骨气以精。谨道如法，长有天命。

司马迁《扁鹊传》：上古俞跗治病，“因五脏之输，乃割皮解肌，诀脉结筋，搦髓脑，揲荒爪幕……”等方法。

《黄帝内经》多次提到按跷之术。可见，当时按跷之术是重要的治病方法。

按照一般的理解：五脏被伤导致筋骨销铄，当然讲得通。但在这里联系上下文可能有问题。《黄帝内经》治病的方法主要不是药物而是砭针灸焫。其中对“筋”的调治可能是当时非常重要的手段。

当然我是第二天看到的，没想到姚教授回复如此之快。看完之后，深深感佩姚教授的确是《黄帝内经》大家，因为他的解读本也是按照传统的理解，我作为学界后进，提出和他完全不同的观点，他不仅没有觉得受到冒犯，还完全肯定，不仅肯定，还提供文献本身的资料佐证我的观点，确实是大家风范，邓老师确实是实事求是。在此也一并感谢姚老师的提携鼓励，感谢邓老师的诚心引荐。

有了《黄帝内经》大家的肯定，自然有了投稿发表的动力。在同志们的鼓励下，开启了艰难的、纠结的投稿之旅。经过修改补充后，从2018年11月9日开始，论文先后投到《山东中医杂志》《北京大学学报(医学版)》《中国中医药大学学报》《中医杂志》《中国针灸》《中国中医基础医学杂志》，均没成功。当时投稿次序的考量是自我感觉有强大的创新性，开始要在本省内发表，后来发现不是如此，感觉得投中医界顶级刊物，才能被编辑认可。后来证明我们的判断是对的。特别值得一说的是《中国中医基础医学杂志》的责任编辑，我在2018年12月26日、2019年2月21日、2019年4月16日，分别以《论〈黄帝内经〉“至道之要”》《〈黄帝内经〉“至道之要”刍议》《〈黄帝内经〉“至道之要”辩义》为题投稿三次，每次都在修改补充材料，但主旨大义不变，三次都是初审过、外审过、复审不过。在此，我想特别感谢这位编辑识才、惜才的努力，因为为这篇文章，他(她)能三次推出外审，而且都是三位专家全部通过，说明至少有十位专家是鉴定认可的，至于说不能发表，显然不是文章本身的问题。再次感谢这位编辑，到现在为止，我也不知对方是谁。

事情的转机发生在2019年4月22日，上午10:40我以《〈黄帝内经〉"至道之要"辩义》为题投稿《中华中医药杂志》编辑部，下午4:32收到回执，稿件编号201904646。因为是在线投稿、在线审稿，所以能够随时看到稿件的处理过程，这是让人心跳的过程，虽然已经心跳过多次了。很快初审通过，4月30日外审，两位专家，一位当天通过，一位5月13日通过，然后是漫长的等待。6月21日，我实在心中没底，联系编辑部，说是通常稿件审定过程就是4～6个月，于是我在继续煎熬中等待，直到8月22日上午收到录用通知。之后一年的时间，我就稿件的修改、编辑等问题与责任编辑周英新同志多有联系，但是到现在也没有具体的联系电话，当然更没有见到本人，这可能是他们的职业要求。然后，在一年零两个月的等待之后，文章终于在2020年10月第十期《中华中医药杂志》正式发表。我想感谢周英新编辑，感谢佘靖主编、闫志安副主编，感谢杂志社编辑部诸位同志。

啰嗦这么详细，只是想记下这段人生的努力历程，也想再次告诉世人，创新真的不容易。

(三)广而告之：弘传筋骨复心法的新起点

文章的发表，是筋骨复心法事业新的起点，下一步要尽快整理成书，然后全球推广，尽快服务大家，回馈社会，回报国家，为人类的健康事业贡献自己的力量。

文章能够发表，也特别感谢301公社的一众同仁，特别是张静、李燕、邵颖艳、蒋芊、郑小娟等诸位同仁持续支持鼓励。

特别感谢刘大钧先生先后为筋骨复心法题字：天颐善人，怀智堂。我们都申请了商标。希望怀智堂像同仁堂一样成为百年字号、千年字号，为众生之身心健康保驾护航。

2021年10月，问道武当

笔者自2021年10月15日至19日晚参加了祝华英《黄帝内经十

二经脉揭秘与应用》道医学培训班的学习。《黄帝内经·灵枢》的精髓是十二经脉，经络学说最本原、最重要的机理也是十二经脉，故十二经脉既是中医学说的基础，也是中医临床诊疗的最高核心理论。通过此次十二经脉揭秘应用的研学，笔者更加体悟到中医核心阴阳精髓之高深境界，必将使筋骨复心法的理论更加完善，并助力临床应用，造福有缘大众。这是筋骨复心法发展史上又一新的起点！以下是对此次学习的记录与总结。

（一）大道至简，大道难得

久闻武当山祝华英道长医道高妙，其专著《黄帝内经十二经脉解密与应用》于1998年问世以来，广传人间。余请得此书，并拜读三五遍，多处妙解，令人拍案，叹为观止。然我生性鲁笨，尚有几处未得通达，一直期盼能得老道长指点一二，或者有弘道者解惑也好。2021年春天方有缘得听祝道长的嫡传弟子祝玄冲道长与北大刘丰老师合讲的“道论黄帝内经”，后又得知祝玄冲道长线下课程“黄帝内经十二经脉揭秘应用”与“道解伤寒论”开班的好消息。遂报名第35期，然大道难得，因特殊原因，8月份的第35期研修班取消，只能默默等待下一期的到来。

10月15日，第36期研修班如期举行，我也经过航班的屡次调整，最后自济南起飞，中转广州，于10月14日18:30到达武当山机场，终于如期赴约。

（二）大道至玄，通愚方得

通愚道长是祝华英道长的别号，想来也只能进入“愚”“痴”的境界方能得道。当年祝道长也是慈悲心切、学医心切，入玄门修行，胎息入定方得经脉运行之真机。“愚”，诚也；“痴”，恒也。真诚求道、久久为功，就是“不忘初心、牢记使命”；豁然贯通，就是“不忘初心，方得始终”。

祝华英道长道号达智子，湖北公安人，1938年生，武当山道教协会道医，非物质文化遗产“武当道医”继承人。祝道长发现，人体十二经脉的运行是阴阳双向、左右对立的，而《素问》《灵枢》中只简述了其中一个侧面的“正运机理”，对另一侧面的“负运机理”则隐而不言，致使后世之学者多不明究竟，从而形成死板教条式的“经络学说”(现在中医药高等院校“经络教学”依然如故，可怜可叹)。《黄帝内经十二经脉揭秘与应用》一书于1998年由世界图书出版公司出版，2017年经整理后由中医古籍出版社重新出版。

有得道者，有弘道者。如果说祝华英道长是得道者，那么其嫡传弟子、侄子祝玄冲道长则是忠实的弘道者。现在祝华英道长年事已高，且修道心切，闭关玉虚宫，不闻世间事。祝玄冲道长作为武当道医的正宗传承人，弘传医道，责任重大，天命使然。

祝玄冲，本名祝勇，道号玄冲，1976年出生于湖北省荆州市，武当玄武派十四代道医传人，湖北省十堰市武当山道教医药非物质文化遗产道医传承人。祝玄冲提倡研修中医当遵从古圣轩辕黄帝、炎帝神农、天师岐伯等恬淡虚无、独立守神、潜心悟道，于修炼中以身心契道，外可法天则地、把握阴阳之妙；内可反观内景，以心目洞明经脉流行、气穴开阖。祝玄冲现今为弘扬祝华英道长之十二经脉揭秘与应用医学体系，近几年来广为国内外众多临床中医、中医爱好者、养生爱好者传授武当祝华英《黄帝内经十二经脉揭秘与应用》道医学与《道悟伤寒论》《道家易医学》，学习者众，皆言从学后受益无穷，极大提升了临床水平，以及了悟中医核心阴阳精髓之高深境界。

(三)大道至隐，大道至显

大道至隐，上下求索；大道至显，普照万方。

从10月15日开始至19日晚上10:30结束，此次研修班按序进行，上午、中午、晚上的课程安排紧凑、紧张，祝玄冲道长的讲解深刻又不失活泼。经过五天的医道大法的灌溉，好多人都有恍然大悟、醍醐灌顶之慨；每次课后，都啧啧称赞，拍案叫绝。

《黄帝内经·灵枢》的精髓是十二经脉，经络学说最本原、最重要的机理也是十二经脉，故十二经脉既是中医学说的基础，也是中医临床诊疗的最高核心理论。

十二经脉的脏腑阴阳经气在升降出入的运动中，推动了人身五脏六腑的功能活动，如果脏腑表里经脉对立升降而互生的太极运动失常，就会引起脏腑的表里阴阳偏盛偏衰，导致脏腑生理功能异常而出现疾病。说明经络学说在中医诊疗上至关重要的地位。

本人痴迷中医已经数载，深知经脉运行之重要性。然读道长之书，仍有不明之处。对于人迎脉、寸口脉的诊法，甚不明了；几倍关系不好把握。然此体系，脉法是关键。此次研修，皆得彻解，收获满满，感恩满满。来去匆匆，竟然没有到山上一游。

匆匆而来，只为得道；匆匆而去，只为弘法。医道昌明，众苦方解。仙境不远，就在人间，离苦得乐，即登仙境。

（四）弘传大道，造福众生

筋骨复心法秉承安全绿色的理念，应用非药物办法，为大众解苦疗疾，2020 年夏，我赴南京半月，跟随正骨大家吴石华老师学习正骨理念与手法，为“柔筋正骨”增加新动力。这次十二经脉揭秘应用的修学，必将使我们筋骨复心法的理论更加完善，并助力临床应用，造福有缘大众。附图 1-13 和附图 1-14为道医研修班留念。

附图 1-13　道医研修班留念（一）

附图 1-14　道医研修班留念（二）

2022 年 1 月，2022 新年贺词

这是一个伟大的时代，也是一个平凡的时代；这是一个和平的时代，也是一个危险的时代；这是一个唯美的时代，也是一个丑陋的时代；这是一个善良的时代，也是一个罪恶的时代……一切皆因你身处何地而定。在此意义上，空间决定了时间，决定了内容。和平的不是这个时代，而是我们的国家。幸福的不是童年，而是温暖的家。无论世界如何变换，我们社会主义中国走入了新时代，走在了习近平新时代中国特色社会主义的康庄大道上。

2021 年，对全球而言，是灾难的一年，疫情非减而增，阿尔法、贝塔、德尔塔、奥密克戎等新冠变异毒株层出不穷……本来普通的希腊字母，与新冠毒株相连，徒增了许多恐怖气氛。我们国内也是严防死守，政府竭力推行全民接种疫苗，其爱民之心可见，但是疫苗种得再多，也挡不住变异毒株的进化步伐。

其实，中医药有着非常得天独厚的防疫、抗疫、治疫的悠久传统。2003 年的“非典”（严重急性呼吸综合征），现在仍在进行中的新冠疫情，时时在注明中医药防治瘟疫的伟大力量。但是，许多专家依然在找“特效药”，因为在他们的视野里中药不算“药”，花草树木、鸟兽鱼虫等自然物怎么就成了“药”呢？分子式怎么写呢？其实一切都是大自然的杰作，我们只是大自然的一分子，且没法也不能分离。一方水土养一方人，也治一方病。

老天在造人的时候，已经为人安置好了非常伟大的自我修复机能，只是需要我们去认知这种结构，并能有意识地去触发。中医中药的实质是触动、提高人的自我修复机能，身为大药，心为大医，性为大医王。筋骨复心法，就是通过性、心、身合一的整体调理，正骨柔筋以去脏腑之病，复性正心以去疾病之因，从而能够达到真正的身心康健。因为筋骨复心法不用任何药物，故而在药物泛滥的今天，为大众找到一个无毒副作用、绿色环保、真正健康的健康之路。时代是出卷人，我们是答卷人，人民是阅卷人。人与自然、与社会、与自我的和谐相处、友好互助的时代要求，必定会让“筋骨复心法”更好地走进千家万户，再也不必家家户户配备药盒子、药罐子，中国人民，乃至世界人民才能真正站起来、富起来、强起来、美起来。

2022 年 3 月，再访武当道悟伤寒

（一）重上武当，再续学缘

2022 年 3 月 9 日，我参加“伤寒论”培训班，是去年学习十二经脉揭秘的续章。虽然说是早就想好的安排，能否成行也不好说。祝道长及其团队也是克服了重重困难，才按期举办这次培训班，学员也因为各种原因有大半没能参加，这也是开班以来参加人数最少的一次。可见，任何事情都需要因缘具足方能成就。感恩祝玄冲道长及其弘道团队，感恩所有的学员同道，共同成就这次学习之旅、弘道之行。习近平

总书记讲:“世界上最大的幸福莫过于为人民幸福而奋斗。”[①]相信祝道长及其团队也是幸福的。

牛顿说自己是站在巨人的肩膀之上的。中国人尊师重教,讲得比较含蓄,叫青出于蓝而胜于蓝。无论是西方还是东方,师承是非常重要的。《周易》讲天地人三才,以天地为师,以人为师,是人生成长的应有之义。遇良师益友,是人生一大幸事。祝玄冲道长就是这样的好老师。

祝玄冲道长以弘扬祝华英老道长的十二经脉理论体系为使命,且能够青出于蓝而胜于蓝,精研《周易》,以道解《黄帝内经》《伤寒论》,拨云见日,使内经伤寒理论得以正解,且推广于天下,以正知见正当下所谓中医界的悖谬。得遇明师,学而习之,实人生之大幸。

(二)大道至简,天道至玄

“天人合一道解伤寒”培训班是“祝华英十二经脉揭秘及应用”培训班的继续,随着学习的深入,更加体会到“天人合一,道解伤寒”理论体系的精妙。祝道长认为,道家方术思想是解开《伤寒论》398 条条文背后六经本源奥秘的钥匙。以“人法地、地法天、天法道、道法自然”的天地人三才合一的巨系统,来解读人“生、长、壮、老、已”的生命运行机理,以《周易》之十二辟卦来解释《伤寒论》“六经欲解时”,从而阐述了经方的组方机理与法则。从医道来阐释“天人合一”的伟大智慧……

在祝道长弘传的理论体系中,人是小宇宙,人禀天地阴阳之气生,四时之法成。“生”即神机,“成”即气立。人法地,地法天,天法道,道法自然。

人体内分元气、营气、卫气。元气是父母给予的先天之气,经三焦疏布、运转五脏六腑,濡养全身。卫气如日,法天道而左转。营气如月,效地道而右旋。

所谓的开方用药,就是用药的阴阳二气,来佐助扶正十二经脉的阴阳二气的正常运转。万物皆禀天地之气生,得日月之气而成。故而万物皆可入药。中医治病不在病,而在于气机之调理。而西医系统中

① 《习近平谈治国理政(第四卷)》,外文出版社 2022 年版,第 554 页。

无“气”之说，因而是两套完全不同的系统。面对同样的人体，因为对人的理解不一样，所以中西医对病的调理、治疗也不一样。所以中西医可以互补，但是不具有可同约性，也没法结合。除非有一天西医能达到“气”的层次。

（三）德不孤，必有邻

这次学习，我结识了许多弘扬传统文化、中医文化的同道。他们年轻又学识渊博，有对体制内的中医药的发展的担忧，对资本控制下的西医的霸临天下的愤慨与无奈，对弘扬中医文化的“星星之火可以燎原”的期待与自信……德不孤，必有邻，中华传统文化复兴有望，中华民族伟大复兴必成。

对于中药小白的我，三天半的学习不可能一蹴而就。但是在明师的指导下，道解伤寒，以道御术；在中医同道的帮助下，切磋琢磨，精益求精；相信在不久的将来，也能以药来解众生之苦。

（四）悟道武当，服务天下

道即阴阳，人即阴阳，以人合道，阴阳平衡，健康自到。

再次感恩感谢祝玄冲道长及其团队，感谢同道大德，学道悟道行道，有你有我。

愿世间无病，祝天下太平。

附图 1-15 和附图 1-6 为《天人合一　道悟伤寒论》研修班留念。

附图 1-15　《天人合一　道悟伤寒论》研修班留念（一）

附图 1-16　《天人合一　道悟伤寒论》研修班留念（二）

2022年6月,筋骨复心法五周年纪

不多不少,五周年,筋骨复心法从创立到现在,已经走过了五个年头,国家也有五年计划,或许五年可以算作一个周期吧。一路走来,多是善缘;偶有波折,也能逢凶化吉,随时能够感受到老天的呵护与众人的加持。

静心思之,感慨良多,感恩良多。总之,初心即当下,初心即未来。

(一)我们的初心

普愿众生得离苦。具体落实,就是我们的宗旨:学好筋骨复心法,家家都有保健医。普愿众生得离苦,往往成为口头愿,缺少真实力量,而我们的宗旨则是实实在在的行动,行动就是力量,疗效才是王道。

(二)何谓筋骨复心法

筋骨是基础,复心是核心。"病伤五脏,筋骨以消",出自《黄帝内经》之《著至教论篇》第七十五,后写成文章《〈黄帝内经〉"至道之要"辩义》发表于《中华中医药杂志》2020年第10期,论定"病伤五脏,以筋骨消"。复心,则是源于《周易》"复卦"之《彖传》:"复,其见天地之心乎。"复私心为公心,合人心于道心。

所有的烦恼,都是"私心""人心"惹的祸,为人做事不合道,则烦恼无边。烦恼伤于内,六邪伤于外,则病恒生矣。因此,筋骨以消脏腑之病,复心以灭疾病之因。正气内存,邪不可干。

(三)深情回顾

筋骨复心法自2017年创立,已经5个年头。其中风风雨雨,个中滋味,惟行者自知。常说,"文章本天成,妙手偶得之",其实"筋骨复心法"也是"偶得之",当然本人不是"妙手",更多的只能是天意。所以,一路走来,毕恭毕敬,兢兢业业,慎终若始,敢不勉乎?

筋骨复心法走到现在,感恩老天的呵护,也感恩大家的护持。初期的受益者,多成为护持者与弘扬者,名字就不一一罗列了,天知地知大家知。

(四)共话未来

我们下一步的行动,初步打算:尽快出书,争取早日开始培训、弘传之旅。请大家拭目以待。

2022 年 6 月 18 日，我们相聚于锦绣川基地，共同庆贺“筋骨复心法”创立五周年。鉴于基地尚小，就邀请了部分受益者、弘扬者，多为“301 公社”社员。

大家欢聚一堂，共话“筋骨复心法”之过去、现在、未来，本人作了“健康幸福，从知己开始”的简单汇报。与会者热烈讨论，深度交流，共同期盼下一次的相聚。

筋骨复心归其根，妙手仁心惠众生。

附图 1-17 和附图 1-18 为“筋骨复心法”学习者聚会合影，附图 1-19 为作者在“筋骨复心法”学习者聚会上发言。

附图 1-17　“筋骨复心法”学习者聚会合影(一)

附图 1-18　“筋骨复心法”学习者聚会合影(二)

附图 1-19　作者在“筋骨复心法”学习者聚会上发言

2022年7月，问“痧”苏州行

（一）问“痧”源起

作为非药物疗法，筋骨复心法以心性调理为核心，以按跷导引为基础，融正骨、刮痧、针刺、艾灸为一体，已经比较圆满。理论的透彻，必须由实践来佐证。我们也深知，山外有山、天外有天。师承，在传统文化的传承中是最重要的一种方式。因此，近几年我们遍访民间明师大德，为的是让筋骨复心法不断升华，并在为大家服务的过程中落地生根。

2020年春天，我参加“黄帝内经”大家徐文兵先生的厚朴学堂筑基班一期，至今已经两年，顺利毕业。2020年夏天，我赴南京参加石华正骨培训班，跟从正骨大师吴石华先生学习他融合中西的正骨绝学。2021年10月赴武当，学习祝华英道长的“黄帝内经十二经脉揭秘应用”；2022年3月再赴武当，学习祝玄冲道长的“道解伤寒论”。

这几次学习，丰富了我们的理论基础和调理手段，为筋骨复心法的进一步提升，打下了很好的基础。而刮痧，易会难精，个人感觉得明师指点，方是正途。而“砭爷”李道政，刮痧界的“高人”，久知其名，心慕久矣；每想亲近受教，可惜总是机缘不到。

（二）机缘已到，幸运参训

2022年7月22日至24日，终于有缘到苏州参加“李氏砭法”第112期培训班。此次苏州培训班是李老师2022年第一次开讲，能够参加，幸甚！

“砭爷”李道政，名扬天下，一人以四十几年的努力，把中医六法之一的“砭法”“起死回生”，且弘传大江南北、欧美各国，创造了许多人间奇迹，实在令人佩服。

李老师上课，是谈笑风生、挥洒自如的风格，时时透露出未泯的童心，时不时的“点醒”常常显露出大师悲天悯人的情怀。

在孔子时代，已经是“礼之失，求诸野”了。在科学昌明的今天，真正的中医在民间，反倒是无比的正常与正确。最低的，反而是最高的，如同“砭法”在中医中的位置。

（三）个人认知

李老师的贡献，以我现在的认知，主要有二：一是致力于恢复古中医的真实医术，特别是对《黄帝内经》成书时代“中医六法”中的“砭法”的恢复与弘扬，这可以说是其伟大的继承。其二是其创立的“李氏砭法”，是对传统砭术的继承与发展，特别是其八大理论中的“四井排毒”理论，是伟大的创新。

关于痧象理论，也是创新，但可以算是对望、闻、问、切四诊法的补充。而“四井排毒”则是治疗上的创新，为当今疑难杂症的治疗开启了新的希望。

“李氏砭法”八大理论为：通论、整体论、肝胆论、脊柱中心错位疾病理论、生物全息胚理论、谿谷论、徐而和论、四井排毒论。其中多数为中医基础理论，也与筋骨复心法理念“英雄所见略同”。唯有“四井排毒”理论，实属李老师个人的灵性创举，这必将载入砭法治病调理的史册。

（四）美好期许

如李老师之大愿：愿李氏砭法，走进千家万户。愿李氏砭法，护佑全天下之人。附图 1-20 和附图 1-21 为作者与李道政老师合影。

附图 1-20　作者与李道政老师合影（一）

附图 1-21　作者与李道政老师合影（二）

2023 年，拜师参学“姚氏古中医”

药物疗法与非药物疗法，都要胸有成竹，方得全璧。深得药物、非药物疗法之真谛，方能够更有针对性地进行药物或者非药物疗法的处理。懂得用药，且懂得用药之弊，方得非药物疗法之高超与绿色环保之时代精神；懂得非药物疗法，且懂得非药物疗法之弊，方得药物疗法之高明与方便服务人民之时代精神。因此，对于药物疗法的研究，是“301 公社”秉承的健康理念的题中应有之义。

缘分已到，“姚氏古中医”的学习，就是此缘的聚会。2023 年 5 月 26 日至 31 日，我到郑州参加为期五天的培训，8 月参加第二次培训，10 月参加第三次培训。姚秀玲师父是“姚氏古中医”三十三代传人，直接仲景先师之心法。姚师给我解开了对当下中医用药疗效有的神效、有的无效的多年的疑惑，原因有二：一是六经辨证，但是没有六经同治；二是否定了“十八反”“十九畏”，有些对药反而是治病的良方。姚氏古中医“六经同治”的理念，和我们筋骨复心法的整体调理思路相同，一则用药，一则不用药。其思路相同，其方法有别。这是筋骨复心法成长中的又一个里程碑，让我们更加坚定了非药物疗法的正知正见，为下一步筋骨复心法的全面弘传打下了坚实的基础。附图 1-22 为作者与姚秀玲老师合影。

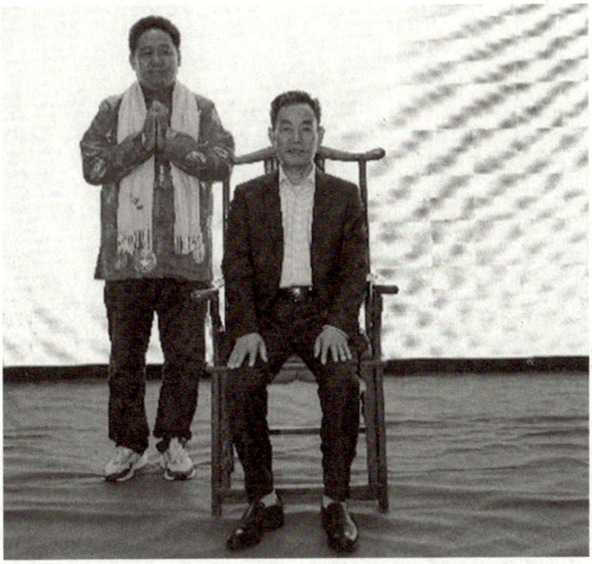

附图 1-22 作者与姚秀玲老师合影

筋骨复心法，永远在路上

我将无我，服务众生。我们始终践行“我将无我，服务众生”的理念。多年来，我们直接或间接为数百余人解除了病苦。从几个月的孩子到近80岁的老人，从简单的感冒发烧到鼻炎、哮喘、皮肤病、便秘、高血压、糖尿病等诸多疑难杂症，从近在咫尺的口口相传到不畏远道慕名而来，“疗效是王道”，筋骨复心法已成为疑难杂症患者的福音和新希望。筋骨复心法已经引领人们进入一个安全、绿色的全身心健康的新时代。

一路走来，凝聚着“301”全体社员的心血和汗水，铁肩担道义，妙手回春来。感恩“301”全体社员，感恩来“301”的有缘人，感恩热心推广筋骨复心法的助缘人。

展望未来，我们面临着许多新的挑战，深感任重而道远！

筋骨复心法，永远在路上。

附录二　八部金刚功分步图解

预备式

第一步：身体直立，双手自然下垂置于身体两侧，目视前方。全身放松，心平气和，排除杂念，心静自然（见附图 2-1）。

第二步：左脚向左拉开，与肩同宽。两手五指并拢，稍用力（内劲），伸直。两臂伸直，两手向体侧略转，掌心向后稍斜。气机开始发动（见附图 2-2）。

第三步：两手由体侧向上提至腰部，掌仰平，指尖对肋。

第四步：两手继续向前移至腹部，一手在脐上，一手在脐下，两手劳宫穴处在一条直线，上下相对（见附图 2-3）。

预备式动作要领：

(1)形神合一专注，呼吸如常。

(2)脚趾抓地，肩部、膝盖放松。

(3)宜缓不宜急，松静自然。

附图 2-1

附图 2-2

附图 2-3

第一部　双手插顶利三焦

第一步：五指并拢，两手向下伸尽(见附图 2-4)。

第二步：直臂向身体两侧渐举至肩平，掌心向下，稍停(见附图 2-5)。

第三步：两手五指并拢，以腕为轴，用内劲向上翘成立掌，掌心向外(见附图 2-6)。

附图 2-4

附图 2-5

附图 2-6

第四步：曲肘，两手仰掌，向头顶百会穴处相靠，中指尖相接，置于百会穴上方约两指宽处，稍停（见附图 2-7）。

第五步：两手背直掌相靠，指尖向天（见附图 2-8）。

第六步：两臂用力，猛向天空插至直立，稍停（见附图 2-9）。

附图 2-7

附图 2-8

附图 2-9

第七步:双手分开,两臂分别向体侧渐降至与肩平,掌心向下,稍停(见附图 2-10)。

第八步:以手腕为轴,两臂向下构成垂掌,掌心向内(见附图 2-11)。

附图 2-10

附图 2-11

第九步:两臂向下搂抱至腹部,两手分开,分别贴于脐部,稍停(附图 2-12)。

附图 2-12

第二部　手足前后固肾腰

第一步：两手合掌（空心掌）置于胸前（见附图 2-13）。

第二步：左脚向左前方迈出一步，腿直身正（见附图 2-14）。

第三步：两手合掌向前冲出，直臂与肩同高，目视前方（见附图 2-15）。

附图 2-13

附图 2-14

附图 2-15

第四步：两手翻掌，背靠背紧贴（见附图 2-16）。

第五步：两手分开向两侧平展，掌心向后，两臂成一字形，稍停（见附图 2-17）。

第六步：前腿屈膝成左前弓步，身体前倾（但不要弯腰勾头），目视前方；同时，两手直臂向后搂抱至尾椎部，合掌，稍停（见附图 2-18）。

附图 2-16

附图 2-17

(a)

(b)

附图 2-18

第七步：合掌，用力，尽量往腰部上提（见附图 2-19）。

第八步：合掌分开，掌心向内（手掌不贴身体，有一定距离，见附图 2-20）。

第九步：两手置于脊椎两侧，徐徐下推至两臂伸直（见附图 2-21）。

附图 2-19

附图 2-20

附图 2-21

第十步：两手由两侧分别斜向上提，掌心渐转向前，至两臂平直呈一字形，与肩同高；同时前腿也渐蹬直，稍停（见附图 2-22）。

(a)

(b)

附图 2-22

第十一步：两手直臂向前搂抱，合掌，臂与肩平，稍停（见附图 2-23）。

附图 2-23

第十二步：两手合掌，收回胸前，左腿收回（见附图 2-24）。

(a) (b)

附图 2-24

第十三步：两脚分开与肩同宽，自然站立。稍停后，换右腿向右前方迈出一步，成右弓步，动作同前。左右腿动作完成后合为一次。重复多次。

第三部　调理脾肤需单举

第一步：左弓举按，两掌变拳（前四指尽量内屈，拇指压前四指指甲），两拳相对，掌心向上，置于脐上（见附图 2-25）。

第二步：左脚向左迈出一大步（见附图 2-26）。

附图 2-25

附图 2-26

第三步：双拳移至左腰外侧（见附图 2-27）。

第四步：左拳变立掌，掌心向前；右掌变阴平掌，掌心向下，掌背中部贴于左掌根（见附图 2-28）。

第五步：两掌同时动作，左掌经耳旁用力向上直举（如举一重物），变阳平掌，指尖向后；右掌从左腹外用力往下直按（如按一只老虎），指尖向左。同时左腿屈膝成左弓步，头身正直向前，稍停（见附图 2-29）。

第六步：两手小臂同时内旋，左掌变立掌，掌心向右，指尖向天；右掌变垂掌，掌心向左，指尖向地（见附图 2-30）。

附图 2-27

附图 2-28

附图 2-29

附图 2-30

第七步：握拳，左拳下拉（如拉一弹簧），右拳上提（如提一水桶），相对于左乳下；同时，左脚蹬直（见附图 2-31）。

第八步：双拳移至腹部（见附图 2-32）。

附图 2-31

附图 2-32

第九步:恢复初始站姿(见附图 2-33 和附图 2-34)。

附图 2-33

附图 2-34

第十步:右弓举按:双拳移至右腰外侧……动作与前同,但方向相反。完成上述左右手举按动作,合为一次。重复多次。最后左脚收回,与肩同宽。

第三部动作要领:

(1)专注在两个掌心。

(2)要有气概,有霸王举鼎的气势。

(3)不要屏气。

(4)举轻若重,若有若无。

第四部　左肝右肺如射雕

第一步:预备动作(见附图 2-35)。

第二步:左弓射雕,左脚向左迈开一大步(见附图 2-36)。

附图 2-35

附图 2-36

第三步:双拳变掌,掌心相对。两臂平行向左伸直,与肩同高(见附图 2-37)。

第四步:不停向上(见附图 2-38)。

第五步:向右(见附图 2-39)。

第六步:向下,旋转两圈。

附图 2-37

附图 2-38

附图 2-39

第七步:在腹前下方稍停(见附图 2-40)。

第八步:两掌变拳相对,上提到脐部(见附图 2-41)。

第九步:右拳变立掌于胸前,掌心向左(见附图 2-42)。

附图 2-40

附图 2-41

附图 2-42

第十步:绕右乳下半圈,向右下,经右膝弧形向右前上方推出(见附图 2-43)。

第十一步:右手成侧掌,掌心向外,与肩同高,如开弓状;同时,左腿屈膝成左后弓步，上身重心落在腿上（见附图 2-44）。

第十二步：然后左拳上提到右腋，拳心向内。如拉弓弦般平拉至左腋（拳、肋、肩同高），稍停。

附图 2-43

附图 2-44

第十三步：要全神贯注，目不转睛地看右手劳宫穴，意想箭从劳宫穴穿过，射向远方之雕（见附图 2-45）。

第十四步：右掌旋转成直掌，掌心向前。

附图 2-45

第十五步：右掌变拳，拉至右肋；同时左拳推向右肋，两拳相对，拳心向内。双拳变掌，掌心相对，向右伸直。继续向上、向左、向下连划两圈，至小腹前。

第十六步：握拳，上提至脐部，动作同前，但方向相反（见附图 2-46）。

(a) (b) (c)

附图 2-46

第十七步：左右射雕合为一次，多次重复，不计遍数，顺其自然。

第十八步：最后双手划一圈，收拳，左脚收回原处。

第五部　回头望足去心疾

第一步：预备动作（见附图 2-47）。

第二步：左转头回望足，左脚向左迈出一大步，双拳提至左肋部（见附图 2-48）。

第三步：左拳变仰掌，向上提至左腋。指尖渐向下，向左后右脚跟方向插去；在左掌后插的同时，右拳变平掌，掌心向上，上提至左乳，翻掌，掌心向下，下推（见附图 2-49）。

附图 2-47

(a) (b)

附图 2-48

附图 2-49

第四步：沿左脚向左前上方作半圆形推举（比头高一些）；同时身体向左转，向前倾，左腿屈膝成左弓步，两手成一斜直线；同时转头向后，眼光从左肩微视右脚跟（见附图 2-50）。

第五步：两手小臂旋转（见图 2-51）。

第六步：握拳。

附图 2-50

附图 2-51

第七步：双手收回至左腰，两拳相对，拳心向上；同时左腿蹬直（见附图 2-52）。

第八步：双拳移至腹前，身体转回原位（见附图 2-53）。

第九步：右转头回望足，右边动作与左边相同，唯方向相反。左右回望合为一次，重复多次。最后收回左腿，双手握拳，置于腹部。

附图 2-52

附图 2-53

第五部动作要领：

(1)难点在于手掌前推和后插同步。

(2)身体与手臂是一个斜插的姿势。

(3)脚要稳住。

第六部　五劳七伤向后瞧

第一步：预备动作（见附图 2-54）。

第二步：夹臂定神，双拳变掌，掌心向上，五指伸开，中指相对，左右手同时向左右横向拉开，在身躯边为止，稍停（见附图 2-55）。

第三步：然后左右手同时向脐部合拢，双手的五指相互交叉，拇指与拇指、小指与小指尖相按（见附图 2-56）。

第四步：仰掌，掌心略微向上，沿胸中线上提，至人中穴（上唇坑中线上三分之一处)，稍停。

第五步：翻掌，掌心向下，又沿胸中线直下按至臂直，两臂紧贴身体，稍停(见附图 2-57)。

附图 2-54

附图 2-55

附图 2-56

(a)

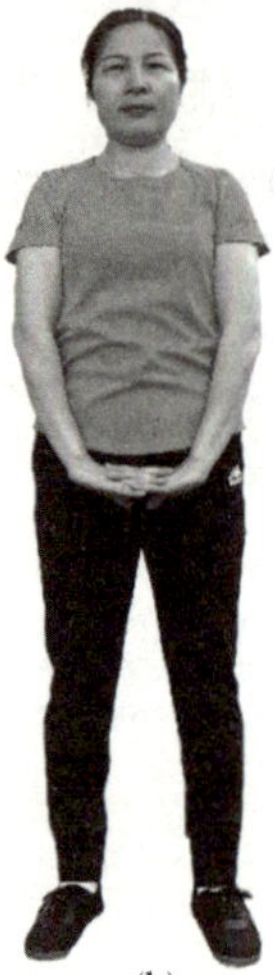

(b)

附图 2-57

第六步：神光内照，全身放松，眼帘微垂，注视鼻尖，意想两目为日月，为探照灯，向身体微微内照。脚不动，头和身体慢慢向左转动，继续内视（见附图 2-58）。

第七步：转至左肩，稍停。继续向后转，目光随头转动，慢慢地巡视，内视左半身和脊椎（见附图 2-59）。

第八步：头慢慢回转，至胸前，内视（见附图 2-60）。

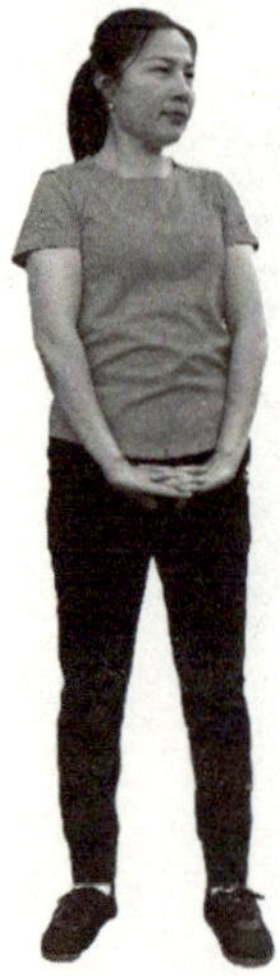

附图 2-58

附图 2-59

附图 2-60

第九步：头再慢慢向右转动，内视，至肩部，稍停。再继续后转，内视右半身和脊椎骨。内视身驱及体内五脏六腑时，对有病的部位，要多看些时间（见附图 2-61）。

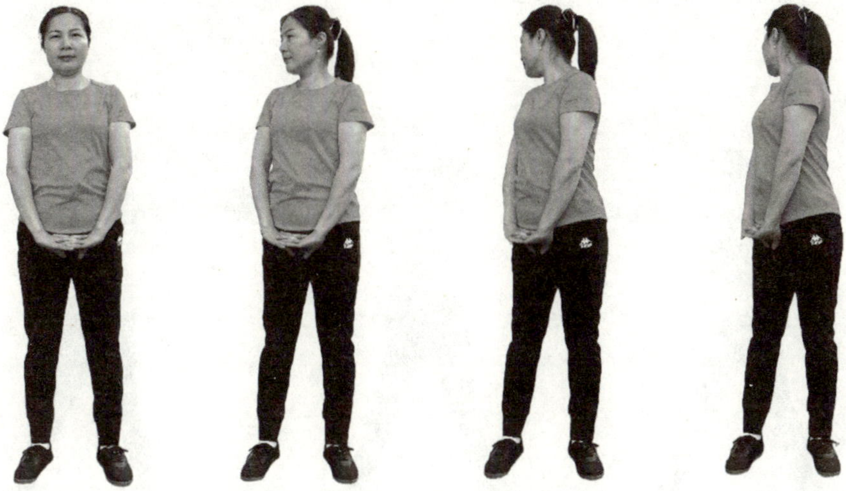

(a) (b) (c) (d)

附图 2-61

第十步：五气归元，左右后瞧合为一次，反复多次。结束时，头部转回到胸前中线，稍停后，慢慢睁开两眼，翻掌，掌心向上，提至脐部，转掌使掌心向内，气归下丹田。

第十一步：两手分开，掌心向上，握拳，相对于脐部。

第六部动作要领：

（1）动作要慢，特别是老年人或者腰有伤的。

（2）腰部以下不要动，是一根毛巾般的扭转。

（3）眼睛垂帘，呼吸均匀，心神平静。

（4）想象自己全身的经脉被成束后拧了一圈。

第七部　凤凰展翅周身力

第一步：预备动作。

第二步：向左横跨一步。

第三步:向右展翅,双拳变掌,掌心相对,两臂平行向左伸直,与肩同高(见附图 2-62)。

第四步:不停向上(见附图 2-63)。

第五步:向右(见附图 2-64)。

附图 2-62

附图 2-63

附图 2-64

第六步:向下,划圈,用同样的方法再划两圈(见附图 2-65)。

第七步:当划到第三圈,双手到头顶时,稍停(见附图 2-66)。

第八步:凤凰三点头,身体向右,右手放下(见附图 2-67)。

附图 2-65

附图 2-66

附图 2-67

第九步:弯腰,左手指点右脚尖(见附图 2-68)。

第十步:直腰,左手举回头上(见附图 2-69)。

附图 2-68

附图 2-69

第十一步:再弯腰,以左手指点右脚尖。如此上下连点三次(见附图 2-70)。

附图 2-70

第十二步:向左展翅,两手同时上提至右侧,掌心相对,继续向上、向左、向下划圈,弯腰,手指点脚尖,方法同前,唯方向相反。握拳归位。左右展翅合为一次,重复多次(见附图 2-71)。

(a) (b) (c)

附图 2-71

第十三步:结束本部功时,两手向左、向上、向右下旋转一圈至小腹(见附图 2-72)。

(a) (b) (c) (d)

附图 2-72

第十四步:两掌变拳,拳心向上,相对置于脐部,收回左脚(见附图 2-73)。

附图 2-73

第七部动作要领：

(1)凤凰三点头，两个手臂要在一条线上。

(2)脚的站位不要在一条直线上，以免扭伤大腿外侧。

(3)转圈越来越快，凤凰三点头也越来越快。

第八部　两足顿顿饮嗜消

第一步：预备动作(见附图 2-74)。

第二步：夹臂定神，双拳变掌，掌心向上，五指伸开，中指相对，左右手同时向左右横向拉开，至劳宫穴在身躯边止，稍停(见附图 2-75)。

第三步：然后左右手同时向脐部合拢，双手的五指相互交叉，拇指与拇指、小指尖与小指尖相按(见附图 2-76)。

第四步：仰掌，掌心略微，沿胸中线上提至人中穴(上唇坑中线上三分之一处)，稍停。

附图 2-74

附图 2-75

附图 2-76

第五步:翻掌,掌心向下,又沿胸中线直下按至臂直,两臂紧贴身体,稍停(见附图 2-77)。

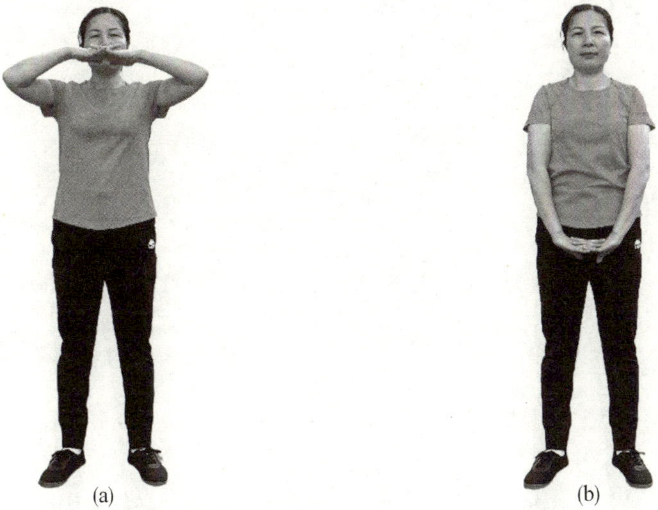

(a) (b)

附图 2-77

第六步：两脚并拢，两脚跟慢慢抬起（见附图 2-78）。

第七步：然后轻轻下顿，共五次。头两次提起较高，速度较慢，相隔较久；后三次提起较低，速度较快，相隔较短。其节奏是“1——2——3—4—5”。提顿五次为一节，至少做五节（见附图 2-78）。

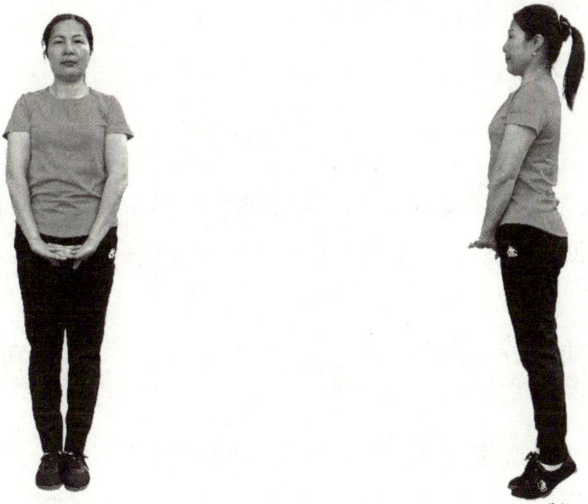

(a) (b)

附图 2-78

第八步：最后两脚分开，与肩同宽，翻掌，掌心向上，提上至脐部

(见附图 2-79)。

(a)

(b)

附图 2-79

第八部动作要领:

(1)两足并拢,两臂夹紧。

(2)上下牙齿要咬住。

(3)顿下来的时候是自然落体。

收功式

第一步:两手分开,指尖向上,指背相靠,置于脐上(见附图 2-80)。

第二步:两手上提,指尖到“天突穴”(胸骨上窝正中),稍停(见附图 2-81)。

第三步:两手分开,向左右变垂掌(掌心向内),置于乳房外侧(见附图 2-82)。

第四步:两手继续向下,沿两肋至大腿两侧。

第五步:随手下落时,意想上下左右,里里外外的气如淋浴一般,直至涌泉穴(脚底正中凹陷处)。

附图 2-80

附图 2-81

附图 2-82

第六步：当脚有气感时，手指和全身都自然放松，再安静、自然地站立片刻，即为收功完毕。

收功式动作要领：

(1)动作要慢。

(2)不要用意，不要去主动引气。

(3)最后把气送下地底，越深越好。

附录三　八部长寿功介绍

八部长寿功是内八部。处处逍遥自然，随其自然，心要放宽，心里要达到和平，不要用心，不要用意。

第一部　窃吃昆仑长生酒

第一步：身体松立，口闭齿合，以意引津。舌尖在口内，上下左右来回任意搅动。哪里有病灶，就想象在哪里搅动。

第二步：当口水满口时，分三次慢慢咽到“太上老君的八卦炉”，也就是咽到下丹田（脐下腹内），一切病菌病毒在炉中炼化，或从二便、口中、毛孔排出，疾病渐愈。但注意，在没有口水时，不能干咽，干咽有火，容易导致喉咙干燥，干渴。

第二部　升降日月任督走

第一步：起式。左脚向左平开一步，左右手覆于脐之上下。

第二步：双手翻转一圈，转立掌，左掌在前，右掌在内，左掌提至额前，右掌附于左手腕处，手指向上，稍停。

第三步：意想泥宫有一“火球”。双掌向内旋转开始下降，同时屈膝略成马步。两手降到胸部，稍停。随手降落时，舌顶上腭，意想“火球”由舌面经过，沿任脉下降。

第四步：双手继续向内旋转，下降至小腹部，两腿屈膝成正马步，同时意想“火球”沿任脉下降至会阴部。

第五步：两拳向外旋转上升，意想会阴部之“火球”从尾闾沿督脉上升。

第六步：双掌继续外旋上升；同时，渐渐直膝，意想“火球”沿督脉继续上升。

第七步：双掌继续外旋上升至额前，手指向上，右手附于左腕处；同时意想“火球”沿督脉继续上升，经玉枕、百会，至泥丸宫。然后，双手下降，动作与第二步到第六步相同。如此反复进行，不计次数。

第八步：收式。最后，当双掌降落至脐部时，意想“火球”也降至脐内，双手变横掌，掌心向内，上下旋转一周，左掌覆于脐上，右掌覆于脐下，稍停，收回左脚。

第三部　内转太极行八卦

第一步：起式。左掌覆盖在脐上，右掌覆盖在脐下，是为“无极”。

第二步：内转太极。左脚向左迈出一步，双掌以脐为圆心，向左，向上，向右，向下划圈，越转越大（中指尖渐渐相对，不相接），如抱小球变大球。双掌划圈越划越大，高过头顶。顺转太极的次数不限，任其自然。

第三步：内转四象。以两乳为太极眼（即太极图阴阳鱼之眼），以身体中央（任脉）为阴阳鱼之中央线，双手旋转。

内转四象转法是：

（1）当划圈至左侧上最高处时，左掌在上，右掌在下，掌心相向。

（2）右掌心转向内，从左肩经右乳，沿任脉下降至小腹部伸直；同时，左手弯曲，沿左耳侧下至左肩。

（3）右掌继续向右侧上方旋转，右臂伸直，高过头顶，左掌也沿右掌的路线旋转经右肋至头右侧，掌心相向。

（4）左掌从右肩过右乳沿任脉下落至小腹部，右手弯曲沿右耳侧下至右肩。左掌继续向左侧上方旋转，左臂伸直高过头顶；右掌也沿左掌的路线旋转经左肋至头左侧，掌心相向。如此反复练习，次数不限，任其自然。

第四步：运行八卦。

(1)第一卦：当"内转四象"两掌在左侧上方时，右掌从左肩经左乳沿任脉下落至小腹部，掌心相向；同时，左掌弯曲覆在头上距离约三寸，掌心对百会(如北斗天罡式)。

(2)第二卦：身向右稍转；同时，右掌划弧转向右后，掌心向左下，左掌落至胸前，掌心向胸。

(3)第三卦：转体向右成右弓步，右手直臂向右上后划弧至左胯后；同时，左掌经右膝前向下弧形向右上推举，身体右前倾，左掌变勾掌。

(4)第四卦：左掌收回至头上，掌心对百会；同时，右臂从下向右上托举，掌心向上，同时身体恢复正直，向前。

(5)第五卦：左掌沿左耳旁下落，沿任脉下落至小腹部，掌心向内；同时，右掌上撩覆回头上，距离头上约三寸，掌心对百会。

(6)第六卦：身向左稍转，同时，左掌转向左后，掌心稍向后，右掌落至胸前，掌心向胸。

(7)第七卦：转体向左成左弓步，左手直臂向左上后划弧至右胯后；同时，右掌经左膝前向下弧形向左上推举，身体左前倾，右掌变勾掌。

(8)第八卦：右掌收回至头上，掌心对百会；同时，左臂向下同时身体恢复正直，向前。

内行八卦重复多次，次数不限，任其自然。

第五步：回转四象。转回到四象，动作路线同"内转四象"，但方向相反，次数不限，任其自然。

第六步：回转太极。动作路线同"内转太极"，圆圈由大变小，越转越小，但方向相反。

第七步：收式。双掌上下转动一圈，收回至脐之上下，回归"无极"，如起式。

第四部　大转逍遥乐无忧

第一步：起式。左脚向左迈出半步，左掌覆盖在脐上，右掌覆盖在脐下，稍停。

第二步：双手仰掌置于腹前，指尖相对（不相接），掌心斜向上，形如抱球。

第三步：抱球下摆。两膝微屈，以肩为轴心，双手如抱球慢慢左右摇晃由小变大。

第四步：抱球翻转。继续抱球，快速左右晃几次，即从左向上（过头），向右，向下转一圈，又恢复到第二步的姿势。

第五步：托球上举。抱球向右如带球状，右脚经左脚前，向左外侧迈一步，两脚成交叉步，右腿在左腿前，双手托球，身体随即向左后翻转。

第六步：双手托球至头正上方，身体正直。

第七步：向左后下摆，左手置于左身后，右手置于头上，掌心稍相对，双手如抱一大球。

第八步：右手下摆至右后，左手同时移至头上左侧，掌心稍相对如抱一大球，上身亦随之拧向右后。

第九步：抱球平带。两手平行转至胸部抱球，拧身以腰为轴向左后，右后来回晃球。做完再重复一次，从抱球下摆到抱球平带。

第十步：收式。抱球下摆的动作，晃球的幅度由大渐渐变小，转掌心向内，上下旋转一次，覆于脐之上下，左脚收回，静待片刻。

本部功晃球和转身的次数不限，任其自然。但要悠然自得，心境快乐。

第五部　大雁腾空降吉祥

第一步：起式。左脚向左迈出半步，两手指尖向前，变两阴掌，掌心向下，置于腹前，拇指相挨，像大雁的尾巴。

第二步:展翅腾飞。双掌左右摆动几下,两掌一合,随即左右分开,以腕、肩为轴,开合如扇翅,由小到大,由下而上向两侧扇动至平肩高,掌心向下,两臂向左右伸直,上下扇翅。

第三步:第三次拍翅时,双掌用力向上一冲,随即下落,左右伸直与肩平,掌心稍转向前,然后掌心向地,目光内视,如雁俯视大地,静待片刻。

第四步:滑翔盘旋。右手稍高,左手稍低,头稍向左转,目光通过左手手臂看指尖;同时,身体向左后拧转,稍停。

第五步:身体开始向右转,变左手高右手低,头也随之稍向右转。

第六步:身体继续向右后拧转,目光通过右手手臂看指尖。

第七步:就这样左手高右手低,右手高左手低,反复的左右来回转体。目视指尖,像大雁在高空俯视大地,滑翔盘旋。

第八步:最后一次,身体恢复正直,两臂平伸,与肩同高,掌心向下。

第九步:择地下降。

(1)左移复位。

①右脚经左脚前向左侧迈一步,两腿成交叉步,右腿在左腿前,同时,双手如鸟翅一般,柔和地上下扇动一下,接着,双臂又恢复平伸状态。

②左脚从右脚前向后侧迈步,两手上下扇动一下,又恢复平伸。

③如此迈步、扇动重复两次。

④右脚向左脚靠拢,脚尖点地,两手轻微扇动一下。

⑤右脚向右侧迈一步;同时,双手扇动。

⑥左脚经右脚后向右侧迈步,双手扇动,此时,左腿在右腿后。即右腿在左腿前。

⑦右腿从左腿前向右侧迈步,双手扇动,恢复平伸状态。如此迈步、扇动重复两次,回到原先起式的位置上。

(2)右移复位。

①左脚经右脚前向右侧迈步,两腿成交叉步,左腿在右腿前;同时,双手如鸟翅一般,柔和地上下扇动一下,接着,双臂又恢复平伸

状态。

②右腿从左脚后向右侧迈步，两手上下扇动一下，又恢复平伸状态。如此迈步、扇动重复两次。

③左脚向右脚并拢，脚尖点地，两手轻微扇动一下。

④左脚向左侧迈一步；同时，双手扇动。

⑤右脚经左脚后向左侧迈步，双手扇动，此时，右腿在左腿后，即左腿在右腿前。

⑥左脚从右脚前向左侧迈步，双手恢复平伸状态。如此迈步、扇动重复两次，回到原先起式的位置上。

(3)右圈复位。

①两膝微屈，右脚尖点地，身体重心落在左腿上，稍屈膝。

②右脚虚步向前。

③右脚向右外、向右后划圈，右脚收回至左脚跟处，脚尖点地。

(4)左圈复位。

①右脚跟落地变实步，身体重心落在右腿上，稍屈膝；左腿变虚步，脚尖点地，左脚虚步向前，向左外、向左后划圈，左脚收回至右腿跟处，脚尖点地。

②如此反复进行后，回到原先起式的位置上。

第十步：点步。右脚向左脚靠拢，脚尖点地，身体重心放左腿上；同时，双手扇动。右脚向右迈步，双手扇动。

左脚向右脚靠拢，脚尖点地，身体重心放在右腿上，同时，双手扇动，左脚向左迈步，双手扇动。

第十一步：收式。两脚直立，双手扇动；同时，双手渐渐向前回收到腹前，两掌相靠；掌心朝下，拇指与拇指相挨，象征雁尾，两掌向左、向右摆动几下。

接着，掌心向内，两掌相绕旋转一圈，收回至脐部，一掌贴于脐之上部，一掌贴于脐之下部。

第六部　浪里行舟漂海洋

第一步：起式。自然站立，左脚向右前方迈一步，双手提起，掌心向下，五指朝前，平行分开，置于腹前。

第二步：推舟式。

(1)双掌向下、向前、向上作弧形推去，身体也随之前倾，至手平肩时直臂，左腿成左弓步，右腿蹬直，右脚跟离地。

(2)右腿屈膝，身体后仰，身体重心落在右腿上，左腿蹬直，脚尖提起；同时，双手沿原先推出的弧形回收至胸前。

(3)如此反复前推后收，如船在大海中一高一低，随海浪漂荡。

第三步：摇橹式。

(1)当推舟推至前上方时，两手手腕交叉，掌心向下。

(2)双手向下、向内、向上沿弧形收回至小腹部，双手仍交叉；同时，身体后移，稍塌腰收腹，左脚蹬直，脚尖提起，右腿屈膝略蹲，身体重心落在右腿上。

(3)双手翻转，掌心向上，身体稍后仰。

(4)双手向前推至双臂将要伸直时，两手左右分开，掌心向上平行向前；同时，身向前倾，重心放在左腿上，左腿稍蹬直，右脚成虚步，脚尖点地，脚跟提起。

(5)双手向下、向内、向后沿弧形收回至体侧，两臂伸直分开；手心朝前；同时，身体后移，右腿屈膝略蹲，重心在右腿，左腿成虚步，脚尖提起脚跟点地。

(6)双手向后，向上划弧与肩平，同时，右腿蹬直，身体向上稍伸展。

(7)身体前倾，双手向前划弧，划至双手平行伸直向前，掌心向下，重心落在左腿上，左腿稍蹬直，右腿成虚步，脚尖点地，脚跟提起。

(8)双手交叉，然后做摇橹动作，多次反复，与(2)～(6)的动作相同。

第四步：推舟式。摇橹动作反复多次，最后还原成推舟式，整个动作与第二步相同。

第五步：收式。推舟动作反复多次，最后双手收回至小腹部，左脚收回，两手变横掌，掌心向内，上下转动一圈，收回，左手覆盖于脐之上，右手覆盖于脐之下。

第七部　白鹤踏波定神思

第一步：两手左右分开下垂至两腿腿侧，掌心向后。

第二步：左腿屈膝，脚尖点地，脚跟稍提起，两手上提至心窝，手心向上。

第三步：双手继续上提至胸上。

第四步：双手沿左右肩胛骨转向脑后，两手背相靠，指尖向下。

第五步：双手从脑后向上经百会，手心朝下，手指向前，两手靠拢；同时，左腿提起，右腿伸直，整个动作如白鹤独立。

第六步：左脚向前踏步，同时，双手向前下落，动作如同白鹤漫步。

第七步：双手继续下落至身体两侧，身体重心在左腿，右腿向前跟步，右脚向左脚靠拢，脚尖点地，屈膝，稍停。

第八步：上体动体与第一步～第七步相同，两腿交替向前踏步。当左脚提起时，右脚独立；右脚提起时，左脚独立。如此反复进行，像白鹤踏波自然行走。

第九步：收式。最后一次手脚不再向前，立定原位，双掌横脐部，上下旋转一圈，覆于脐之上下。

第八部　鱼沉海底寿命长

第一步：上游。两手交叉，手腕上下相靠，指尖向前，置于腹前。

第二步：手掌像鱼尾左右摆动几下。

第三步：两手向左右分开表示鱼两侧的鳍。全神贯注，目光内视（或微闭双眼）北海（在脐下气海，即下丹田）海底，稍停。

第四步：然后，两手慢慢、轻轻向上扇动，意想有一条鱼，随双手的引导，从北海海底开始慢慢向上游动。双手继续由下而上缓慢扇动，引导鱼由北海缓缓地游上黄海，稍停。

第五步：两掌轻轻左右扇动，引导鱼由黄海缓缓上游至南海海面，此时，精神专一，神光（目光）内守南海海面，停留时间较长。

第六步：下沉。双手轻轻扇动，引导鱼从南海海面慢慢下沉，经黄海再慢慢下沉至北海，直至北海海底，停留时间较长。

如此反复上浮下沉，不计次数，越慢越轻越好。

第七步：收式。上浮下沉反复多次后，当鱼沉至北海海底时，双腕交叉如鱼尾，左右摆动几次。

最后，横掌掌心向内，上下转动几次，左手劳宫按黄海，右手劳宫按北海，心神合一，凝视北海海底，久久便入静功之法路！

参考文献

古籍类

[1]王冰.重广补注黄帝内经素问[M].北京:中医古籍出版社,2015.

[2]王弼,孔颖达.周易正义[M].北京:中国致公出版社,2009.

[3]李鼎祚.周易集解[M].北京:九州出版社,2003.

[4]皇甫谧.针灸甲乙经[M].北京:人民卫生出版社,2006.

今人著作类

[1]刘大钧.周易概论[M].济南:齐鲁书社,1988.

[2]张文智.孟、焦、京易学新探[M].济南:齐鲁书社,2013.

[3]林忠军.象数易学发展史[M].济南:齐鲁书社,1994.

[4]王新春.周易虞氏学[M].新北:顶渊文化事业有限公司,1999.

[5]祝华英.黄帝内经十二经脉揭秘与应用[M].北京:中医古籍出版社,2017.

[6]高式国.高式国针灸穴名解[M].北京:中国中医药出版社,2017.

[7]冯时.中国古代的天文与人文[M].北京:中国社会科学出版社,2006.

[8]尚秉和.周易尚氏学[M].北京:中华书局,1980.

[9]冯时.中国天文考古学[M].北京:中国社会科学出版社,2010.

[10]张灿玾.黄帝内经文献研究[M].上海:上海中医药大学出版社,2005.

[11]黄帝内经[M].姚春鹏,译注.北京:中华书局,2010.

后 记

《天下无病——筋骨复心法》顺利完稿，首先，感谢所有“301公社”（筋骨复心法调理微信群）的社员们，他们中既有受益者、也有志愿者，受益者让我在实践中不断完善筋骨复心法，志愿者让我感到人间自有大爱在。其次，感谢我的硕士导师林忠军先生赐序，林老师一直以来对我从各方面关怀提携，对我进行易、医研究提供各方面支持；感谢亦师亦友的姚春鹏教授审稿赐序，姚老师是研究《黄帝内经》的权威，非常认可笔者对“至道之要”的解读，并提供相应的原文资料佐证，且随时关注筋骨复心法的发展。再次，感谢郑小娟博士帮助勾画所有经络图且演示八部金刚功，感谢赵素艳老师的专业拍摄，感谢蒋芊老师精心设计封面。

感谢恩师刘大钧先生，能够容允我在读博期间按自己的想法开启自己的学术生涯与追求，并给予高屋建瓴的指导与肯定，特别感谢先生亲自题写书名“天下无病”。感谢师母郝清英女士对先生无微不至的关怀与照顾、对我生活与事业上的点滴提醒与大力支持。

本书之完成，可以说是2017年5月份启动301工作室以来的理论与实践的结晶。踉踉跄跄一路走来，再回首已是七载有余。回想初创时期，感谢张静、李燕、邵颖艳、郑小娟、王艺、葛宁、朱德琴、郑润华、傅军诸位老师同仁的支持（或物质支持，或智慧支持，或义工支持），特别是张静、郑小娟、梁芳等诸贤一路护持、陪伴、推广；感谢公众号编辑李燕老师、张新萍老师、李新桐学友……好人众多，助缘多多，无法一一列举，在此一并感谢。

具体之出书过程，非常感谢策划编辑徐翔女士的耐心等待与倾心大力支持，感谢责任编辑蒋新政先生的精心统稿与细心校对。

学好筋骨复心法，家家都有保健医。

感恩新时代，

感恩上苍一路呵护，

愿天下无病，

愿我们健康而优雅地生活着。

刘兴明

2024.5.29 于济南 怀智堂